Smart Museum
Public Service

Data-Driven and Social Benefits

智慧博物馆公众服务

数据驱动与社会效益

郑 霞 段美琳 著

ZHEJIANG UNIVERSITY PRESS
浙江大学出版社
·杭州·

图书在版编目（CIP）数据

智慧博物馆公众服务：数据驱动与社会效益／郑霞，段美琳著. —杭州：浙江大学出版社，2023.9
ISBN 978-7-308-24190-8

Ⅰ.①智… Ⅱ.①郑… ②段… Ⅲ.①智能技术—应用—博物馆—社会服务—研究 Ⅳ.①G26-39

中国国家版本馆 CIP 数据核字（2023）第 167153 号

智慧博物馆公众服务：数据驱动与社会效益
ZHIHUI BOWUGUAN GONGZHONG FUWU：SHUJU QUDONG YU SHEHUI XIAOYI
郑　霞　段美琳　著

责任编辑	陈佩钰（yukin_chen@zju.edu.cn）
文字编辑	蔡一茗
责任校对	许艺涛
封面设计	雷建军
出版发行	浙江大学出版社
	（杭州市天目山路 148 号　邮政编码 310007）
	（网址：http://www.zjupress.com）
排　　版	杭州青翊图文设计有限公司
印　　刷	杭州高腾印务有限公司
开　　本	710mm×1000mm　1/16
印　　张	15
字　　数	261 千
版 印 次	2023 年 9 月第 1 版　2023 年 9 月第 1 次印刷
书　　号	ISBN 978-7-308-24190-8
定　　价	78.00 元

前　言

从 20 世纪 60 年代开始,博物馆先后经历了信息化、数字化阶段,如今的公众无论身处何时何地,只要打开手机、连上网络,就能获取千里之外的博物馆信息资源。随着现代信息技术的进步,大数据、云计算、人工智能等技术的出现,2008 年 11 月初,IBM 提出"智慧地球"的概念,随之"利用新一代信息技术改变政府、企业和人们交互方式"的理念深入社会发展的各个领域,智慧城市、智慧交通、智慧医疗等得到了飞速发展,智慧博物馆也迎来了发展机遇,世界上许多国家开始进行博物馆智慧化实践。2012 年 IBM 与卢浮宫合作,利用 IBM MAXIMO 资产管理软件等建设智慧博物馆,优化服务和管理。2013 年韩国启动"博物馆:人文学科在路上"(Museum:Humanities on Road) 项目,将智慧博物馆作为"智慧学习"的一部分。

我国的智慧博物馆建设与国外基本同步。2014 年国家文物局确定内蒙古博物院、山西博物院、甘肃省博物馆、苏州博物馆、四川博物院、金沙遗址博物馆、广东省博物馆共七家博物馆为首批智慧博物馆建设试点单位,经过将近十年的建设实践,我国博物馆已在智慧管理、智慧保护、智慧服务方面取得了初步的成效。2021 年 5 月,中华人民共和国文化和旅游部、国家文物局等九部门联合印发《关于推进博物馆改革发展的指导意见》,提出我国到 2035 年要基本建成世界博物馆强国,并对智慧博物馆的建设及相关工作给予了充分的重视,明确指出要"大力发展智慧博物馆,以业务需求为核心、以现代科学技术为支撑,逐步实现智慧服务、智慧保护、智慧管理"。与此同时,数据驱动时代发展的特征日益明显,数据赋能文化遗产的知识生产、展示、教育与传播的创新应用,数据驱动文化遗产相关学科领域的研究创新,都为智慧博物馆的发展提供了更为广阔的视角。

数字博物馆打通了"人—物"的通道，改善了传统博物馆信息割裂的状况，拉近了博物馆与观众、观众与藏品间的关系，但很多资源或环节仍处于割裂状态，传统方式和技术不足以应对藏品与藏品间、藏品与展品间、展览与保护间、公众与藏品间的交流、交互需求。只有通过新一代信息技术实现感知、互通和互联，才有望弥合这些不同层面的信息断层，充分发挥博物馆教育大众、服务社会的职能。而物联网、云计算、大数据、移动互联网等的出现恰为问题的解决提供了支持，为博物馆的提升注入了活力。作为博物馆发展的新形态，智慧博物馆利用新一代信息技术，实现感知、互联和智能，为公众提供精准的服务。例如个性化推荐系统、室内定位技术等，可以为不同观众提供其所需的内容。无处不在的数据环绕在公众周围，这也势必会带来不同的情境需求。以往的公众在博物馆，是以观看实体展览和展品为主，而如今，PC、平板电脑、智能手机、智能手表、智能眼镜、VR设备等，让公众穿梭在现实和虚拟之间，体验各种服务场景的切换，因此智慧博物馆公众服务也必然要跟随公众场景的变化而变化，提供不同的场景服务，以满足不同的公众需求。尽管我国智慧博物馆的建设在理论和实践方面已取得了一定的成果，但多数是从系统规划和建设的角度或技术实现的角度进行探讨，少有从公众服务的视角来系统化、体系化看待智慧博物馆的相关问题。通过对理论和现状的梳理，我们发现学界对智慧博物馆的"智慧"的理解也存在模糊和不一致的情况，对于"公共服务""公众服务""公众""观众"等词汇的使用存在混淆，关于智慧博物馆公众服务的系统化建设及实现鲜有研究。此外，"以人为本"一直是博物馆的核心理念，针对智慧博物馆的研究，更应突出如何更好地为人服务这一话题，这也为当下缓解我国社会的主要矛盾——人民日益增长的美好生活需要和不平衡不充分的发展之间的矛盾——提供了博物馆的解决思路。

为了弥补这些不足，本书以智慧博物馆公众服务需求为主线，结合国内外智慧博物馆公众服务的技术研究和实践发展现状，以融合交叉不同理论的独特视角，为智慧博物馆构建一个整体化、系统化的公众服务体系。本书重点突出智能与智慧的区别与联系，阐明智慧博物馆发展的不同阶段；突出博物馆公共服务与博物馆公众服务的区别与联系，明确智慧博物馆公众服务的重点对象，即面对的所有人群；通过分析智慧博物馆公众服务的特征和内容，总结智慧博物馆公众服务的发展现状，阐述智慧博物馆公众服务的建设之需，并借助相关理论，构建智慧博物馆公众服务的系统框架；立足于系统框架，研究和分析面向公众服务的数据资源建设与管理，探讨了基于情境感知的场景化服务，深入阐述系统感知、运行和发展的过程；最终，通过构建绩效评价指标体系和完善机制保障，从博物馆内外部确保智慧博物馆公众服务的平稳有效运行。

　　行文至此，我们意识到尽管智慧博物馆的各方面建设如火如荼，在服务方面，智慧博物馆也为公众提供了异常精彩丰富的内容。但盲目使用和过度依赖技术所带来的负面影响，值得我们深思。例如，对人工智能的滥用，导致个人隐私泄露，原创内容、知识产权被侵犯，谣言、偏见、不平等滋生等。究竟如何合理地使用技术，对这一问题的思考应贯穿在智慧博物馆公众服务体系建设的所有环节。现代博物馆扮演着与人沟通、为人服务、提供教育的角色，展现的是人类的价值和精神。因此博物馆要明确的是，技术始终不会也不能占据博物馆的主体位置，其重点仅在于辅助博物馆完善自身的发展。另外，本书虽稍涉及科技伦理，但并未以此为话题展开讨论。然而，遵循科技伦理是十分必要的，它能够明确智慧博物馆所有行为的道德准则，保证博物馆不滥用技术。2022年3月，中共中央办公厅、国务院办公厅印发了《关于加强科技伦理治理的意见》，要求明确创新主体科技伦理管理的主体责任、引导科技人员自觉遵守科技伦理要求。因此，在此后的智慧博物馆建设、公众服务的研究和实践中，要积极回应科技伦理及其治理问题，以适应科技创新发展的需要。

　　在研究过程中，本书得到了浙江大学考古与文博系严建强教授和项隆元教授的支持，得到了中国国家博物馆数据管理与分析中心主任李华飙的指导，得到了中国科学院上海高等研究院文物保护实验室主任杨晓飞的帮助，在此深表感谢。本书在撰写过程中，浙江大学考古与文博系的江翼成参与了绘图、资料收集和整理工作，何灵、沈梦婷、周思晴等参与了资料收集工作，在此感谢他们的辛勤付出。

　　笔者深知，智慧博物馆是博物馆有机体的智慧化体现，其公众服务的维度和内容多样且复杂，本书难以涵盖各方面出现的问题。受2020年以来新冠疫情的影响，笔者能走访和调研的博物馆数量有限，囿于目前的文献资料梳理和实践资料搜集,案例丰富性方面存在一些不足。加之自身的时间和研究水平有限,书中难免存在考虑不周和疏漏之处。诚请各位专家和读者不吝批评指正,以便我们对相关内容做进一步修改和完善。

本书是 2023 年文化和旅游部部级社科研究项目"元宇宙赋能博物馆新业态发展的机制与模式研究"(项目批准号:23DY31)的前期研究成果。

郑　霞　段美琳

2023 年 7 月 19 日

目　录

1. 相关概念界定与辨析

智慧博物馆的公众服务源于智慧博物馆的自身建设，而智慧博物馆的自身建设又离不开前期的博物馆信息化、数字化的积累和支持。同时，对智慧博物馆的公众服务话题也必须回到博物馆公众服务的本位上来分析和理解。因此本章首先基于智能和智慧的概念辨析，明确博物馆智能和智慧的含义，并进一步分析人工智能内涵和核心要素；其次，在厘清数字博物馆和智慧博物馆的各自发展源起的基础上分析两者之间的区别与联系；最后，探讨博物馆公共服务与博物馆公众服务各自的内涵和外延，明晰博物馆公众服务的实质。

1.1 智能与智慧

智能和智慧两个词只有一字之差。对于共同的"智"字而言，《新华字典》中的解释是：从日，从知，知亦声，"知"的后起字。"智"的本义之一出自《孟子》中"是非之心，智之端也"①，即是非之心。"智"的另一本义出自《荀子·正名篇》中"知有所合谓之智"，即认识与客观对象相符。随着语义的发展，"智"作为形容词，其义主要是聪明、智力强，如《墨子·公输》中"不可谓智"。"智"作为名词，其义主要有：①智慧，智谋，如《管子》中"四时能变谓之智"；②计谋，策略，手段，如《淮南子·览冥训》中"道德上通而智故消灭也"；③知识，如《荀子》中"知有所合谓之智"；④有智慧的人，如《战国策》中"仁不轻绝，智不轻怨"；⑤春秋时晋国地名；⑥一种姓。"智"作为动词，主要通"知"，即知道，

---

① 孟子的性善论的核心是"四端"说，《孟子·公孙丑上》有"恻隐之心，仁之端也；羞恶之心，义之端也；辞让之心，礼之端也；是非之心，智之端也"。

认识，如《墨子·经说下》中"狗犬不智其名也"。"能"和"慧"与"智"构成合成词，所以只考察两字各自的名词或形容词性含义。"能"的名词性解释有：①才能，能力，本事；②有才能的人，如《三国志·诸葛亮传》中"贤能为之用"；③物理概念，做功的本领，同"energy"，如动能；④能量的简称，同"power"，如机械能；⑤通"熊"；⑥传说中的一种像熊的兽。"慧"的形容词性释义有：①聪明，有才智；②精明；③狡黠，聪明而狡猾；④中医指的"眼睛清明"。"慧"的名词性释义主要有两个意思：①梵语"般若"，意译为慧、智慧，指破惑证真的无分别智慧；②指禅定第三禅五支中的"慧支"①。

综合以上关于"智""能""慧"的字义分析，可以梳理出"智能"和"智慧"的区别与联系。"智"的本义指向两个层面：第一层面强调人之为人的心性，孟子认为人性本善，内在地具有仁、义、礼、智四种德性；第二层面强调实操的认识层面，即通过实践去检验自己的认识是否与客观事实相符。"慧"从心，不涉及具体操作，所以"智慧"意指符合世界真理的认知和大智慧，与善的人性和道德有关，属于形而上的层面。而"能"多指向操作层面，反映技能、能力。如唐朝诗人朱景玄曾在《唐朝名画录》里以"神、妙、能、逸"②四品论画。神、妙、能各立上、中、下以示等差。从"能"到"妙"再到"神"的转化和飞跃受画家个人的人生观、世界观和处世境界的作用和影响，很大程度上是他们"智慧"的反映。因此，可以看出"智"与"能"的组合"智能"意指实践操作的能力，如视听的能力、记忆的能力、执行的能力等，与"智慧"相比属于形而下的层面。

在英语中，intelligence、smartness 和 wisdom 是三个与智能和智慧相关的词。为了更好地找到中英语境中词语的对应关系，对三个英文单词进行辨析是十分有必要的。intelligence 是指学习和理解的能力以及以逻辑方式思考问题的能力③，亦称智力，其形式可以追溯到拉丁语动词 intelligere，源于

---

① 第三禅具有行舍、正念、正慧、受乐及心一境性五个分支。

② 能品，是指那些有高超绘画技巧的作品；妙品，是指既有高超的绘画技巧又有源于自然、经画家精心提炼之形象的作品；神品，是指技巧、形象皆精妙且描绘出了形象个性的作品；逸品，则是指那些描写自然形物而又不被自然形物所束缚，从而进入超越自然形物、达到物我两忘之艺术境界的作品。

③ 出自牛津词典，"the ability to learn, understand and think in a logical way about things; the ability to do this well"，https://www.oxfordlearnersdictionaries.com/definition/english/intelligence?q=intelligence。

inter-legere,意为挑出或辨别。intelligence 的一种动词形式是 intellitus,是中世纪表示"理解"的技术术语,也是古希腊哲学术语 Nous(努斯)①的翻译,通常与经院哲学的形而上学和宇宙论密切关联。随着哲学本身的发展,其使用遭到诸多现代哲学家的反对,所以 intelligence 一词很少出现在英语哲学中,但后来更多地被心理学所采用和解释。其中,著名心理学家大卫·韦克斯勒(David Wechsler)认为 intelligence 是"个人有目的地行动、理智地思考以及有效应对环境的整体或者综合的能力"②,儿童心理学家让·皮亚杰(Jean Piaget)则从生物对环境的适应关系上研究 intelligence,认为其是一种适应,这两种都是较全面和普遍使用的定义。随着 intelligence 的含义的不断丰富,通常人们认为它是指人与生俱来的能力或天赋,涉及人对信息的获取、加工和存储,是人们认识客观事物并运用知识解决实际问题的能力,包括多个方面,如观察、理解、分析、思维、推理等能力。它在某种程度上可以通过智商(Intelligence Quotient,IQ)来衡量,如斯坦福-比奈(Stanford-Binet)测验和韦克斯勒(Wechsler)测验。目前的智商测试涵盖内容有限,所以测试结果只能作为参考。而不论是从智商的角度理解还是从皮亚杰的认知发展理论来探析 intelligence,前提都是以语言能力和数理逻辑能力为核心。20 世纪 80 年代中期以来,西方不少心理学家提出人具有多种智力,而且人的多种智力都与特定的认知领域或知识范畴紧密相关。最具代表性且产生广泛影响的是美国教育学家和心理学家霍华德·加德纳(Howard Gardner)于 1983 年在《智力的结构:多元智能理论》一书中首次提出的多元智能理论。加德纳将智力定义为"在某种社会或文化环境的价值标准下,个体用以解决自己遇到的真正难题或生产及创造出有效产品所需要的能力"③。他认为智力不是一种能力而是一组能力,智力不是以整合的方式存在而是以相互独立的方式存在的。这一组能力是:语言智力、逻辑数学智力、音乐智力、空间智力、身体运动智力、人际关系智力、内省智力和自然智力。每个人都在不同程度上拥有

---

① Nous(努斯)作为一个哲学概念,首先由阿那克萨哥拉提出,并影响了苏格拉底,造成了古希腊哲学从自然哲学向精神哲学的一个大转折,努斯原本是指心灵,也泛指感觉、思想、情感、意志活动以及这些活动的主体。

② Wechsler D. The measurement of adult intelligence (3rd ed.)[M]. Baltimore: Williams & Wilkins Co.,1994.

③ Gardner H E. Frames of mind: The theory of multiple intelligences[M]. New York: Basic books,2011:XXVIII.

上述八种基本智力，智力之间的不同组合表现出个体间的智力差异。

intelligence 的近义词是 smartness，但两者确实有很大的不同。smartness 多指聪明、机灵、敏捷，既指外表，如干净、整洁、看起来新奇和有吸引力的事实或品质，也指表现出较高的智力水平或判断力。[①] 所以 smartness 可以形容服装搭配的应景或出色、孩子的聪明、主意的高明。与 intelligence 强调的"与生俱来"相比，smartness 强调对才智切实有效地"运用"，如在实际情况下采取迅速的行动，快速有效地处理情况，这种特质可以通过后天习得。然而，聪明是没有办法测量的。此外，smartness 也表示计算机控制，控制对象看起来以智能方式行事[②]，如 smart sensor（智能传感器）、smart home（智能家居）。

英语中表达"智慧"一般用 wisdom。根据牛津词典的解释，其意思主要有：由于个人的经验和知识而做出明智的决定并给出好建议的能力；（做）某事的智慧；形容做事情多么明智；一个社会或文化在很长一段时间内获得的知识。可以看出与"智力"相似，都与知识的积累和运用有关。然而不同之处在于 wisdom 强调运用得明智或最合适，与"智力"相比，涉及更复杂的、较高层次的思维活动。智力水平高的人并不一定有智慧，因为智力高的人未必知道如何在现实生活中用好所学知识，以便能对当前的处境做出及时又最正确的决定。

通过上述辨析，可以看出中文语境中的"智能"应该用 intelligence 表示，"智慧"则用 wisdom 表示。单独对"智慧"的词义辨析常采用名词辨析，而在具体的学术语境中，常使用修饰语与其他名词进行搭配，以指代新的对象。对智慧博物馆中的"智慧"二字便是如此，现有的研究中常采用 intelligence 和 smartness 的修饰语形式表示，即 intelligent 和 smart，这两者在语义上是一致的。就目前而言，智慧博物馆主要是指利用新一代信息技术，提升"物、人、数据"三者间的双向多元信息交互能力，其终极目标是让系统能够模拟人的智慧做出判断，为公众提供优质的服务。而信息技术的发展并不是一蹴而就的，是需要经过不断试错和调整的过程，其应用是渐进深入的，因此

---

① 出自牛津词典，"(especially British English) the quality of being clean, neat and looking new and attractive""(especially North American English) the quality of being intelligent"，https://www.oxfordlearnersdictionaries.com/definition/english/smartness。

② 出自牛津词典，"the fact of being controlled by a computer, so that it appears to act in an intelligent way"，https://www.oxfordlearnersdictionaries.com/definition/english/smartness。

智慧博物馆也是逐步朝着其终极目标，向更高阶、更复杂的形态发展。由此，我们认为智慧博物馆的"智慧"并不是一开始就能实现 wisdom，而是要经历 intelligence 和 smartness 两个阶段，才能得以实现。那么，在 intelligence 阶段，智慧博物馆强调的是拥有感知、学习、理解和思考等能力，是一个基础且硬性的条件；在 smartness 阶段，智慧博物馆将灵活运用自身能力应对各种场景，这在一些大型的博物馆中已开始实践。经历了这两个阶段之后，当智慧博物馆能够运用自身资源，不仅能发现问题而且能最优处理和解决问题之时，才趋近于 wisdom。

1.2　人工智能

人工智能（Artificial Intelligence，AI），从字面意思来理解，是指人类所制造的智能，即以人类智能为原型，研究具有智能水平的机器，为人类提供智能服务。[①] 而人类的智能主要是指人们认识客观事物并运用知识解决实际问题的能力，包括观察、获取、处理、执行等能力，与人类的智慧相比是更面向具体操作的。因此，人工智能的目的在于用机器模拟人的发现、感知、分析、处理和执行等外显能力，追求精度、速度、强度和持久度等方面的能力指标。这也正是发展中世界工程技术科学院院士钟义信所提出的"显性智能"。他认为人类的智能是指为了不断提升生存发展的水平，人类利用知识去发现问题、定义问题（认识世界）和解决问题（改造世界）的能力。[②] 其中发现问题和定义问题的能力主要依赖人类的目的、知识、直觉、临场感、理解力、想象力、灵感、顿悟和审美能力等内禀品质，因此称为"隐性智能"；解决问题的能力主要依赖获取信息、提炼知识、创生策略和执行策略等外显能力，因此称为"显性智能"。隐性智能和显性智能相互联系、相互促进、相辅相成，构成了人类智能的完整体系。[③] 从钟义信院士的界定和分析可以看出，人工智能实际解决的

①　钟义信.人工智能范式的革命与通用智能理论的创生[J].智能系统学报,2021(4):792-800.

②　钟义信.人工智能:概念·方法·机遇[J].科学通报,2017(22):2473-2479.

③　钟义信.人工智能:概念·方法·机遇[J].科学通报,2017(22):2473-2479.

还是形而下的操作。

1950 年,计算机科学之父艾伦·麦席森·图灵(Alan Mathison Turing),首次赋予了机器"智能"的概念,他发表的论文《计算机器与智能》预言了创造出具有真正智能的机器的可能性。由于他注意到智能这一概念难以确切定义,所以提出了著名的图灵测试:如果一台机器能够与人类展开对话(通过电传设备)而不能被辨别出其机器身份,那么称这台机器具有智能。1956 年夏天,美国达特茅斯学院举行了历史上第一次人工智能研讨会,会上人工智能之父约翰·麦卡锡(John McCarthy)首次提出了"人工智能"这个概念,把它定义为"制造智能机器的科学和工程"(the science and engineering of making intelligent machines),标志着人工智能概念正式诞生。人工智能涉及计算机科学、数学、心理学、语言学、哲学和神经科学等多学科的交叉融合。经过研究人员数十年的努力,在人工智能领域出现了许多里程碑式的事件并产出了一系列丰硕的研究成果,如 1997 年 IBM 公司的电脑"深蓝"战胜国际象棋世界冠军卡斯帕罗夫;2013 年 Facebook 成立人工智能实验室,探索深度学习领域,借此为 Facebook 用户提供更智能化的产品体验;2015 年 Google 开源了利用大量数据直接训练计算机来完成任务的第二代机器学习平台 Tensor Flow;2018 年在美国亚利桑那州的凤凰城,谷歌母公司 Alphabet 旗下的自动驾驶汽车公司 Waymo 推出了自动驾驶出租车服务 Waymo One。从类型上看,迄今为止人工智能的总体研究主要分为三个学派:以模拟人脑结构为导向的人工神经网络学派;以模拟人脑逻辑功能为标志的专家系统学派;以模拟智能系统行为为特色的感知动作系统学派。[①] 三个学派都取得了令人瞩目的成就:人工神经网络学派主要在模式识别和深度学习等方面获得优异成果;专家系统学派主要在数理证明和信息检索以及机器博弈等方面取得杰出成就;感知动作系统学派主要在感知行为能力的机器人研发方面获得令人振奋的成就。

人工智能的核心要素是算力、算法和数据。算力是算法和数据的基础设施,包括具备计算能力的硬件和大数据基础设施,其大小代表对数据处理能

---

① 钟义信.人工智能范式的革命与通用智能理论的创生[J].智能系统学报,2021(4):792-800.

力的强弱。2018 年诺贝尔经济学奖获得者威廉·D. 诺德豪斯（William D. Nordhaus）在《计算过程》一文中提出："算力是设备根据内部状态的改变，每秒可处理的信息数据量。"[①]算力实现的基础是 CPU、GPU 等各类计算芯片，由计算机、服务器和各种终端承载。可以说，芯片的性能直接决定着人工智能产业的发展。就芯片本身发展而言，在常见的中央处理器（Central Processing Unit，CPU）的基础上，出现了擅长并行计算的图像处理器（Graphics Processing Unit，GPU）和更适合深度学习模型的现场可编程门阵列（Field Programmable Gate Array，FPGA）等，虽然这些芯片都可以支撑人工智能的算法，但仍需要设计和生产专门处理人工智能算法的芯片，即 AI 芯片。AI 芯片本质上是专用集成电路（Application Specific Integrated Circuit，ASIC），在性能、功耗、时延、能效比等方面比上述芯片有更出色的表现，更符合人工智能的应用要求和环境。

算法是处理数据的方式，换句话说，计算机正是通过算法实现人工智能的。算法性能的突破一般有两种途径：一种是依据传统编程技术，利用大量数据的处理经验来提升算法性能；另一种是模拟人类或其他生物的机理来提升算法性能。这两种途径所分别对应的算法通常被称为机器学习算法和神经网络算法或遗传算法。目前发展较热的深度学习的基础则是神经网络，其源于多层级互联的神经元。深度学习结构的多层感知器就具有多个隐藏层。深度学习的目的在于构建模拟人脑进行分析学习的神经网络，能够像人脑一样识别和解释数据，例如图像、声音和文本等。典型的深度学习算法有卷积神经网络（Convolutional Neural Network，CNN）、循环神经网络（Recurrent Neural Network，RNN）、生成对抗网络（Generative Adversarial Networks，GANs）、深度强化学习（Reinforcement Learning，RL）。卷积神经网络是一类包含卷积计算且具有深度结构的前馈神经网络，主要适用于图像和视频分析任务，如图像分割、物体识别和图像分类，也可应用于自然语言处理和推荐系统。循环神经网络具有短期记忆能力，因此常用于语言建模、机器翻译、语音识别等与序列数据相关的分析和分类任务。生成对抗网络由两

①　中国信息通信研究院. 中国算力发展指数白皮书［EB/OL］.（2022-11-05）［2022-12-01］. http://www.caict.ac.cn/kxyj/qwfb/bps/202211/t20221105_411006.htm.

个相互竞争的神经网络组成,即判别器和生成器,形成的竞争力可以方便地模仿任何数据分布,主要用于图片生成、图像修复、风格迁移、文本生成、视频生成。深度强化学习将深度学习的感知能力和强化学习的决策能力相结合,主要用于运动控制、自动驾驶和推荐系统。

数据是人工智能得以实现的基础,一方面,算法的验证、训练和修正都需要数据的支撑,以更好地进行配置、调整和优化,进而不断提升性能;另一方面,互联网、物联网时代每时每刻都在产生大量的数据,涉及文本、语音、图像和视频等,涵盖结构化数据、半结构化数据和非结构化数据,每个领域都有具体的处理分析需求,需要算法和算力的支持助力人们的分析、判断和决策等。当然为了保证应用效果,也要关注数据的准确性,在数据采集、数据清洗、数据传输和数据处理等阶段重视质量把控。

1.3 数字博物馆与智慧博物馆

虽然时至今日,对于"数字博物馆"这个概念的解释仍未形成统一、标准的描述。但毋庸置疑、普遍认可的是它是在早期博物馆信息化基础上发展起来的一种博物馆新形态。在 20 世纪 60 年代,伴随着新科技的产生和发展、社会知识传播途径的多样化和人们对信息需求的多元化,传统博物馆旧有的藏品信息登记和管理模式遭遇了严峻的挑战——它已经无法适应新时代博物馆自身以及公众对藏品管理和知识获取等方面的要求。博物馆界开始意识到建立新的藏品信息录入系统的迫切性,包括史密森学会(Smithsonian Institution)在内的美国一些博物馆机构和组织开始投入博物馆藏品信息自动化登记的研究,并取得了显著成果。到了 20 世纪 70 年代,社会激荡着大教育观的热潮,公众对博物馆所扮演的角色提出新的要求。博物馆开始注重藏品的利用,希望通过策划展览和开展教育活动提升公共服务能力。因此从早期的对藏登记的自动化需求,转而提升为对藏品组织和管理的自动化需求。在这样的背景下,一些专业组织相继成立,为博物馆提供有关藏品管理方面的计算机操作、数据库知识等支持,并帮助构建藏品信息管理系统以及人员、资金等管理系统。到了 20 世纪 80 年代,个人电脑出现,降低了公众的使用门槛,计算机辅助办公已经更加普及,许多小型博物馆也开始购置个人电脑来提升博物馆的管理水平。此外,这一时期出现了图形、图像、声音和视频等多种媒体形式,不仅扩充了藏品信息的内容和形式,而且丰富了博物馆的展览,增强了博物馆的交互性,拓展了宣传的信息渠道。①到了 20 世纪 90年代,互联网技术的发展和使用使得全社会进入信息高速时代,全球的信息以惊人的速度汇聚到一起,并向各个角落传播。人们对于博物馆有了更多的期待,希望通过网络随时获取更多的藏品信息。为了满足公众需求,更多的博物馆利用互联网将藏品管理系统向公众开放。在技术发展、理论研究和标准制定的推动下,藏品数字化技术、数字展示技术、信息管理和网站建设技术等都有了长足的进展,这一时期数字博物馆的雏形渐渐产生和发展起来,世界上各个区域都涌现出一系列成果。1990 年,美国国会图书馆启动"美国记忆"(American Memory)计划,拟将图书馆内的文献、手稿、照片、录音、影像等藏品进行系统的数字化处理和存储,并编辑制作成系列的专题作品。这个计划的实施可看作"数字化博物馆"思想的早期实践,标志着世界博物馆界的数字化博物馆建设理念由理论探讨走向实际建设所迈出的具有重大历史意义的第一步。② 20 世纪 90 年代初,美国伊利诺伊大学的 Kraanet 艺术馆率先在互联网上建立网站。虽然 Kraanet 艺术馆当时只是在网站上放置了少量的藏品、展览图片和博物馆简介等相对简略的信息,但它却开创了博物馆网站建设之先河并为其他博物馆提供了借鉴,大英博物馆、法国卢浮宫博物馆、纽约大都会博物馆等世界级大型博物馆纷纷效仿。根据盖蒂艺术历史信息项目(Art History Information Program,AHIP)的一项调查,截至1995 年,美国被调查的艺术博物馆中的 81% 已经把馆藏的物品进行了数字化,将近 2/3 的博物馆使用个人电脑,其中的 47% 更是进行了网络化。欧洲地区的发展亦不逊色,一些著名博物馆和文化机构,如法国卢浮宫博物馆、大英博物馆、伦敦国家画廊、梵蒂冈教廷博物馆等,也都于 20 世纪 90 年代中期实施了自己的数字化建设。

1997 年麦克唐纳(G. F. MacDonald)在"The Digital Museum"一文中对

①　Hong J K, Takahashi J, Kusaba M, et al. An approach to the digital museum-multimedia systems for an ethnology museum[C]. ICHIM, Multimedia Computing and Museums,1995.

②　郑霞. 数字博物馆研究[M]. 杭州:浙江大学出版社,2016:22.

数字博物馆进行了初步的描述:实体博物馆的展览和 Web 的超媒体环境具有共同的特征,它们都使用文字、图像、视频等媒体形式进行信息传递,都具有层次化的信息组织等,而虚拟现实技术和三维成像技术促进了数字博物馆的进一步发展,使其看上去就像实体博物馆。[①] 文中还指出了数字博物馆的基本优势:能够突破展览空间的限制,使得展览次数和展览藏品不受限制;能够突破地域的限制,使更多的公众不用亲临实体博物馆而实现参观浏览;能以博物馆资源为内容,通过建立教育的网络链接,辅助学生课堂学习;能提供专题展览,整合多媒体,通过全新的交互方式增强观众的学习体验。1997—1998 年,美国博物馆协会(American Alliance of Museums,AAM)出版了 *The Wired Museum* 和 *The Virtual and the Real:Media in the Museum* 两本著作,共同关注将科技应用于博物馆的诸多方面,促使藏品数字化、网络的利用和数据共享、数字化藏品资源的版权等成为议题。[②] 90 年代末,朱斯特·杜马(Joost Douma)在《21 世纪科技中心雏形》(*Prototyping for the 21st Century*)中提出"自下而上"的博物馆展示教育理念。这是博物馆展教观念的极大飞跃,标志着博物馆从"教育中心"向"学习中心"的转变。在这个理念之下,观众成为知识的缔造者和传播者,而数字博物馆的出现对观众而言显然是一种全新的体验,其自主性、多元化、互动性更强的服务更加满足观众的需求,与时代的结合显然更为紧密。数字博物馆赖以活动的基础是数字形式的藏品,既包括实体藏品的数字化形式,也包括藏品背景信息、研究信息等数字化的数据。保存空间不再是建筑空间,而是存储设备的空间;展示空间不再局限于实体场馆,而可包括网络空间。教育可以通过网络广泛传播,随时对用户开放。数字博物馆不仅保留了实体博物馆的功能,并且能进行更好的延伸和拓展。因此,可以说数字博物馆以实现博物馆功能为基础,是一个以数字形式对自然遗产和文化遗产进行采集、保存、管理、利用和传播的信息服务系统,其展示和教育的实施可以在实体博物馆内进行,也可以通过网络来实现。当然随着技术的发展和其自身建设的完善,数字博物馆的内涵也在不断

---

① MacDonald G. F. The Digital Museum [EB/OL]. (2014-02-09) [2023-01-05]. Canadian Museum of History. http://www. civilization. ca/research-and-collections/research/resources-for-scholars/essays 1/ museology /macdonald-and-alsford/the-digital-museum/.

② Cameron F. Wired collections:The next generation[J]. Museum Management and Curatorship, 2001(3):309-312.

扩充。此外,"博物馆数字化"和"数字化博物馆"也是容易混淆的两个词。前者强调的是过程,后者强调的是结果,两者都与实体博物馆相关。"博物馆数字化"是指将实体博物馆的资源进行数字化的过程,涉及藏品数字化及其管理、藏品信息的数字化及其管理、数字展示平台建设、办公信息自动化建设等多个方面。而"数字化博物馆"是指数字化过程结束后所得到的结果,强调完成性,相对静态,不仅包含来源于实体博物馆的部分,也包含了那些无实体对应的虚拟博物馆。

在数字博物馆的发展中,也产生了许多近义词,如虚拟博物馆(Virtual Museum)、电子博物馆(Electronic Museum)、在线博物馆(Online Museum)、网络博物馆(Web Museum)、赛博空间博物馆(Cyberspace Museum)、无墙博物馆(Museum without Walls)等都指代相同的概念,但"数字博物馆"一词的使用频率最高。

在 2008 年 11 月初在纽约召开的外国关系理事会上,IBM 正式提出"智慧地球"(Smart Planet)的概念。2009 年 1 月,美国将"智慧地球"概念纳入国家战略当中。智慧地球主要指通过低成本的传感技术和网络服务,将传感器嵌入或装配到电网、铁路、建筑、大坝和油气管道等对象中构建"物—物相联",再利用超级计算机和云计算进行整合,实现物理世界与人类社会间的高度联动与融合。其核心思想包括三个维度:第一,能够更透彻地感知和度量世界的本质和变化;第二,促进世界更全面地互联互通;第三,在上述基础上,所有事物、流程、运行方式都将实现更深入的智能化,并因此获得更智能的洞察。[①]

IBM 提出"智慧地球"概念的同时给出了 21 个涵盖人们生活、学习和工作的智慧主题,包括基础设施、交通、能源、医疗保健、食品、水、公共安全、城市、轨道交通、产品、教育、政府和电信等。在这些领域实现智慧互联、信息即时共享与优化利用,实现智慧地球的构想。随后,许多国家都接受智慧地球作为全球战略,与智慧地球密切相关的物联网、云计算等,更成为科技发达国家制定本国发展战略的重点。自 2009 年开始,美国、欧洲各国、日本和韩国等

---

① 许晔,郭铁成.IBM"智慧地球"战略的实施及对我国的影响[J].中国科技论坛,2014(3):148-153.

纷纷推出本国的物联网、云计算相关发展战略,引发了智慧城市、智慧校园、智慧社区等建设热潮。与此相应,2009 年中国也提出了"感知中国"的概念,以物联网等先进技术为依托开始建设各类智慧系统。2012 年 4 月,IBM 宣布与法国卢浮宫博物馆合作,建设欧洲第一个智慧博物馆,通过利用 IBM Maximo 资产管理软件,简化博物馆维护流程,提高用户服务质量并提高博物馆的工作效率、实时运作及管理。关于智慧博物馆的确切定义还没有形成一个统一的表述,但是许多专家和学者都给出了较为直观的描述。水岛英治(Eiji Mizushima)曾在"What Is an'Intelligent Museum'?:A Japanese View"一文中对智慧博物馆进行了如下的描述:智慧博物馆能够:①自动控制博物馆的运行、管理和展览;②控制博物馆的环境(展览环境和保存环境);③具有信息和通信的能力;④能够控制计算机和新媒体设施。① 而爱德华多·维鲁埃特(Eduardo Viruete)等在"e-Museum"项目中指出智慧博物馆能够解决观众的需求,观众在虚拟人物的引导下参观展厅并可获得相应的信息咨询服务。② 图卡·鲁特萨洛尔(Tuukka Ruotsalol)等在"Smart museum"项目中认为智慧博物馆通过自适应的观众分析,来增强观众现场访问数字文化遗产的个性化体验,主要利用现场知识库、全球数字图书馆和观众体验知识,借助数字文化遗产资源,提供增强观众与文化遗产对象交互的多语种服务。③时任中国博物馆协会理事长宋新潮认为:"智慧博物馆,狭义的是指基于博物馆核心业务需求的智能化系统;广义的则是指基于一个或多个实体博物馆(博物馆群),甚至是搭建在文物尺度、建筑尺度、遗址尺度、城市尺度等范围内的一个完整的博物馆智能生态系统。智慧博物馆通过多模态感知'数据',并以此为基础,建立更加全面、深入和泛在的互联互通,使人与人、人与物、物与物之间形成系统化的协同工作方式,从而形成更为深入的智能化博物馆运作体系。"④有学者在技术实践层面上将智慧博物馆公式化为:"智慧博物馆=

---

① Mizushima E. What is an "intelligent museum"?:A Japanese view[J]. Museum International,1989(4):241-243.

② eMuseum[EB/OL]. (2017-08-19)[2023-02-04]. http://emuseum. unizar. es/eng/emuseum. html.

③ Ruotsalo T,Haav K,Stoyanov A,et al. SMARTMUSEUM:A mobile recommender system for the Web of Data[J]. Journal of Web Semantics,2013(20):50-67.

④ 李韵. 博物馆也得是智慧的——访中国博物馆协会理事长宋新潮[N]. 光明日报,2014-10-01(9).

数字博物馆＋物联网＋云计算"，数字博物馆负责博物馆各组成要素的数据的处理、存储、分析和表达；物联网负责博物馆各组成要素的信息采集和控制指令的传输和执行；云计算则负责根据已有的海量数据资源和当前物联网实时采集的数据，进行分析决策，并向博物馆各组成部分或要素下达控制指令。由数字博物馆与物联网、云计算组成的智慧博物馆构成了一个动态信息采集（信号正向通路）、智能处理与分析以及反馈与智能控制（反馈通路）的闭环控制系统，将极大地促进博物馆教育服务能力和保护研究能力的提升。[①] 总体上，智慧博物馆是数字博物馆的进一步发展形态，主要利用物联网、大数据、云计算和移动通信等新技术，以人为本，加强物与物之间、人与物之间的信息交互，以更好地完善和强化博物馆与藏品、观众之间的关系，为公众提供更加智能化、个性化、多样化的服务。

智慧博物馆与数字博物馆相比，区别主要体现在：①技术不同，智慧博物馆更加倚重于依托物联网、云计算和大数据等来实现全面的感知、实时的互联等；②侧重不同，智慧博物馆强调以各层面业务需求为驱动，重新梳理和构建博物馆各要素，提供物、人、数据三者之间的双向多元信息交互通道；③中心不同，智慧博物馆更加突出"以人为中心"，以公众实际需求为出发点，综合分析公众的参观行为、兴趣爱好、通信习惯等，为公众提供随时随地的个性化服务；④角度不同，智慧博物馆主要面向整体博物馆系统，优化管理模式和工作机制，整合博物馆信息资源，重建信息交流通道，提升博物馆各业务层面的能力，强调实现智慧管理、智慧保护和智慧服务。[②]

1.4 博物馆公共服务与博物馆公众服务

《现代汉语词典》将"公共"定义为属性词，指属于社会的、公有公用的。而"公众"是名词，指社会上大多数的人、大众。在英文语境中，"公共"和"公众"对应的都是 public 一词。2010 年由国际博物馆学委员会协助撰写的《博

---

① 陈刚.智慧博物馆——数字博物馆发展新趋势[J].中国博物馆,2013(4):2-9.
② 郑霞.数字博物馆研究[M].杭州:浙江大学出版社,2016:246.

物馆学关键概念》(*Key Concepts of Museology*)中指出 public 的公认含义分为两方面:一是作形容词,如公共博物馆,用以解释博物馆与其所在地区的法律关系;二是作名词,指博物馆的使用者(博物馆公众),也可延伸至博物馆所面对的整个人群。① 由此可见,博物馆公共服务与博物馆公众服务是相关但又完全不同的概念。

　　"公共服务"一词的出现最早可追溯至 19 世纪末 20 世纪初的西方。当时英法等资本主义国家深陷社会矛盾与冲突,政府只能通过改善社会福利来缓和社会矛盾,作为政府职能和社会福利的"公共服务"因此受到理论界关注。② 1912 年,法国学者莱昂·狄骥(Léon Duguit)从公法角度对公共服务的概念进行了界定,他提出"任何因其与社会团结的实现与促进不可分割,而必须由政府加以控制和规范的活动就是一项公共服务,只要它具有除非通过政府干预,否则便不能得到保障的特征"③。随后在经济学、管理学等学科发展下,公共服务的定义逐渐宽泛,形成了不同的学术观点,主要包括公共物品论、政府职能论、公共主体论和公共利益论。④ 其中公共物品论是在经济学基础上提出的,认为公共服务是以服务形式存在的公共物品,是公共物品的一部分。⑤ 即公共服务就是提供公共物品,公共物品是公共服务的内容。⑥ 政府职能论,强调公共服务职能是政府职能转变的重要问题和紧迫任务,构建公共服务型政府是深化行政管理体制改革的重要内容和根本要求。⑦ 公共主体论认为公共服务的界定应落脚于服务的供给主体,其核心与本质在于"公共"而非"服务"。⑧ 公共利益论认为公共服务本质上是政府运用公共资源,积极回应社会公共需要,为实现社会公共利益而提供的社会物品和服务。⑨ 总的来说,无论是哪种观点,单从一种观点来界定公共服务,都是不全面的。综合来看,公共

---

　　① Desvallées A,Mairesse F. Key concepts of museology[M]. Paris:Armand Colin,2010:70.

　　② 姜晓萍,陈朝兵.公共服务的理论认知与中国语境[J].政治学研究,2018(6):2-15,126.

　　③ 狄骥.公法的变迁:法律与国家[M].郑戈,冷静,译.沈阳:春风文艺出版社,辽海出版社,1999:53.

　　④ 楚明锟.公共管理学[M].开封:河南大学出版社,2013:181.

　　⑤ 冯菲.中国城市公共服务与政府效能公众满意度研究——基于 10 个城市公众满意度调查的实证分析[M].上海:上海交通大学出版社,2020:33.

　　⑥ 楚明锟.公共管理学[M].开封:河南大学出版社,2013:181.

　　⑦ 唐铁汉.强化政府公共服务职能努力建设公共服务型政府[J].中国行政管理,2004(7):9-15.

　　⑧ 楚明锟.公共管理学[M].开封:河南大学出版社,2013:182.

　　⑨ 楚明锟.公共管理学[M].开封:河南大学出版社,2013:182.

服务即能够满足公民直接需求的由国家或政府介入的服务活动,如教育、医疗保健、社会保障以及生态环境保护等。①

因此,博物馆公共服务强调的是博物馆作为国家或政府提供公共服务的机构所提供的服务,即国家或政府借由博物馆这一机构提供服务,实现其提供公共服务的职能。其以国家或政府的存在为基础,有"自上而下"的特点,是政府服务活动的外在表现之一。博物馆公共服务的内容通常要遵循国家或政府自身的制度特色,包括法律、法规、政策、官方指导性文件等有关规定,利用博物馆机构的功能特性,为社会和社会发展提供服务。例如,2002 年法国颁布第 2002-5 号法律,最终通过有关法国博物馆的法律文本,以回应当时博物馆的使命和服务。《法国博物馆法》规定"博物馆的门票以促进最广泛的公众参与来决定,国立博物馆对 18 岁以下的未成年人可以免收门票……法国的每个博物馆都有一个负责公众接待、传播、文化调解的服务机构……国家鼓励和促进法国博物馆之间建立地理、科学或文化网络,公共研究和高等教育机构可以参与其中"②。2017 年 3 月施行的《中华人民共和国公共文化服务保障法》中指出"博物馆是提供公共文化服务的公共文化设施","要形成场馆服务、流动服务和数字服务相结合的公共文化设施网络"③,这是对博物馆公共性的强调④,体现了中国的博物馆为国家实现公共服务职能所扮演的角色,以及博物馆要发挥自身特色,与其他公共服务机构一起承担起对社会的责任。在此之前,中华人民共和国国务院于 2015 年 3 月通过的《博物馆条例》从研究、展览、教育、开放等多方面指出了博物馆的公共服务内容。

不过,并非所有国家的博物馆与政府都有着密切的关系。在一些国家中,博物馆是由私人或非营利组织创办和管理的,由私人或非营利组织决定自身的服务性质,政府只是提供一定程度的支持和监管。例如,在美国,美国博物馆协会一定程度上支持着博物馆的公共服务事业。1992 年,美国博物馆协会在《卓越与平等:教育与博物馆公共服务》中指出,将教育作为博物馆公

---

① 赵黎青.什么是公共服务[J].中国人才,2008(15):69-70.

② 法国法律文本(Légifrance)法律数据库.2002 年 1 月 4 日关于法国博物馆的第 2002-5 号法律[EB/OL].(2002-01-05)[2023-01-05].https://www.legifrance.gouv.fr/jorf/id/JORFTEXT000000769536/.

③ 中国人大网.中华人民共和国公共文化服务保障法[EB/OL].(2016-12-25)[2022-11-07].http://www.npc.gov.cn/npc/c12435/201612/edd80cb56b844ca3ab27b1e8185bc84a.shtml.

④ 郑奕.博物馆强化"观众服务"能力的路径探析[J].行政管理改革,2021(5):54-63.

共服务工作的中心，每个博物馆都必须明确为公众服务的承诺。① 在 2000 年美国博物馆协会最新修订的规范中，规定"博物馆通过展览、研究、学术、出版和教育活动，为社会服务"②。

总之，博物馆公共服务与博物馆同国家、政府、行业组织或特殊组织的关系密不可分，在目的上仍然是为社会服务。这就决定了博物馆公共服务具有两重含义：一是承接国家、政府、行业组织或特殊组织的公共服务要求，比如承担文化传播、教育责任等，明确自身作为公共服务机构的属性；二是利用自身的机构功能，如研究、展示、教育等，提供相应的公共服务内容，以为社会和社会发展服务。

与博物馆公共服务强调国家、政府或特殊组织的存在所不同，博物馆公众服务着眼点在于博物馆转变以往独立于社会生活以外的形象，有意识地发挥自身的主体作用，主动融入社会，以公众为中心，向公众提供各种形式的资源和服务。要厘清博物馆公众服务的概念，就必须从博物馆公众服务的理念演变出发，探讨公众服务的概念定义。

博物馆并不是从诞生之初就是为公众服务的，其服务对象在漫长的实践过程中不断发生变化，直到 20 世纪末，国际博物馆的发展趋势才从"以物为中心"转变为"以人为中心"。事实上，趋势的演变必然受到实践推动和理念革新的影响。在公元前 5 世纪至 17 世纪的前博物馆期和原始期，博物馆的收藏都是服务私人，大众参观受限，直到 17 世纪末期才开始有公共的博物馆。③ 17 世纪末，英国的阿什莫林博物馆向公众和学者开放，成为世界上公认的第一个现代意义上的公共博物馆。到 18 世纪时，博物馆发展为公共机构的趋势愈加明显，大英博物馆、卢浮宫等一些公共博物馆相继对外开放。例如 1795—1799 年，卢浮宫在多米尼克-维旺·德农（Dominique-Vivant de Denon）馆长的管理下，利用解释性的文字配合展览，并按照作品的艺术派别及艺术家的历史进行展示，让外行人也能理解展览内容。同时，所有人都

　　① 美国博物馆协会. 卓越与平等：教育与博物馆公共服务［EB/OL］.（1992-12）［2022-11-10］. http://ww2. aam-us. org/docs/default-source/resource-library/excellence-and-equity. pdf.

　　② 美国博物馆协会官网. AAM 博物馆道德准则［EB/OL］.（2000）［2022-10-12］. https://www. aam-us. org/programs/ethics-standards-and-professional-practices/code-of-ethics-for-museums/.

　　③ 瓦达荷西. 博物馆学：德语系世界的观点［M］. 曾于珍，林资杰，吴介祥，等译. 台北：五观艺术管理有限公司，2005：109.

可以在参观日进入，艺术家或学生还能预约自己的参观时间。① 19 世纪末
20 世纪初，受到当时知识进步和传播理念的影响，博物馆界开始有意识地强
调公众的重要性，提出要为公众服务。1895 年，美国国家博物馆的第一任馆
长乔治·布朗·古德（George Brown Goode）提出博物馆的职责之一是为提
高公众的文化素质服务，"具体是通过精心策划的、富有吸引力的、说明标签
全面完整的展览，为广大公众提供服务，从而刺激和拓宽那些不从事学术研
究的人的思想，并吸引他们来到公共图书馆和演讲室"②。1925 年，美国博物
馆协会出版的《博物馆工作人员道德规范》中指出："从最广泛意义上来讲，博
物馆是为人类社会及其未来保护人类遗产的机构。博物馆的价值在于其为
人们的情感和智力生活提供的服务。博物馆工作者的工作本质上是为人们
提供服务。"③1990 年，美国博物馆学家珍妮特·W. 索林格（Janet W.
Solinger）在其编纂的论文集《博物馆与大学：继续教育的新途径》中指出："长
期以来，博物馆一直是少数受过教育的研究人员的专利。这并不是说博物馆
对教育公众了解其藏品没有兴趣。恰恰相反，为藏品贴上解释性标签并向公
众解释藏品一直是现代博物馆实践的基调之一。"④尽管在这一时期，一些国
家的博物馆已经意识到博物馆与公众关系的日益紧密，并且在展示、教育方
面进行了一定的实践，但国际博物馆界真正达成"为公众服务"的共识，要到
20 世纪中后期。

　　自 20 世纪 80 年代末以来，国际博物馆界才将目光由"物"转向"人"。
1984 年，《魁北克宣言》的发表正式揭开了新博物馆学运动的序幕。新博物馆
学强调广泛、全面的公众导向，安德烈亚·豪恩席尔德（Andrea Hauenschild）
在《新博物馆学》一文总结道：公众是全部人口，博物馆要为公众提供意义。
1989 年以来，国际博物馆协会（International Council of Museums，ICOM）在
对博物馆的定义中，始终强调博物馆的存在是为公众服务。根据 2022 年 8 月

　　①　瓦达荷西.博物馆学：德语系世界的观点［M］.曾于珍，林资杰，吴介祥，等译.台北：五观艺术
管理有限公司，2005：116.
　　②　Goode G B. The relationships and responsibilities of museums［J］. Science，1895（34）：197-
209.
　　③　美国博物馆协会.博物馆工作人员道德规范［EB/OL］.［2023-02-15］. https://www. wipo.
int/export/sites/www/tk/en/databases/creative_heritage/docs/aam_ethics_museums. pdf.
　　④　Solinger J W. Museums and Universities：New Paths for Continuing Education［M］. New
York：Macmillan Publishing Company，1990：2.

24 日国际博物馆协会官网发布的信息，博物馆的最新定义为"非营利性常设机构……向公众开放，具有可及性和包容性……"①。受新博物馆学的影响，世界的许多国家都开始重视"公众"的存在。以英国为例，1998 年英国博物馆协会发表声明，将博物馆定义中的形容词"人"替换为名词"公众"。英国博物馆、档案馆和图书馆理事会则将博物馆定义为："为公众的利益而收集、记录、保护、陈列、阐释物质证据及相关信息的机构。"②除此之外，ICOM 为了促进全球博物馆事业的健康发展，决议以 1977 年为起点，将每年的 5 月 18 日定为"国际博物馆日"（International Museum Day），1992 年开始设置主题（历年主题见表 1-1），意在围绕人群、社区、社会等多个时代热议话题，加强全球博物馆与公众的联结。46 年间，至少有 159 个国家参与"国际博物馆日"，免费向公众开放博物馆，同时举办与博物馆日主题相关的展览或活动。

表 1-1　1992 年以来"国际博物馆日"主题

年份	"国际博物馆日"主题	年份	"国际博物馆日"主题
1992	博物馆与环境	2004	博物馆与非物质文化遗产
1993	博物馆与原住民	2005	博物馆文化桥梁
1994	博物馆幕后	2006	博物馆与青少年
1995	回应与责任	2007	博物馆与共同遗产
1996	为明天收藏今日	2008	博物馆紧贴时代步伐
1997—1998	打击非法贩运文物行为	2009	博物馆与旅游业
		2010	博物馆为社会和谐
1999	发现喜悦	2011	博物馆与记忆
2000	致力于社会和平与和睦的博物馆	2012	处于世界变革中的博物馆：新挑战、新启示
2001	博物馆与建设社区	2013	博物馆（记忆＋创造力）＝社会变革
2002	博物馆与全球化	2014	博物馆藏品架起沟通的桥梁
2003	博物馆与朋友	2015	博物馆致力于社会的可持续发展

① 国际博物馆协会. 国际博物馆协会通过新的博物馆定义［EB/OL］.（2022-08-24）［2023-01-10］. https://icom. museum/en/news/icom-approves-a-new-museum-definition/.

② 宋向光. 世界各国和国际组织关于博物馆的定义［J］. 中国博物馆通讯,2003（8）:18-21.

续表

年份	"国际博物馆日"主题	年份	"国际博物馆日"主题
2016	博物馆与文化景观	2020	致力于平等的博物馆： 多元与包容
2017	博物馆与有争议的历史： 博物馆讲述难以言说的历史	2021	博物馆的未来：恢复与重塑
2018	超级连接的博物馆： 新方法、新公众	2022	博物馆的力量
2019	作为文化中枢的博物馆： 传统的未来	2023	博物馆、可持续性与美好生活

在"为公众服务"的理念下,一些学者开始针对"公众""公众服务"的概念做出相应的探讨。1992 年,史蒂芬·E. 威尔(Stephen E. Weil)在《博物馆与公众》一文中较早指出了博物馆公众的含义,即大多数或者至少是占多数的人,这些人花大量时间思考、谈论或撰写有关博物馆及其情况。① 同时,文章认为博物馆和公众之间的关系是一场从精英的殿堂转变为公众的最基本意义上的革命。2004 年,史吉祥和郭富纯在《博物馆公众——一个饶有趣味和意义的研究领域》中提出博物馆公众是博物馆公共关系的客体,分析了公众的特征、需求和分类,并认为凡是关注博物馆的人都是博物馆的公众,强调作为组织的博物馆要发展就必须尊重不同公众的需求。2010 年,龚良和蔡琴在《博物馆与公众》一文中指出公众就是社会上的大多数人,并强调博物馆的公众服务应该提供多元的展示内容和表现手段,同时推出多元的服务项目来满足更多人的需求。由此可见,"公众服务"一词受博物馆与社会间公共关系的变化影响而产生,是博物馆对面向的所有人群的服务。

就博物馆公众服务内容而言,2001 年,史密森学会国际艺术博物馆编写的《艺术博物馆与公众》中提出"从博物馆宗旨、使命和目标来看,主要包含三个部分:收藏、研究和公众项目(public program),其中公众项目包括展示、展

---

① Weil S E. The museum and the public[J]. Museum Management and Curatorship,1997(3):257-271.

览、阐释、传播和针对特定受众的项目,如学校、儿童和教师"①。研究认为博物馆应该对公共空间进行思考和排序,将更多的资源投入公共用途,根据不同的观众体验类型或想要服务的观众类型,重新设定博物馆的使命和任务。蒂莫西·阿姆布罗斯(Timothy Ambrose)在《博物馆基础》一书中提到"博物馆是为公众服务的",公众可参与的博物馆工作包括"帮助照料和管理藏品、帮助募集资金、协助日常行政工作、协助开展各项活动"。② 2012 年,杨秋从志愿服务、资源共享、主题教育、文化产品四个方面对公众服务进行了诠释。吕章申总结了中国国家博物馆改进公众服务内容的具体措施,包括扩大藏品数量、丰富展览内容、完善馆内基础服务(安检、讲解、自助餐饮等项目)、完善学术期刊、设立"国博学术交流平台"等。2013 年,张微提出博物馆公众服务标准化体系,包括讲解服务、活动策划、接待服务、安保服务、环境卫生等内容。同年,王辉提出建设公众服务的两项核心内容,一是提供简单易懂的陈列语言,二是多种文物鉴赏方式的并存,包括建立网站博物馆、建立数字化博物馆、提供预约服务、建立文物鉴赏板块、建立图书资料阅读室、建立纪念品商店。2015 年,何宏、李湛从藏品角度探讨了公众服务,并列举国内多家博物馆的特色做法,如敦煌博物院围绕莫高窟进行了数字化实践,将实地参观洞窟与数字电影相结合,丰富了游客体验。2017 年,沈贵华指出伴随着中国互联网公民的规模空前扩大,公众的需求也在发生新的改变,与此同时,博物馆公众服务的外延也在不断扩大。2018 年,王琦认为要做好公众服务,就必须有清晰的责任意识、为不同群体(少年儿童、专家学者和领导、年龄偏大群体)提供的讲解服务、多样的教育活动(馆校、馆企合作等)以及新媒体的大力宣传。2019 年,毕然反思湖南省博物馆的公众服务现状,认为馆内展览在形式上存在固化现象,缺乏个性化的教育服务内容,同旅行社等经营性旅游单位合作不成熟,等等,提出要改善这些不足,才能更好地吸引公众。另有一篇应用研究《博物馆公众服务中新媒体技术的应用研究——基于微信小程序的分析》重点探讨公众服务的具体媒介手段。由此可见,博物馆公众服务的范围和内容在向外扩展。总的来说,关于博物馆公众服务内容的探讨和研究是从实践

---

① 史密森学会.艺术博物馆与公众[EB/OL].(2001-10)[2022-12-03]. https://www.si.edu/content/opanda/docs/rpts2001/01.10.artpublic.final.pdf.

② 阿姆布罗斯,佩恩.博物馆基础[M].郭卉,译.南京:译林出版社,2016:24.

中生发出来的,较为碎片化和具体化。不过我们仍能从这些讨论中发现,博物馆公众服务内容一直是以实现博物馆功能为目的展开,包括展览、教育、传播和馆内服务等。在计算机技术的影响下,博物馆公众服务的内容朝着智能化、自助式、个性化等特点发展。另外,博物馆公众服务也强调公众参与博物馆发展事业,呈现出一种去中心化的趋势。

正如前文所述,博物馆的公共性有其社会发展脉络,博物馆公共服务是博物馆社会属性的体现,强调的是博物馆在与地区、国家的法律关系下的责任与义务,而博物馆公众服务的产生受到了公共关系变化的影响,就其概念而言,更加突出博物馆的服务对象,即博物馆所面对的整个人群。从服务内容来看,博物馆公众服务概念还停留在表象,在服务内容方面与博物馆公共服务难以区分,两者内容源自博物馆功能的划分以及实践的经验总结。长期以来,学界很少开展博物馆公众服务的理论探讨,甚至认为博物馆公众服务没有理论,对博物馆公众服务的理解长期混淆化,将博物馆公众、博物馆观众、博物馆用户等词混为一谈。如上文所述,博物馆公众是博物馆面对的所有人,因此博物馆公众要比参观博物馆的观众、使用博物馆的用户所涉及的对象更为广泛,但这不意味着三者是独立存在的,博物馆观众、博物馆用户都是不同情境下的博物馆公众,而博物馆公众则包含那些从来没有接触过博物馆的潜在个人。另外,很多学者的讨论集中在博物馆公众服务的工作实践,认为只要有好的理念、好的思路和方法,就能做好服务。可现实并非如此,缺乏理论指导的实践总是盲目的,不具有普遍性,因此,本书试图提出博物馆公众服务是博物馆面向公众所提供的各种活动的体系,围绕展示、教育、传播等多项内容展开,为不同场景下的公众提供所需服务,从而促进智慧博物馆公众服务的体系化、理论化。

2. 智慧博物馆公众服务概述及理论基础

智慧博物馆是在大数据、云计算、物联网等技术的支持下发展起来的博物馆新形态,具有明显的数据属性和技术特征。与传统博物馆公众服务相比,虽然智慧博物馆的公众服务基本服务宗旨不变,但两者存在着内容和形式上的差异。本章在分析智慧博物馆特征的基础上,总结智慧博物馆公众服务的特征,并从智慧展示、智慧教育和智慧传播三方面探析具体服务内容,梳理智慧博物馆公众服务的技术研究现状和实践发展状况,最后对支撑其发展的知识生态学、用户场景理论、需求层次理论和生命周期理论进行介绍。

2.1 智慧博物馆公众服务的特征及内容

在博物馆信息化、数字化的基础上,智慧博物馆这一新的发展框架逐渐拓展出现。在这一框架下的公众服务有其新的时代特征,亦有其更为丰富的服务内容。要明确智慧博物馆公众服务的特征及内容,就必须先明晰智慧博物馆的特征,在此基础上充分实现智慧博物馆公众服务的个性化、智慧化。

2.1.1 智慧博物馆的特征

2008 年,IBM 提出"智慧地球"的概念,主张利用新一代技术通过更智慧的方法改变人们的交互方式,以便提高交互的效率、灵活性、准确性和响应速度。从理论上讲,智慧博物馆相较于传统博物馆,除了涉及藏品征集、保护研究、展示传播、服务教育、运维保障等博物馆业务方面的内容,更应通过先进技术实现博物馆内外部全面的、互联互通的新格局。从数据角度来看博物馆的"智慧"二字,具体体现在感知性、互通性、融合性、学习性和迭代性[①]五个方面:

(1)感知性,即更广泛、全面地获取和了解信息,包含"感"与"知"两方面,这不仅体现为博物馆拥有能够随时随地地采集、测量、捕获和传递信息的能力,可对馆内包括藏品、库房环境、工作人员、观众、设备、展厅和建筑信息进行实时采集、按需采集和自动采集,并自行调整进行深入采集,还体现为博物馆能及时对这些广泛采集的信息进行自动加工、处理和分析。例如,通过传感设备在展厅中感知环境的温湿度和灯光,感知观众的参观情况包括参观人次、驻足次数、注视时间等,并能制定出适宜参观的策略,方便馆方及时调整展厅内部展陈设置,以提升展览效果。

(2)互通性,即依靠庞大的网络系统,实现人和物、内部与外部的互联互通、协同工作。具体来说,一方面体现在博物馆需要网络联通对象的范围广,不仅包括藏品、设备设施、展厅库房建筑等,也包括观众、博物馆工作者和相关机构等;另一方面体现在网络联通方式的多样,不仅包括互联网、移动网、卫星网络,也包括 Wi-Fi、蓝牙等各类无线局域网等。要实现博物馆人、物和数据间的互联互通,除了上述联通条件外,还应拥有解决博物馆实际问题的能力,例如能够进行文物实时监测、观众行为动态观测。这就需要系统拥有管理和分析数据的能力,在汇集来自藏品、展览、观众、环境等多源数据的基础上,进行数据分析、处理和信息挖掘。

(3)融合性,即能够基于大数据,借助云计算更智能地洞察世界,提供决策管理依据,进而创造新的价值。通过感知和互联互通搜集来的海量数据构成了大数据,要真正使这些大数据发挥作用,需要云计算提供大数据分析能力,进而实现各类基于大数据和云计算的智能化应用。于博物馆而言,实现智能融合的关键是打通保护、管理和服务间的关系。首先,以管理为基础,整合馆内的人力、财力和物力资源,通过搭建共享的网络管理平台,促进博物馆部门间协同办公能力的提升。其次,以博物馆各项业务为核心,实现藏品征

---

① 该特征是基于王春法《关于智慧博物馆建设的若干思考》一文提出的五大技术路线总结而得的。

集保管、保护、研究、展览传播、社会教育、文创等具体业务的动态管理,同时对观众的行为数据进行采集和分析,并将结果及时反馈回业务部门,督促业务部门的自我检查,真正意义上提升博物馆的管理服务水平。其中关键在于对支撑全流程保护、管理和服务的博物馆各类硬件和软件的统一监控和管理,优化开放空间,实现博物馆内外部的可持续发展。

(4)学习性,即智慧博物馆系统拥有主动学习的能力,能通过归纳、演绎、类比和分析等方法对博物馆主体与外界环境进行不断感知和交互,并对过程中产生的海量数据进行数据挖掘,进而厘清数据间盘根错节的关系,让其中有价值的部分,即信息,能够沉淀下来,再进一步将信息转变成知识,最后与现有的文物知识体系、展览传播体系、社教活动体系相结合,实现从数据到信息、信息到知识、知识到智慧的升华。通过这一过程赋予博物馆感知、记忆、适应和思考能力,致力于博物馆学习和决策效果的最大化。以文物数据库中的文物数据为例,它既包括材质、器型、图案、文字、磨损情况等本体数据,以及流转传承、出入库房、藏品外借等使用数据,也包括由多角度研究形成的研究数据,以及对其检测、保护、修复等的文保数据[1],因此每件文物都是一个多重数据的集合,需要组织、提炼和利用好这些数据。对博物馆而言,文物藏品数据库是智慧博物馆发挥自主学习的主要依托,在此基础上,引入人工智能领域的机器学习,通过图像或文字关联 AI 引擎,可以实现博物馆传播边界的拓展、交互体验的加深,推进博物馆的高质量发展。

(5)迭代性,即智慧博物馆是一个拥有复杂要素、多样应用、不断迭代提升的综合性系统,很难一次成型。首先,需要在满足感知、互通、融合和学习的基础上,建立一套明确的制度或标准规范,规定智慧博物馆应具备的基础设施、业务内容、运维保障、安全机制等多方面内容,从最根本保障博物馆内外部信息的互联互通与数据资源的共建共享。其次,将问题作为导向,设计先进科学的顶层指导,不断优化博物馆的运维保障流程,推动博物馆信息化、数字化向智慧化的转变。最后,通过健全的动态评估和反馈机制,促进智慧博物馆管理服务能力的不断提升。智慧博物馆建设是一个动态发展的过程,既要能发现问题,也要能科学合理解决问题,这就要求博物馆必须定期对已

① 王春法.关于智慧博物馆建设的若干思考[J].博物馆管理,2020(3):4-15.

建成系统进行检查、更新、升级、迭代,促使智慧博物馆朝着更加智慧的方向
迈进。

2.1.2　智慧博物馆公众服务的特征

智慧博物馆以感知性、互通性、融合性、学习性、迭代性为主要特征,发展
出不同于以往博物馆的新形态。在《智慧博物馆案例(第一辑)》一书中,学者
们提出博物馆智慧服务主要是针对公众的服务需求,以多维展现互动形式,
实现公众与博物馆藏品间交互的高度融合,给予公众无处不在的服务。这为
我们思考智慧博物馆公众服务的独特特征提供了基础。具体而言,智慧博物
馆公众服务主要具有以下显著特征。

(1)个性化,即根据公众提出的要求,或是通过对公众兴趣、偏好、习惯的
分析,主动为公众提供或推荐所需的信息。个性化服务本质上是信息服务,
依托信息推送技术、智能代理技术、信息挖掘技术、门户技术等,提供个性化
定制服务、个性化信息检索服务、个性化信息咨询服务、智能知识服务等,满
足公众的个性化需求。不同于以往的被动服务模式,智慧博物馆公众服务的
个性化更强调主动性,要求建立动态的个性化需求库,引导和培养公众定制
自己的个性需求,从而提供给公众更完整、更周到的特色服务。例如,智慧博
物馆可以根据公众的参观特点和喜好,基于博物馆提供的展品,向公众推送
专属的数字展览或教育活动,或者公众可以结合博物馆的馆藏数字资源,按
照自己的设想,自主组织策划展览或教育活动。智慧博物馆还可利用即时通
信社交软件,如微信、微博等,及时了解公众需求,针对性传递信息,提供文物
数字资源、展览信息资源、活动资源等。

(2)智能化,即由具备专业化智力支持的服务馆员,利用智能服务技术,
实现对博物馆服务的全方位、全链条改造,为公众提供具有个性化、高动态性
和高质量特征的服务内容。其中,智能服务技术建立在人工智能的技术基础
上,利用自然语言处理、机器学习、知识图谱等技术,实现对公众需求的分析
与理解,进而提供更为精准的服务。具体在博物馆中,智能服务技术大致表
现为智能搜索和智能交互等。需要强调的是,智能化是一个综合且复杂的特
征,首先需要具有强大的数据管理能力,能存储、计算、分析、比较和提炼海量

的博物馆数据；其次要运用先进的服务技术，使用多样的媒体形式和多元的终端手段进行服务呈现；再次是能够进行知识交互，连接公众与博物馆间的信息，推动知识服务创新；最终要具备自主学习能力，具备主动学习、深度挖掘和迭代提升公众服务的能力。文物知识图谱的构建、藏品文物知识问答、文物知识图谱辅助决策、智能导览等都是智慧博物馆公众服务智能化特征的体现。

（3）实时性，即基于时间维度的服务，从过程来看，博物馆的实时服务应包括实时监测、响应和分析公众需求、实时反馈、实时进行场景的管理和调度。在响应需求和反馈方面，智慧博物馆可借助大数据、云计算、物联网、移动互联、Wi-Fi 定位等技术，在第一时间感知、分析和了解公众需求，及时为公众提供服务内容或解决方案。例如，博物馆向公众提供各种提醒类的通知、公众预定的即时信息（新展开幕提醒、教育活动预约提醒、讲座通知、开闭馆通知等），以及感兴趣的推荐资源（智能导览）等。公众也可以随时定制和获取需要的内容，比如定时接收博物馆的最新信息、实时检索博物馆的馆藏资源、展览资源或活动资源，定制自己专属的信息推荐服务。在实时场景管理和调度方面，智慧博物馆既可以利用完善的后台管理系统，使管理人员能以最快速度、最有效的方式对讲解员或团队预约人发送通知和指令，又能以博物馆网站为核心，融合微博、微信公众号、微信小程序和 App 等，打造综合服务平台，为公众提供多元化的博物馆体验场景与服务。

（4）互动性，即与传统单一的、静态的信息接收方式不同，指打破了信息发送方和接收方的界限，最终实现"公众—博物馆"的双向信息互动。这一全方位的互动集中表现为公众间、博物馆间、公众与博物馆间的互动交流。其中，公众间的互动通常是借助应用平台，利用社交媒体，如微博、微信、抖音等，分享传播自己感兴趣的展览或藏品等，和他人交互，形成新的交流环境和社交网络。博物馆间的互动则是强调在系统的顶层设计上，借助大数据、云计算等技术，打破大、中、小博物馆资源的分散和异构局面，实现资源的集约和统一。例如藏品间互动，表现为数字资源库和知识库等的融合。同时博物馆间的互动也包括借助社交媒体平台，实现相互交流和了解。公众与博物馆间的互动则是强调公众与博物馆资源的双向互动，是公众与展览或展品间的直接互动，也是博物馆对公众需求的反馈。具体体现为两方面：一是现场互动,例如利用 VR、AR、互动屏幕、室内 Wi-Fi 定位等技术,实时监测公众的位置和感知公众所需,自动向公众推送与展览或藏品相关的信息;二是非现场互动,例如利用 VR、AR 或元宇宙技术、移动互联技术,通过博物馆网站、社交媒体、虚拟平台等,与公众进行实时的信息互动。

(5)跨平台性,即博物馆内部的一个融合和发布体系的外在表现,使各个网络平台能够互相连接、融合以及传递数据和信息。博物馆利用移动互联技术,采用 SQL Server、Oracle 等主流关系型数据库,整合博物馆网站群、视频资源管理库、微信、微博等多个平台的数据资源,并进行深度加工与应用,便于公众获取和使用博物馆的内容和信息。该系统包含全媒体内容制作模块,博物馆可以根据需求选择不同的模块进行编辑加工,创作出满足公众需求、受到公众欢迎的博物馆全媒体内容。最终的内容将会发布到各大门户网站和媒体终端,方便博物馆新媒体内容的管理和传播。例如,新媒体管理系统可以实现网站、App、微信、微博等新媒体内容的统一编辑、模块的统一制定、信息的统一发布、观众数据的统一收集等工作[①],同时,公众在新媒体渠道或平台上的所有动作都将被记录和分析。

(6)迭代性,是在智慧博物馆特征的基础上发展的特性,其以快速响应为基础,从最简化可行的原始方案出发,通过不断反馈与经验总结优化,累积由快速迭代产生的微创新,渐进式实现量变到质变的变革式服务能力提升[②]。迭代在智慧博物馆公众服务语境下,强调的是服务更新和完善,以适应公众需求的变化和技术的发展。在健全的动态评估和反馈机制基础上,智慧博物馆可持续收集公众的反馈、评价和数据分析结果,并根据需求进行更新和改进。这些改进,可能包括增加新的数字内容和技术,开发互动性更强的展览设计,提供更具实时性的个性化内容推荐,进行更智能的知识问答,提高公众体验等。通过不断的改进,智慧博物馆将更加精准捕捉公众的偏好和需求,为公众提供更令人满意的服务。迭代性是智慧博物馆公众服务的根本特征,只有不断循环完善服务体验,才能真正发挥个性化、智能化、实时性、互动性、

---

① 文物保护领域物联网建设技术创新联盟.智慧博物馆案例(第一辑)[M].北京:文物出版社,2017:11.

② 唱婷婷,杨新涯,樊奇.基于迭代思维的高校图书馆知识产权信息服务设计与应用——以重庆大学图书馆为例[J].图书情报工作,2021(13):25-30.

跨平台性的真正内涵。

2.1.3　智慧博物馆公众服务的内容

　　博物馆公众服务的内容围绕博物馆功能展开,智慧博物馆公众服务的内容则是通过新一代感知、互联、处理和分析等技术,充分实现博物馆服务功能。

　　在中国知网查阅关键词"智慧博物馆""公众""服务",结果如图 2-1 所示。结合百度学术搜索来看,从 2012 年开始,"智慧博物馆"一词作为专有名词在国内博物馆学界开始运用,相关的研究数量也呈现逐年增长的态势,尤其在 2014 年以后,研究数量猛增。2014 年国家文物局选定金沙遗址博物馆、四川博物院、甘肃省博物馆、山西博物院、内蒙古博物院、苏州博物馆、广东省博物馆共七家单位作为首批智慧博物馆建设的试点单位,展开有关智慧管理、智慧保护和智慧服务的一系列探索和实践。由此,关于智慧博物馆公众服务内容的讨论亦全面开花。

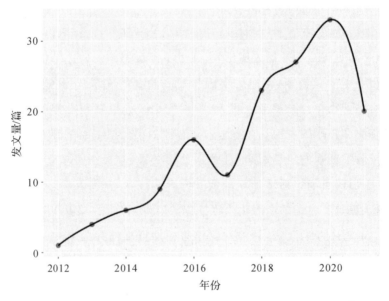

图 2-1　智慧博物馆公众服务研究发文量的年度趋势①

---

　　① 图自中国知网的可视化分析结果。

2015年,燕煦指出智慧服务应实现博物馆与公众的交互、融合,同时提出开放性、交互性、宽泛性和移动性是智慧服务的特点,其应用内容应包括展示与体验、教育与研究、分享与传播、纪念与回忆等方面。① 茅艳认为为观众提供的智慧服务应包含两个方面:一是博物馆为观众提供数据资源服务,二是观众为博物馆提供数据。该研究较早地从两方面细化了智慧服务内容。同年,宋新潮从"角色(Role)、对象(Object)、活动(Activity)、数据(Data)"四个维度(ROAD)分析了智慧博物馆的特征,并细化了前述智慧服务的具体应用内容。2017年,《智慧博物馆案例(第一辑)》一书从展示与体验、教育与研究、分享与传播、纪念与回忆四方面阐述了博物馆的智慧服务内容。贺琳、杨晓飞从展示、教育、服务/传播等公众服务领域总结了当前智慧博物馆的建设成果,明确了智慧服务建设要利用现代数字和信息技术,动态化博物馆资源,通过多维互动、实时信息推送、文创制造分享,使公众与藏品实现交互融合。2019年,周继洋提出5G背景下的智慧服务内容主要包括信息的推送、互动展览、虚拟参观、数字导览以及电子商务等。黎巍巍对智慧服务应用内容进行阶段性划分,认为智慧服务是一套完整的体系,应贯穿在观众参观的前、中、后,并提出在三个不同应用场景应提供不同的服务内容,如参观前,博物馆应提供信息服务、票务服务和停车服务等。2020年,周子杰试图将中台架构概念引入智慧服务的实现路径,从前台层、业务中台、数据中台、技术中台和后台五个层面实现博物馆和公众的交互融合,但未区分智慧服务的不同场景需求。2021年,徐延章认为应从用户洞察、资源开发、交互创新、情感提升四方面进行智慧服务设计,满足用户的需求体验。② 另有我国台湾地区的石侃、苏超、卢昱波提出AI技术可以作为博物馆连接公众与多元文化的媒介,吸引更多公众到博物馆。总之,无论是从需求角度、设计角度还是技术角度,智慧博物馆公众服务内容始终都围绕着博物馆服务功能,即展示、教育和传播,在现代信息技术的影响下,形成与公众高度交互的智慧展示、智慧教育和智慧传播。

---

① 燕煦.博物馆智慧服务述略[J].中国文物科学研究,2015(4):60-62.
② 徐延章.新技术条件下的博物馆智慧服务设计策略[J].东南文化,2021(2):159-164.

（1）智慧展示

博物馆展示透过对于藏品的研究与展示教育的需求,有目的地将所要传递的内容传达给观众,试图让观众在参观结束后能有所收获。传统的博物馆展示以物为中心,侧重展览策划设计人员对观众的单向输出,难以保证观众的参观体验和效果;受数字化技术和以人为中心思想的影响,博物馆开始强调公众与藏品的互动,比如引入多媒体触摸屏、虚拟博物馆、数字展厅等,满足人们足不出户、随时随地逛博物馆的需求。而在现代信息技术的引导下,博物馆呈现去中心化趋势,将感知、理解、分析和反馈相关的技术嵌入展示服务中,实现人、物、数据的多元信息交互,真正意义上实现有效传达和有所收获。

具体而言,智慧展示重点在于利用合适的现代信息技术作为展览手段,满足公众的个性化需求,同时促进展览信息的有效传播。其内容可按照目的划分为三个方面,包括智能管理、互动体验和远程交互。智能管理强调对展览所有信息进行统一感知、收集、管理、分析和反馈,这些信息大致包括展览策划文本、藏品信息、研究信息、策展思路、观众分析、资金预算、建筑空间布局、形式设计、材料信息、施工管理、运输信息、运营策略、宣传方案等①,基于大数据、云计算、数字显示技术、多媒体技术、信息网络技术等实现智慧展厅、智慧策展、展厅管理等。互动体验注重拉近公众与藏品间的距离,借助大数据、云计算、移动互联、传感网络、无线网络定位、虚拟现实和增强现实等技术,拓展展示形式的智能性、互动性和个性化,比如提供智慧导览、二维码读取、线路推荐、虚拟空间互动等。远程交互主要是在博物馆实体场馆以外的地方向公众提供展示服务,主要表现为基于 3D 重建、3D 全景、移动互联、虚拟现实和增强现实等技术,打造虚拟展厅、云展览、全景漫游、云策展等,让公众在随时随地、高清观看展览的同时,能够参与展览策划的全过程,甚至策划属于自己的展览。

（2）智慧教育

教育是随展示而来的,没有展示品,没有展示内容,博物馆教育徒托空

---

① 张小朋.智慧博物馆核心系统初探[J].东南文化,2017(1):109-114.

言。与展示所实现的教育目的所不同,智慧教育以展示内容为依托,更强调推动物联网、云计算、大数据和移动互联等四大技术与教育实践的深度融合,开放整合博物馆学习资源,促进学习资源开发者与使用者的协同创新,打破非正式和正式学习空间的界限,让开发者和学习者可以随时随地享受到博物馆的教育服务。

智慧教育的具体内容应包括:开放整合的学习资源,互联互通的学习空间,感知、理解和分析的学习过程,自然交互的学习体验以及个性精准的学习服务。在开放整合的学习资源中,学习资源主要来自两个方面,一是博物馆内部的学习资源,包括藏品的艺术、历史和科学等方面的研究资源、展览资源、专门为展览开发的教育活动和课程等资源以及其他的线上课程、学术讲座、业务培训资源;二是由相关教育部门,如教育局、学校等,开发的有关博物馆的教育教学资源。智慧教育消除这些学习资源的数据壁垒,促进博物馆和公众团体的合作与协同创新,例如馆校合作、馆馆合作、馆企合作等,通过互联网平台,整合多方学习资源,打造拥有海量学习资源的数据库,方便公众高效便捷地使用博物馆学习资源。例如博物馆网站上的线上学习资源、学习单、教学资源等栏目都是公众使用学习资源的便捷通道。在互联互通的学习空间中,博物馆借助移动互联、元宇宙等技术,连接博物馆和各种学习场景,联动线上和线下学习,实现无处不在的博物馆教育。在感知、理解和分析的学习过程中,博物馆借助大数据、云计算、人工智能等技术,记录学习者使用博物馆学习资源的全过程,理解并分析学习者的行为习惯、兴趣偏好等。在自然交互的学习体验中,主要是通过利用 VR、AR、人机交互等技术,为学习者提供多感官参与、真实感体验的学习。这一部分通常可以借助智慧展示进行实施。在个性精准的学习服务中,博物馆基于对公众学习者行为数据的分析,可以更加清晰地了解其特征及所思所求,为向公众提供特色化、定制化的教育服务提供支持。

(3)智慧传播

智慧传播主要指的是对信息的传播。博物馆常见的信息传播模型来自香农-韦弗信息传播模型,如图 2-2 所示,该模式下的信息传播过程主要分为四个步骤:由信源发出信息;经由发射器将信源发出的信息转换成信号;接收器接收信号,并将其转换成可解读的信息;最终将信息传递给信宿。20世纪60年代,邓肯·卡梅隆(Duncan Cameron)将这一传播模型引入博物馆,用以解释信息在博物馆环境中的传播过程[①],即传播—反馈模型(图2-3),内容包括展览者(博物馆),即博物馆馆长或学者、展品设计者或教育人员,媒介("真实的东西"),即实物展品,以及受众(参观者)。接着,尤金·I.科内兹(Eugene I. Knez)和A.吉尔伯特·莱特(A. Gilbert Wright)、罗杰·S.迈尔斯(Roger S. Miles)等在认同卡梅隆的基础上,分别讨论了媒介的分类问题和受众的编码和解码问题。科内兹和莱特将媒介细分为主体媒介(实物展品)、次级媒介(解说、图示、模型、布景等)(图2-4),并提出不同类型博物馆实际内容不同,媒介使用也有所不同。例如,历史博物馆和艺术博物馆是偏重实体展品的,而科技博物馆则重视对原理的解释性解说和图示。迈尔斯模型与科内兹-莱特传播模型的区别在于参观者既做了编码,又做了解码,即在对展览信息进行解码的同时,与先前的经验、知识结合做了新的编码。总之,这种"博物馆(展览者:内容、信息决定者)、媒介(展览:编码)、参观者(解码)"的传播—反馈模型为后来的博物馆传播模型奠定了基础。

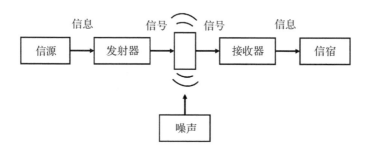

图2-2 香农-韦弗信息传播模型

① Cameron D F. A Viewpoint:The museum as a communications system and implications for museum education[J]. Curator:The Museum Journal,1968(1):33-40.

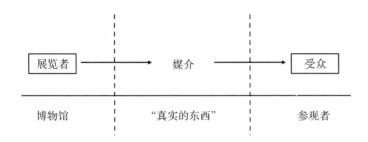

图 2-3　卡梅隆博物馆传播模型

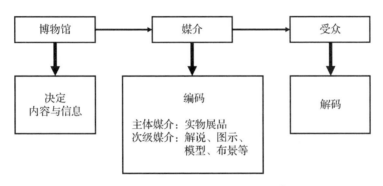

图 2-4　科内兹-莱特传播模型[①]

随着学界对博物馆传播的理解加深,也有学者对博物馆传播的媒介进行了补充,认为博物馆传播包括展览传播和非展览传播。[②] 根据艾琳·霍普-格林赫尔(Eilean Hooper-Greenhill)的说法,博物馆展览、资讯、基础设施和配套性服务等都在向公众传递信息。[③] 由此可以看出,博物馆传播模式中的媒介有了多样性的延展。狭义上来说,智慧传播与智慧展示不同,前者强调的是非展览的传播,即物件、展览讯息及其他服务信息和博物馆衍生品的传播。智慧传播服务建立在数据与网络之中,通过互联网连接信息的创始者和接收者,促进公众随时随地、无处不在地了解、获取与分享博物馆的相关信息,并提供反馈,提升公众对博物馆的兴趣。基于前人研究,智慧传

①　鲍贤清. 博物馆场景中的学习设计研究[D]. 上海:华东师范大学,2013.

②　Whittle C. The Museum as a communication system:A review and synthesis[R]. Education Resources Information Center,1997:25.

③　Hooper-Greenhill E. The Educational Role of Museum[M]. London:Routledge,1994:55.

播将从信息创始者—信息—媒介—信息接收者这一传播—反馈路径提供传播服务。其中信息创始者包括博物馆收藏（包括物件或事物的创造者、使用者）、博物馆工作人员、政府、学校、社会团体、导游（导览者）等；信息则主要包含博物馆藏品（物件或事物）、学术观点、新闻资讯、广告信息等；媒介包括文创产品、网站、App、微信公众号和小程序、微博、抖音等；信息接收者为公众。整个过程将借由大数据、物联网和云计算等技术，将信息经由媒介，传递给公众，并收集公众的反馈信息，发送给信息创始者，迭代提升自身的服务能力。

2.2　智慧博物馆公众服务的发展现状

2.2.1　智慧博物馆公众服务的技术研究

20世纪90年代，智慧博物馆系统、智能标签技术应用、智能代理技术应用、移动设备应用及RFID（Radio Frequency Identification，无线射频识别）定位技术应用等开始走进博物馆研究者的视野，研究者开始考虑利用现代信息技术提升博物馆公众服务质量。[①] 许多研究或项目将定位技术、人工智能、物联网、信息共享系统等用于博物馆公众服务，尤其是为智慧展示提供支持。

（1）用于个性化推荐

2002年，弗拉维亚·斯帕拉西诺（Flavia Sparacino）提出了一个在博物馆中讲故事的可穿戴设备，该设备可以通过观察观众在博物馆展览空间中的参观路径和停留时间来实时评估观众的偏好，从可用的电影剪辑和音频数据库中选择内容推送给观众。不过这一设备的定位方法基于室内红外定位系统，仅能粗略估计位置，仍有很大改进空间。2009年，阿拉尔·库西克（Alar Kuusik）等提出"智慧博物馆"系统，系统由个人数字助

---

① 韦景竹，王政．智慧公共文化服务的概念表达与特征分析[J]．情报资料工作，2020(4)：12-21．

理（Personal Digital Assistant，PDA）和 RFID 组成，参观者可以在其中收集有关博物馆展示内容的信息，并根据特定兴趣定制自己的参观内容。但这样的系统存在一定的缺陷，长期使用 PDA 设备会降低访问质量，因为用户更多地关注工具而不是艺术品本身。2012 年，拉苏尔·卡里米（Rasoul Karimi）等介绍了利用射频识别增强博物馆互动体验，旨在开发基于 RFID 技术的博物馆个性化平台。同年，马吉德·罗斯塔米安（Majed Rostamian）等为博物馆设计了一个基于 AVR 微控制器的智能电子指南，向博物馆观众提供有关博物馆中每个物件的图片、说明和声音信息。一旦观众到达特定艺术品附近，它就会提供艺术品描述。该电子指南具有低成本、易访问、可推广以及用户友好等主要特点。2018 年，安德烈亚斯·汉多约（Andreas Handojo）等设计了一种基于室内位置的信息共享系统，该系统在每个房间使用一个信标单元，用户的智能手机会自动从蓝牙低能耗（Bluetooth Low Energy，BLE）设备中捕获通用唯一识别码（Universally Unique Identifier，UUID），并通过互联网将 UUID 发送到服务器。智能手机上的应用程序根据接收的 BLE 信标接收信号的强度指示（Received Signal Strength Indicator，RSSI）和 BLE 信标坐标的位置计算用户位置，将用户所在位置映射到应用程序所提供的博物馆地图上。基于该位置，服务器向用户提供附近的艺术品信息。用户可以查看智能手机应用程序的详细信息，也可以访问艺术品的位置。同年，赛义德·哈迪·哈希米（Seyyed Hadi Hashemi）等利用物联网、RFID 技术，研究了用户在线数字信息交互行为和现场物理信息交互行为之间的相似性，并基于物理展览空间、在线收藏或两者的信息交互行为建立了新的用户行为模型。研究通过设置初始兴趣点装置，为参观者提供后续参观的个性化内容推荐（图 2-5）。2020 年，佩特罗斯·斯帕乔斯（Petros Spachos）等同样将 BLE 信标用于基于物联网建设的智慧博物馆中，设计了一套可穿戴设备。当参观者携带此设备靠近展览时，他们会收到有关展览的通知。参观者可以决定获取有关展览的更多信息，或是忽略它。当参观者使用该应用程序时，设备将根据附近 BLE 信标的 RSSI 值估计她/他的位置。同时，这一设备能够捕获参观者停留时间并进行有用的分析——他们在博物馆中花费的时间，以及对不同藏品和展品的兴趣——进而根据这些信息为未来的参观提供建议。

图 2-5　博物馆物理空间中的交互式 POI[①]

（2）用于查询、获取和分享

2009 年,阿希什·莫迪（Ashish Mody）等设计了一个基于 RFID 的创新系统,该系统借助支持 NFC 的智能手机读取艺术品的 RFID 标签,使博物馆内的观众获取有关艺术品的信息。2011 年,卢卡·卡维廖内（Luca Caviglione）等也基于 RFID,为博物馆用户提供文化内容的交互。2017 年,科斯塔斯·瓦西拉基斯（Costas Vassilakis）等提出了一种系统"exhiSTORY",该系统允许用户讲自己的故事,通过自由移动展品、自我组织和合作,从而产生可理解的、丰富的、多样化和个性化的展览。2018 年,普里扬卡·苏特拉夫（Priyanka Sutrave）等设计了一个支持移动设备的智能系统,它与基于物联网的环境交互并可以充当博物馆指南。RFID 标签被提供给用户,通过全球移动通信系统（Global System for Mobile Communications, GSM）模块将一次性可编程器件（One Time Programmable, OTP）发送到移动设备。此 OTP 可用于访问智能博物馆环境。观众可以通过使用移动设备扫描艺术品的二维码,得到该艺术品的音频或视频相关信息,还能够通过该系统应用程序分享对艺术品的反馈。

（3）用于智能感知分析

2013 年起,安吉洛·基安尼斯（Angelo Chianese）等提出在博物馆和艺

术品周围策略性地放置物联网传感器(图 2-6),这些传感器能够与参观者的移动设备通信。物联网系统架构(图 2-7)包括一个文化遗产信息系统服务器、网关和传感器节点。传感器将文化遗产转化成能够与参观者和网络进行通信的智能对象,旨在为参观者提供实时信息,并监测环境以保护文化遗产。2015 年,以色列海法大学凯撒利亚-罗斯柴尔德研究所和意大利特伦托科学和技术研究中心 (Istituto Trentino di Cultura,ITC-irst) 的研究人员开发了一个"智慧博物馆"导览①,通过使用人工智能技术,来根据用户的个人喜好定制博物馆参观。导览可以确定参观者在博物馆中的位置,找出每位参观者感兴趣的东西,播放相应的视频片段和解释性介绍,并能让其与博物馆另一区域的朋友进行交流。2016 年,斯特凡诺·阿尔莱托(Stefano Alletto)等的研究利用室内定位技术和可穿戴设备提升参观博物馆的用户体验。系统(图 2-8)利用蓝牙低能耗基础设施和具有定位能力的可穿戴设备识别艺术品并提供个性化的自动化描述,包括有关艺术家和历史背景的信息。可穿戴设备捕捉视频和图像,同时存储语音评论,使用户能够重温体验。通过云服务与系统集成,用户可以在社交媒体平台上分享文化体验。该系统与物理设备交互,包括建筑自动化系统,根据特定事件或参观者的个人资料修改环境状态。系统灵活易用,其有效性已在意大利莱切的 MUST 博物馆得到评估。同时,文章强调了物联网技术在文化环境中的必要性,以及如何将图像识别能力与低成本的定位基础架构集成,从而改变博物馆参观的方式。2017 年,安东尼奥·拉蒙·希梅内斯(Antonio Ramón Jiménez)等尝试比较了超宽带和蓝牙低能耗设备在博物馆中利用定位技术查找对象的性能,提出了博物馆的位置感知服务。同时将它们与行人航位推算估计相结合,证明了蓝牙低能耗测距技术和基于智能手机的 PDR 在类似博物馆的用例中是可行的。同年,吉村雄二(Yuji Yoshimura)等的研究对卢浮宫访客停留时间进行了非侵入式蓝牙监测,通过监测访客使用的移动设备来获得有用的分析。江翼成等提出了一种基于 Wi-Fi 的非接触式博物馆多区域观众计数方案并进行了初步实验。该方案利用机器学习识别不同方向、数量和体型的人穿过信号

---

① 每日科学. 手持式"智慧"博物馆指南亮相[EB/OL]. (2007-03-21)[2023-03-25]. https://www.sciencedaily.com/releases/2007/03/070319175959.htm.

收发器之间时引起的通道状态信息变化，因此不需要观众携带任何设备就可能实现大规模、隐私不敏感和自然状态下的人流统计（图 2-9）。

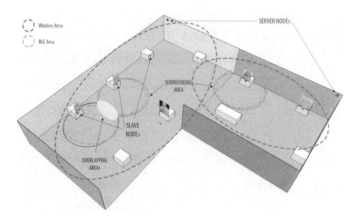

图 2-6　博物馆简易布局示意①

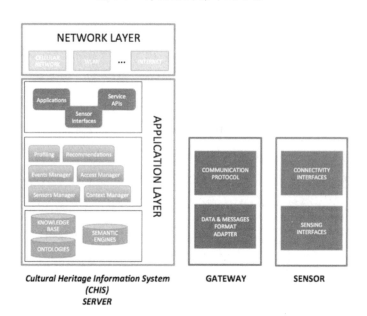

图 2-7　博物馆空间的物联网架构示意②

①　Chianese A，Piccialli F. Designing a smart museum：When cultural heritage joins IoT[C]. 2014 Eighth International Conference on Next Generation Mobile Apps，Services and Technologies，2014.

②　Chianese A，Piccialli F. Designing a smart museum：When cultural heritage joins IoT[C]. 2014 Eighth International Conference on Next Generation Mobile Apps，Services and Technologies，2014.

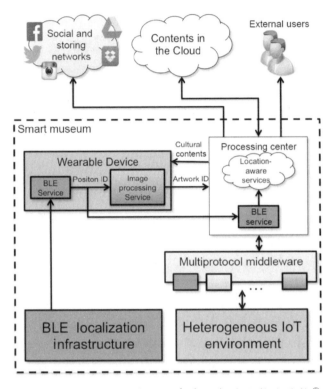

图 2-8　室内定位技术和可穿戴设备系统整体结构[①]

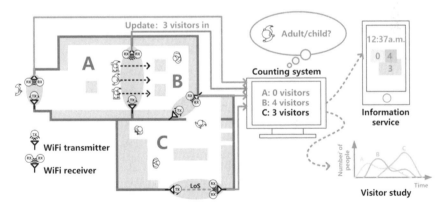

图 2-9　非接触式观众计数方案应用示意[②]

① Alletto S,Cucchiara R,Del Fiore G,et al. An indoor location-aware system for an IoT-based smart museum[J]. IEEE Internet of Things Journal,2015(2):244-253.

② Jiang Y,Zheng X,Feng C. Toward multi-area contactless museum visitor counting with commodity WiFi[J]. ACM Journal on Computing and Cultural Heritage,2023(1):1-26.

2.2.2 智慧博物馆公众服务的实践发展

（1）国内

自 2014 年以来，随着前述七家智慧博物馆建设试点工作的开展，国内博物馆纷纷加入建设智慧博物馆的热潮中，开展以公众需求为核心的智慧服务实践。实践领域中的智慧服务内容大致是将大数据、移动互联、数字采集等技术运用在展示、教育和传播等方面，进而为公众提供无处不在的服务。由于我国智慧博物馆建设起步较晚，各博物馆的服务内容较为碎片化，尚未形成体系化内容，因此我们以《智慧博物馆案例（第一辑）》中的案例为基础，结合中国国家博物馆个案案例形成表格，试图厘清智慧博物馆公众服务已取得的初步成果。

在智慧展示方面，博物馆采取传感网络、无线网络定位、体感识别、VR、AR、3D 数字全景、高清 2D/3D 图像、移动终端应用程序等，将线上和线下资源联合起来，选择合适的多维互动展示形式，实现博物馆资源利用最大化，进而推动公众与博物馆藏品资源间的高度交互与融合，如表 2-1 所示。

表 2-1 智慧展示方面的案例总结

案例名称	主要内容
故宫博物院端门数字馆	数字沙盘、数字文物互动区（数字绘画、数字书法、数字多宝阁、数字织绣等）、虚拟现实剧场
山西博物院虚拟漫游与体感互动	3D 虚拟漫游（3D 场景、文物 3D 展示、虚拟动画展示）、藏品数字化体感互动展示、智慧化个性导览（观众兴趣趋向分析、智能推荐与导览路径规划、基于图像的无障碍文物检索、观众个性化导览内容生成、个性化参观记录）
甘肃省博物馆"文物带您走丝路"数字化展陈	LED 冷光源 OLED 透明液晶触摸膜展柜（如：鼎形铜灯展示）、嘉峪关魏晋五号墓壁画层级化展示
南京博物院视障观众全自动导览车	采用车载计算机规划参观路径和展示点，在展示点时自动触发感应装置进行语音讲解

案例名称	主要内容
苏州博物馆智慧导览与 AR 展示	室内无线定位、博物馆情况介绍、展览活动资讯与预约、展品展示、线路导览、观众行为分析、AR 观展
上海自然博物馆"从数据视角重塑观众服务体系"	展前(网站、展览资讯 App、微信)、展中(AR 等数字技术、室内精准定位、路线引导、现场互动游戏、展览内容分层)、展后(精品展项的数字展示、探索式科普知识、虚拟展馆展示、"互联网＋观众参与")
福建博物院多媒体展示墙	数字化可视界面(可与用户交互体验)、后台大数据分析
金沙遗址博物馆智能导览与 AR 展示	智能导览系统(位置服务、信息服务、数字化展示)、遗迹馆考古发掘展示系统"再现金沙"(VR)、AR 明信片
湖北省智慧博物馆 App	5G AR 导览、5G 全景导览、主题编钟 VR 体验、古战场 VR 体验
敦煌研究院数字藏经洞	激光扫描、照片重建技术,还原文物细节
中国国家博物馆智慧展示	云策展、云布展、云观展、定位系统建设(提供到馆指引、馆内空间导视、参观路径导航、基于精确位置的内容推送导览)

在智慧教育方面,博物馆从馆藏资源入手,对海量的藏品信息进行处理,系统挖掘和整理馆内藏品的各种价值信息,建立新的知识组织形式,为学校和家庭教育提供支持,积极为公众打造第二课堂,促进学习型社会的构建,如表 2-2 所示。

表 2-2　智慧教育方面的案例总结

案例名称	主要内容
甘肃省博物馆新型展项	丝路珍品—时间长河(中国历史事件时间轴:12 件珍贵文物对应时间轴上的历史节点)

续表

案例名称	主要内容
金沙遗址博物馆青少年教育的数字化实践	观众数字化服务系统——金沙社教活动板块、青少年教育课程视频动画短片《小金历险记》、"古蜀金沙"文化教育系列游戏、网站升级之青教版、古蜀文明及金沙文化的网络远程教育
四川博物院多媒体导教可视化系统	面向个人的移动导览教育可视化终端系统,为观众提供个体化、智能化的数字化展陈,系统分为青少年版和标准版
中国国家博物馆"国博好课"	建立学术交流平台,向观众提供云端课程

在智慧传播方面,博物馆突破以往纸媒的限制,充分利用移动网络和移动终端,在网站、App 以及微博、微信、抖音等社交媒体上,向公众推送馆内藏品、展览、活动等定制信息,同时利用网络的泛在互联,实现与公众的远程沟通与交流,如表 2-3 所示。

表 2-3　智慧传播方面的案例总结

案例名称	主要内容
成都博物馆的新媒体传播	制定新的宣传策略,利用自媒体和新媒体,以"PC＋手机客户端＋微信"为主要载体,以上亿网民为受众,以视频、图文、直播、3D、VR 等为媒介内容,将博物馆的资源信息植入互联网平台,形成"观众导向型"文化推广
广东省博物馆以观众为核心的新媒体服务	新媒体管理系统(官网、新媒体平台)、智能服务平台 App(室内定位、移动导览)
"故宫出品"系列 App	iPad 应用"胤禛美人图"、手机应用"每日故宫"
苏州博物馆时尚文创	明星产品(文物创意饼干、文徵明系列产品等)、特色活动——"型走的历史"聚划算主题活动
中国国家博物馆全媒体矩阵	内刊《国博苑》、中国国家博物馆微信服务号、英文版官方微信服务号"National Museum of China"、中国国家博物馆 App

除此之外,近年来我国智慧博物馆及其公众服务内容的发展与国家政策支持、馆企合作都密不可分。

2015年7月,国务院印发《关于积极推进"互联网＋"行动的指导意见》(国发〔2015〕40号),推动互联网从消费领域转向生产领域,并有针对性地提出了11个具体行动,强调互联网为公共服务提供支持。2016年3月国务院《关于进一步加强文物工作的指导意见》(国发〔2016〕17号),指出要发挥文物资源的公共文化服务功能,拓宽人民群众参与渠道,使人民群众共同享有文物保护的利用成果。同年11月,国家文物局、国家发展和改革委员会、科学技术部、工业和信息化部和财政部共同启动《"互联网＋中华文明"三年行动计划》(简称"行动计划"),重在推进文物信息资源的开放共享,发挥互联网的创新成果在中华优秀传统文化传承体系中的作用,构建完善的公共文化服务体系。"行动计划"明确要加强文物数字化展示利用,鼓励大型的互联网企业运用物联网、大数据、云计算和移动互联等新技术,为文物信息资源提供深度开发与利用服务。如2016年首都博物馆"王后、母亲、女将:纪念殷墟妇好墓考古发掘四十周年特展",除了在展览内容上以妇好的三重身份对她的一生进行全新阐释外,展览设置VR互动体验,让观众通过穿戴式设备沉浸式体验整个墓室的考古发掘现场,包括空间细节和下葬过程,增加观众对历史的亲近感和好奇心。同年,敦煌研究院与微软亚洲研究院合作开发智能聊天机器人"敦煌小冰",该机器人基于敦煌知识和微软人工智能技术打造,获得社会的广泛关注。

2017年12月4日第四届世界互联网大会在乌镇召开,大会期间,国家文物局与百度、腾讯、网易三家互联网公司签署战略合作协议,加快推进"互联网＋"文物资源的深度融合。根据战略合作协议,未来三年,国家文物局将与百度联合搭建百科数字化博物馆、文物百科网络平台,开展文化遗产虚拟复原,并对相关文物信息进行智能化展示,构建"以人为本"为核心、大数据为支撑的高质量公共文化信息服务体系;与腾讯就媒体传播进行深入合作,打造多元化的媒体矩阵,构建"互联网＋中华文明"权威平台,实现文物信息资源开放、信息发布、智慧服务能力的三合一;与网易加强教育服务方面的深度合作,推进博物馆在线教育的平台建设,尤其针对青少年开展一系列寓教于乐的教育课程和活动，满足不同公众的教育需求，进一步盘活用活文物资源，实现互联网平台与博物馆体系的互联互通，为公众提供多样且优质的服务。2018年5月18日，"国际博物馆日"以"超级连接的博物馆：新方法、新公众"为主题启幕，当天国家文物局联合百度启动"AI博物馆计划"，利用科技传承文明。计划通过百度的AI技术和产品矩阵，为用户提供语音交互导览、智慧地图、AI教育、文物拍照识别等优质服务体验。用户只要在手机上打开百度App，便可随时随地观看、拍照识别文物及浏览展品信息。湖南博物院、苏州博物馆、秦始皇帝陵博物院、上海历史博物馆、金沙遗址博物馆等国内知名博物馆参与其中。2021年5月18日"国际博物馆日"，国家文物局与中国移动宣布深化合作，借助5G技术，为公众开启线上线下的文博全场景服务体验。公众通过"咪咕云博物馆"微信公众号，可以预约全国百家博物馆，享受近百家博物馆的展览资讯服务，同时可以体验"咪谷文博云课堂""云游博物馆"等多项服务。而在博物馆里，馆方也开始借助5G、VR等技术，让公众能通过手持AR等移动设备扫描文物，观看高精度的数字复原文物图像，同时获取相关的文物视听讲解。

2020年初新冠疫情暴发，博物馆线下展馆纷纷关闭。借助互联网平台，众多博物馆迅速整合馆内藏品、展览资源，以"云游博物馆"的方式为公众提供了展览盛宴，收获大量公众的喜爱。中国国家博物馆、敦煌研究院、三星堆遗址博物馆等全国八大知名博物馆携手淘宝直播推出博物馆"云春游"，累计吸引近千万人次在线参观，为观众们提供了"解锁"博物馆的新方式。

2021年5月，中央宣传部、国家发展改革委、教育部、科技部、民政部、财政部、人力资源和社会保障部、文化和旅游部、国家文物局九部门联合印发《关于推进博物馆改革发展的指导意见》（简称"指导意见"），明确要夯实发展基础，提高服务效能，指出相关单位要强化科技作为发展支撑，大力发展智慧博物馆，逐步实现智慧服务、智慧保护和智慧管理。"指导意见"同时要求从展览方式、策划流程等方面提高展陈质量，从博物馆教育课程服务标准和教育课程体系等方面发挥教育功能，从博物馆大数据体系建设、融媒体和数字文化企业合作、云展览、云教育等方面优化传播服务。

综合上述实践案例和宏观政策可以发现，运用前沿技术改进展陈方式、革新教育内容、制定"互联网＋传播"策略似乎已成为智慧服务的重要工作。智慧服务所提供的内容大多具有博物馆的自身特色,但总体上可以看出智慧博物馆的公众服务已经是一个综合体系,无论是服务范围还是内容,甚至是服务的时间和空间,都在现代技术的带动下得以突破。而这种突破面临的事实是展示、教育和传播等服务内容的交叉化、综合化,似乎没有明确的边界来划分展示、教育和传播,三者在交错中发展。这可能是博物馆对不同服务对象及其需求内容不明晰所导致的,尽管我国博物馆始终倡导"以人为本""为人民服务",但是不得不承认,当前我国的博物馆的重心尚未真正实现从"物"到"人"的转变,"收藏保管"仍然在绝大多数博物馆中居于所有工作的首位。①因此,要想深入落实智慧博物馆公众服务,博物馆就必须首先正视公众的个体差异,对存在差异的公众需求进行了解,进而提供精准化、个性化的服务。

（2）国外

2008 年,IBM 提出"智慧地球"后,美国、新西兰、英国等纷纷推出本国的物联网、云计算相关发展战略,博物馆则不断强化对运用新一代信息技术手段进行公众服务的认识,通过创新文化领域的服务内容,在更大范围实现科技与文化的融合。

①美国

2012 年,美国博物馆协会下辖的博物馆未来中心发表《趋势观察:把握博物馆未来脉搏》,提出增强现实技术对博物馆未来发展的重大影响。此后,每年的《趋势观察》都特别强调博物馆要强化数据管理思维以及合理运用新一代信息技术。

当前,美国不少博物馆在新技术的带动下,都推出了一系列智慧服务,如美国"9·11"国家纪念博物馆、纽约大都会艺术博物馆、克利夫兰艺术博物馆等。这些服务包括通过移动互联技术为参观者提供导览、解说、馆内最新信息和通知;利用物联网技术和馆内展品联系,提供更多的背景信息和介绍;通过室内定位系统或技术,为参观者提供个性化推荐路线;让参观者利用 App

---

① 钱益汇,谢雨婷,王立铎,等.2019—2020 年中国博物馆发展现状、问题及对策分析[M]//中国博物馆发展报告(2019～2020).北京:社会科学文献出版社,2023:51.

或其他移动程序选择喜欢的展品，实时与他人分享等。除此之外，还有利用AR、VR等还原事件的真实场景，丰富参观者体验。

以克利夫兰艺术博物馆为例，该博物馆创建了一种新型博物馆体验Gallery One，现更名为 ARTLENS Gallery[①]，参观者可以在 ArtLens Studio 创建自己的数字艺术品，在 ArtLens Exhibition 与艺术大师的作品和无触屏互动接触，并在 ArtLens Wall 与博物馆的世界知名藏品联系。观众可以使用 ArtLens App 来保存所了解的艺术品和在体验过程中拍摄的照片，然后使用该应用程序的响应式寻路技术在博物馆内绘制参观地图。ArtLens Studio 使用创新技术，让观众有机会通过运动和游戏来连接收藏品。"揭示和放大"是一个大型的 4K 视频墙（图 2-10），观众用他们的身体揭示艺术品或放大艺术品的细节。ArtLend Studio（图 2-11）允许观众创作自己的数字艺术品，由四个站点组成：陶器轮、拼贴画制作、肖像制作和绘画游戏。这些装置使用了基于飞行时间法的深度相机、定制的 C＋＋软件和实时图形的组合来创造互动体验，使观众能够以一种有趣的、基于手势的方式尝试传统艺术技巧。观众可以在博物馆的 Tumblr 网站上保存并分享他们的创作。ArtLens Exhibition 是一个体验式画廊，让观众与艺术杰作对话，鼓励在个人和情感层面的参与。ArtLens Exhibition 中的每件艺术品都有两个不同主题的数字体验。所有数字体验都是从一个统一的后台平台上提取内容，该平台由一个藏品目录管理和数字资产管理系统组成。基于定制设计的网络工具，这个后台系统允许馆方通过添加更多的内容、艺术品和游戏，随时更新 ArtLens Exhibition 的体验。例如，使用手势感应投影（图 2-12）无缝响应身体的动作并进行面部识别；利用眼动追踪技术记录并展示观众观察艺术品的视线轨迹，包括什么最吸引他们的注意、他们忽略了什么元素，并通过阐释让观众了解他们观看艺术品时是如何受到艺术家的构图选择的影响；通过机器学习，识别观众观看艺术品的情绪反应，并向观众呈现这些反应，鼓励观众使用 ArtLens App 存储这些内容，同时进入博物馆中寻找相关的艺术品等。ArtLens Wall（图 2-13）是一个 40 英尺（约 12.19 米）的世界上最大的多点、互

---

① 详情参见克利夫兰艺术博物馆官网：https://www.clevelandart.org/artlens-gallery.

动触摸屏。这个数字可视化的展品展示了博物馆收藏的艺术品图像,并允许观众浏览正在展出的所有艺术品,以及一些不在视野内的精选作品。观众可以通过点击心形图标,收藏自己喜欢的作品,并与其他观众分享(图2-14)。ArtLens App结合了最先进的技术和创新设计,为克利夫兰艺术博物馆展出的每件艺术品提供了丰富的解说内容。该应用程序覆盖了博物馆每个展厅中共240多个iBeacons设备,为观众提供精确、详细的寻路地图。ArtLens App使用蓝牙技术连接到ArtLens Wall和ArtLens Exhibition的所有互动装置。观众在ArtLens Wall"收藏"的艺术品或在ArtLens Exhibition游戏中探索的艺术品都会无缝保存到应用程序的"你"部分,并出现在ARTLENS Gallery入口处的数字信号灯上。在ArtLens App里,观众可以找到ArtLens Wall中收藏的艺术品的位置、细节、附加信息和多媒体内容,也可以找到在ArtLens Exhibition游戏中拍摄的照片。另外,ArtLens App提供设计个人导览的选项,提供通过AR更好地了解艺术品的工具,以及用互动实时地图传送资讯并引导用户参观,全方位增强了观众的博物馆体验。2019年6月新推出的ArtLens App可以扫描ArtLens Exhibition中的三维物体,这一更新为观众提供了更多的解释内容。同时ArtLens App可以在展厅或在世界任何地方使用。

图2-10　4K视频墙①

---

① 克利夫兰艺术博物馆. ArtLens Studio[EB/OL]. [2023-04-07]. https://www.clevelandart. org/artlens-gallery/artlens-studio.

图 2-11 ArtLens Studio[①]

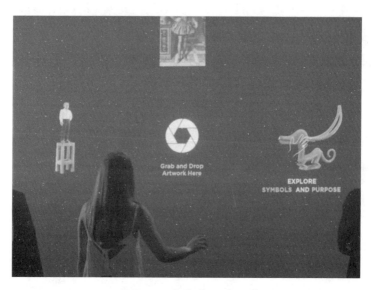

图 2-12　手势感应投影[②]

———————

　　① 克利夫兰艺术博物馆. ArtLens Studio［EB/OL］. ［2023-04-07］. https://www. clevelandart. org/artlens-gallery/artlens-studio.

　　② 克利夫兰艺术博物馆. ArtLens Exhibition［EB/OL］. ［2023-04-07］. https://www. clevelandart. org/artlens-gallery/artlens-exhibition.

图 2-13　ArtLens Wall[①]

图 2-14　观众在 ArtLens Wall 上点击喜爱、收藏和分享[②]

美国的其他博物馆也在不断使用新的技术进行实践，如布鲁克林博物馆使用自然语言处理算法来协助幕后工作人员的工作，通过 ASK 应用程序回答观众的问题。[③] 休斯敦儿童博物馆将物联网应用于教育活动，通过与玩家腕带相连的无源低频射频识别技术，跟踪参与者的进度、位置和重复访问。旧金山现代艺术博物馆利用比特币区块链支持的 Cryptovoxels 搭建自己的元宇宙平台，方便人们交互、交易和创建数字资产。

---

① 克利夫兰艺术博物馆. ArtLens Wall[EB/OL].［2023-04-07］. https://www. clevelandart. org/artlens-gallery/artlens-wall.

② 克利夫兰艺术博物馆. ArtLens Wall[EB/OL].［2023-04-07］. https://www. clevelandart. org/artlens-gallery/artlens-wall.

③ 斯坦福大学人工智能百年研究（AI100）. 2030 年的人工智能和生活[EB/OL].（2016-08-01）［2023-05-10］. https://ai100. stanford. edu/sites/g/files/sbiybj18871/files/media/file/ai100report100 32016fnl_singles. pdf.

②欧洲

SMARTMUSEUM(文化遗产知识交流平台)[①]是由欧盟委员会第七框架(FP7,2007—2013 年)提供支持并赞助的研发项目。该项目的总体目标是开发一个自适应和安全的用户分析平台,增强观众对数字文化遗产的现场个性化访问。通过使用现场知识数据库、全球数字图书馆和观众的经验知识,该平台能够创建新的多语言服务,充分利用数字化的文化信息,以在未来的智慧博物馆环境中丰富游客与文化遗产之间的互动。SMARTMUSEUM 的推荐系统是该项目的特色成果之一,其基于知识的推荐引擎,能够根据用户的兴趣特征和/或背景特征对文物进行语义相关性排序。该系统依赖完全分布式存储和广泛变化的对象信息结构(图片作者、基本描述、上下文、音频剪辑等),允许博物馆以不同方式在各种服务器上存储数据。

2012 年 3 月,IBM 宣布与卢浮宫合作,保存和保护其设施和艺术品,并将其建设成为欧洲第一座智慧博物馆。卢浮宫网站中提供了时长超过 35 小时的音频指南内容,使用这个指南,观众就可以在博物馆专家的指引下自主畅游卢浮宫。并且,音频指南中已经事先挑选出了博物馆内的"必看之物",还在互动地图上进行了突出标注。如果不使用指南内的路线,使用者也可以按自己的方式探索,从超过 700 个对卢浮宫的画廊和艺术品的描述中进行挑选参观,创建自己的定制卢浮宫旅行。

2018 年 5 月,俄罗斯艾尔米塔什博物馆率先使用 5G 参与博物馆建设,将 VR、触觉技术和机器人技术相结合,为远程学习带来突破性的变革。例如艺术修复大师使用遥控机械臂向学生展示艺术品修复所需的精密操作技巧,演示使用的是 4K 视频,并利用 VR 眼镜为师生提供身临其境的体验。2019 年,俄罗斯国立特列恰科夫美术馆联合基于区块链的 RDI. Digital 数字技术集成商共同推出"我的特列恰科夫美术馆"[②]数字项目,利用区块链技

① 伽利略博物馆.智慧博物馆(文化遗产知识交流平台)[EB/OL].[2023-05-15]. https://www. museogalileo. it/en/library-and-research-institute/projects/european-projects/772-smartmuseum-cultural-heritage-knowledge-exchange-platform. html.
② 俄罗斯国立特列恰科夫美术馆.我的特列恰科夫美术馆[EB/OL].[2023-04-07]. https:// rdi. digital/mt.

术让每位参与者都能成为特列恰科夫美术馆收藏中某件杰作的"赞助人"或"资助人",为其数字化和向世界开放做出贡献。同时,用户可以建立自己的虚拟艺术收藏,并为美术馆的收藏选择下一件杰作。用户参与该项目时有三种选择:持有 Mir 卡的参与者、赞助人和鉴赏家。其中使用 Mir 卡的参与者可以在项目参与者的个人资料中注册 Mir 卡,当每月使用该卡的消费总金额达到一定数额(1 万卢布)时,参与者无需额外费用即可将 Mir 虚拟收藏中的美术馆杰作添加到自己的个人美术馆。赞助人是指参与者为虚拟美术馆中最喜欢的杰作捐赠一定金额(5000 卢布)后,将成为所选作品的赞助人。此后,所有用户都能在艺术品旁看到赞助人的名字。鉴赏家的门槛较低,参与者捐赠 100 卢布以上的金额,虚拟美术馆将揭开一幅此前未展示的藏品杰作,并给予参与者一枚成就徽章。美术馆每年都举行一次网络投票,让参与者从提议作品中选出最想在特列恰科夫美术馆看到的藏品,并由专家选择其中一件收藏、展示。

大英博物馆的官方网站提供了详细的藏品在线搜索,目前数据库中有 2165036 条记录可用,超过 250 万件藏品可供在线浏览。其中有 868311 条记录带有一个或多个图像。同时,大英博物馆网站上有全面的在线观看内容:可以参观 200 万年前迄今的非洲历史和艺术,可以发现美洲人民的传统生活方式,也可以了解古埃及人的文化与信仰等。大英博物馆的网站还提供了语音导航和地图应用程序,以便游客在博物馆中找到需要的藏品。2015 年,大英博物馆联合三星推出 Virtual Reality Weekend(VR 周末),为 13 岁以上的观众提供 Gear VR 设备体验,Soluis Heritage 公司为该设备提供了内容支持,通过设计好的 VR 穹顶和放置在程序中的青铜时代文物的 3D 扫描件,为观众策划了一场虚拟参观的体验。该展览将青铜时代一个居住区的圆屋作为原型,展示了这些文物在青铜时代是如何被使用的,并通过程序上的设计改变光照的方向和环境的氛围。2017 年,大英博物馆与 VR 公司 Oculus 合作推出 WebVR 体验,为公众提供专业的音频解析和交互式文物 3D 模型。

综上可以看出,国内外智慧博物馆的建设实践基本上是同期开展的,在公众服务方面,努力将现代信息技术融入展示、教育和传播的方方面面,注重观众的互动、交互体验。整体来看，国外智慧博物馆的公众服务实践内容是比较细碎的，注重在展示、教育和传播的某个方向改造提升和创新转化，还未见有博物馆进行整体、系统的智慧博物馆公众服务实践。

2.3　智慧博物馆公众服务的理论基础

智慧博物馆的发展在于"以人为中心"，从数据到信息提取，随之到知识的发现获取，再到运用知识的判断和决策，一切都是为了方便人的查看、管理、使用和控制等。对馆内工作人员而言，智慧博物馆的关键在于将藏品、人员、环境、资产、设备等有序管理，加强部门之间的联系，提升专业水平，增进工作效率。对馆外观众而言，智慧博物馆的关键在于博物馆是否能精准识别其需求，并根据观众需求特点合理分配馆内展览、人员、空间等资源，提供定制化的服务，达到展示传播和教育效果的最大化。因此智慧博物馆实际上是一个基于知识和用户场景的服务系统，其运作离不开知识生态学、场景理论、需求层次理论和生命周期理论的支持。

2.3.1　知识生态学

犹如生命体与环境之间存在动态关系一样，知识之间以及知识与环境之间也存在着相互影响、相互关联。可将知识放在类似的自然生态系统中考虑其内在的态势及与社会环境的相互关系。1975 年，加拿大渥太华大学哲学系教授耶日·沃杰霍夫斯基（Jerzy Wojciechowski）把人类生存系统细分为：由人与知识构成的知识系统，由人与知识及人工产物构成的文明系统，由人与知识及人工产物还有自然构成的人类生存系统。这一划分的认识基础在于"对知识客体与人类主体的非同一性的肯定"，即知识客体尽管是由人所建构的，但它有着自己相对独立的实体存在，而与建构知识客体的人类主体不同。他认为知识客体与人类主体的相互作用，使得"知识"在人类生活中发挥了重要的作用，进而创立了"知识生态学"（Knowledge Ecology）。他指出具有人类生态学性质的知识生态学必须考虑以下两个方面：①长远规划，面向未来；②整体观念，全球意识。

　　国内学者李涛分析了知识生态学所遵循的五原则：①系统原则，知识生态系统就是要建立这种具有自我评估能力的协调机制，使系统中的各个子系统之间、子系统与环境之间的知识得以交流和反馈，使导向系统绩效总目标的知识状态保持最优；②人本原则，知识生态系统是以人为节点、以协作交流为链、以知识流为内容的系统，其实质是一个知识共享、交流和创新的系统；③跨学科原则，知识生态学作为改进知识状态的理论和实践领域，是信息科学、社会科学、管理科学、其他相关自然科学和创造艺术的结合体；④互动原则，知识生态学的目的是为组织开发出一个动态的智能系统，知识生长在整个系统中，总是受系统其他部分或外在环境的影响，在知识、人、技术三元网络的交互下，知识的位置和内容都会发生变化；⑤实践性原则，知识生态学的最终方法落脚于通过构思、实践和不断测试，为企业组织开发出具有自我意识、持续创新的进化系统。①

　　知识生态学的核心内容是开发和培养知识生态系统。美国社区智能实验室的创始人乔治·珀尔（George Pór）在1991年率先提出了知识生态系统概念，认为知识管理的高级阶段将是知识生态学的应用。随后于1997年，乔治·珀尔进一步将知识生态学定位成一门交叉学科，是研究能够同时创造、整合、共享和使用知识的关系、工具和方法。② 他认为一个知识生态系统是信息、灵感和洞察力、人和组织能力的自组织系统。这为人们认识知识运动过程的复杂事实提供了新视角。根据乔治·珀尔的观点，从二元结构上看，知识生态系统是人际交流网络和知识库；从三维网络看，知识生态系统是人际交流网络、知识网络和技术网络；从复杂的适应系统维度来看，知识生态系统是由处于共同现实或虚拟空间的人类群落组成的复杂适应系统。

---

　　① 李涛，李敏.知识、技术与人的互动：知识生态学的新视角[J].生产力研究，2001(6)：61-62，64.

　　② Pór G. Designing knowledge ecosystems for communities of practice[C]. Präsentation an der ICM conference on Knowledge Management，1997.

对于知识生态系统的深入理解脱离不了两个基本概念:生态学和生态系统。生态学是指从研究生物个体开始,探索生物体与其周围环境(包括非生物环境和生物环境)相互关系的科学。而作为生态学的主要结构和功能单位的生态系统,是由英国生态学家阿瑟·乔治·坦斯利(Arthur George Tansley)于1935年提出来的,具体指在一定的空间和时间范围内,在各种生物之间以及生物群落与其无机环境之间,通过能量流动和物质循环而相互作用的一个统一整体。根据研究对象不同,生态系统可分为陆地生态系统、淡水生态系统、海洋生态系统以及社会—经济—自然复合生态系统等。从结构上来看,生态系统由生产者、消费者和分解者组成。生态系统中存在能量流动(金字塔法则)、物质循环、物种迁移等生态功能。生态系统中的能量流和物质循环在没有受到外力的剧烈干扰情况下,总是平稳地进行。在生态学的关系模型中,气候和经济的动态综合模式(Dynamic Integrated Model of Climate and the Economy,DICE)定义了生态系统中四种生态关系:分布(Distribution)、互动(Interaction)、竞争(Competition)和演化(Evolution)。在这四种生态关系的相互作用和影响之下,形成了完整的生态系统。分布是指生态学中的生物分布,生态学中常以族群的强度、物种的多样性指标来观察族群的分布状况;分布阶段已经对族群的关系、生态系统的结构进行描绘,因此互动是指借助族群分布状况,也可以清楚地看出不同族群之间的互动关系,族群的互动关系分为内部互动及外部互动;竞争是指环境资源是有限的,重叠的生物族群除了具有互动的关系,将会因为争取资源而产生竞争的行为,可以分为合作式的竞争与冲突式的竞争;演化是指在外部环境的变动压力与族群间的竞争压力驱使之下,物种为了生存势必产生演化的行为,主要来自基因突变及基因互换两大类。简而言之,如图2-15所示,生物族群的分布态势会影响到族群间的互动关系;源于环境资源有限的影响,互动关系则会带来竞争行为;长期的竞争压力之下,族群为了生存而导致演化;而演化的结果则是形成新的族群分布态势。

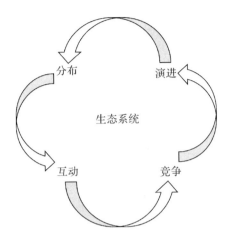

图 2-15　生态系统的 DICE 模式

　　基于生态系统,研究人员给出了关于知识生态系统模型的理解,如蔺楠
等将知识工作者视为知识生态系统中的生物个体,每一个知识个体都具备知
识生产者、消费者和分解者的功能[①],如图 2-16 所示。

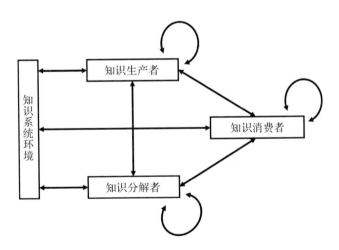

图 2-16　知识生态系统构成及知识流模型

　　陈灯能等将组织视为一个生态系统,它由知识种群、知识群落、组织资源

---

①　蔺楠,覃正,汪应洛.基于 Agent 的知识生态系统动力学机制研究[J].科学学研究,2005(3):
406-409.

及外部环境构成。[①] 组织内具备相同目标、知识能力并分享生存资源的人员组成知识种群，不同的知识种群在组织内彼此互动并相互影响，构成组织的知识群落。知识群落既受组织环境因素的影响，也受外部环境因素的影响。知识群落、组织资源及外部环境构成组织的知识生态，称为组织的知识生态系统，如图 2-17 所示。[②]

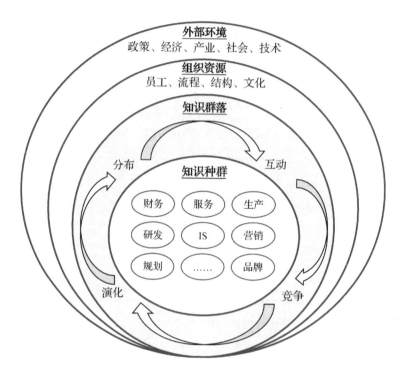

图 2-17   组织知识生态系统模型

知识群落中的知识分布描述了组织中不同知识种群有做哪些和如何做的知识，它们具有不同的知识强度和知识多样性。这些知识种群为了解决问题，要与组织内部或组织外部的知识种群进行互动。由于组织资源是有限的，这些知识群落需要通过知识竞争来完成工作。随着时间的推移，知识种群就会进行如图 2-18 所示的演化。

①   白献阳，张海卿. 知识生态系统模型研究[J]. 图书馆学研究，2012(23)：2-6,12.
②   Chen D N，Liang T P，Lin B. An ecological model for organizational knowledge management [J]. Journal of Computer Information Systems，2010(3)：11-22.

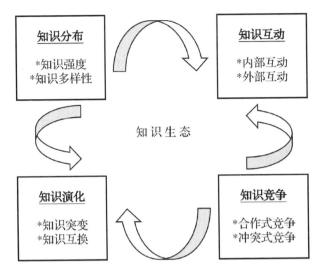

图 2-18　知识生态系统的 DICE 模型

　　如果将博物馆视作一个组织,则各部门相当于知识种群,它们彼此互动而相互关联,观众、资金、设备、技术甚至是数据等都可看作资源,那么组织知识生态系统模型可以为理解和建立智慧博物馆提供一定借鉴。

2.3.2　场景理论

　　通常认为"场景"是指人与周围景物的关系总和,涉及场所与景物等硬要素以及空间与氛围等软要素。该词起初是指戏剧或电影中的"场"和"景"。20 世纪 50 年代社会学家欧文·戈夫曼（Erving Goffman）从戏剧表演形式获得灵感,描述物理空间维度中的"区域",提出社会拟剧理论[①],自此场景成为社会学、传播学等学科一个重要的理论范畴。戈夫曼的拟剧理论认为人的行为就是在社会舞台上的一场表演,人们总是在某种特定的"区域"（region）按照一定的要求在观众的注视下进行角色呈现。戈夫曼认为"区域可以定义为任何受到可感知边界某种程度限定的地方。当然,无论是在边界受限程度

---

　　① 戈夫曼.日常生活中的自我呈现(第 2 版)[M].冯钢,译.北京:北京大学出版社,2022.

上,还是在为感知边界而借助的交往媒介上,区域总是富于变化的"[1]。他这里所指的以地域为界限的"区域"即传统场景的概念,关注场景的特征,包括任务、目标、规则、角色、传统、临时因素(季节、月、天、时间、会面的长短)、出场人的特征(人数、年龄、性别、身份等)以及对参与者的主观看法。随着电子媒介的出现,20 世纪 80 年代媒介环境学派的代表人约书亚·梅洛维茨(Joshua Meyrowitz)将拟剧理论和马歇尔·麦克卢汉(Marshall McLuhan)的"媒介即信息"观点相结合提出了"新媒介—新场景—新行为"理论,指出电子媒介尤其是电视,推翻了传统场景的定义,产生出新的场景——信息系统。他认为对场景(situation)中的人的行为及互动内容起到关键作用的并不是场景的空间环境特征,而是基于场景的信息流动模式,因此在研究有中间媒介的互动交流场景时,需要对场景进行重新定义,将原来只包括特定时间与空间的面对面交流的场景定义扩展到具有更强包容性的信息获取方式中。将场景看成是信息系统,打破了面对面交往研究与媒介传播研究二者间的武断区分。信息系统的概念表明,物质场所和媒介场所是同一系列的部分,而不是互不相容的两类。地点和媒介同为人们构筑了交往模式和社会信息传播模式。20 世纪 90 年代,随着后工业社会的来临,城市形态从生产型向消费型转变,文化旅游、娱乐创意和金融服务等新兴产业成为主流,芝加哥大学社会学教授特里·克拉克(Terry Clark)提出了场景理论(The Theory of Scenes),在传统物理空间基础上加入了文化和美学要素,关注社区、实体建筑、人群和将以上三者连接起来的特色活动,呈现出以消费为导向、以生活娱乐设施为载体、以文化实践为表现形式的整体样貌。随着互联网的日趋成熟和大数据时代的到来,人与人的交流互动已经从实际物理空间转为线上虚拟空间,社会交往虚拟化,场景又被赋予了新的内涵。2014 年全球科技领域资深记者罗伯特·斯考伯(Robert Scoble)和资深技术专栏作家谢尔·伊斯雷尔(Shel Israel)在《即将到来的场景时代:移动、传感、数据和未来隐私》中预见,未来 25 年的互联网将进入新的时代——场景时代(Age of Context)。[2] 斯考伯与伊斯雷尔将"场景"一词从单纯的物理空间定义中抽

---

[1]　戈夫曼.日常生活中的自我呈现(第 2 版)[M].冯钢,译.北京:北京大学出版社,2022.
[2]　斯考伯,伊斯雷尔.即将到来的场景时代:移动、传感、数据和未来隐私[M].赵乾坤,周宝曜,译.北京:北京联合出版公司,2014.

离出来,扩展为时间、空间以及在此之中的人际活动,将此三者整合为场景的包含元素。他们首创性地提出了场景服务的概念,认为场景理论源自场景的五种技术力量(简称场景五力),即移动设备、大数据、传感器、社交媒体、定位系统。通过对场景五力的运用,可以全面掌握和解读用户所在时空中即时即刻的需求,从而进行精准适配的信息传播和服务。他们认为场景思维与服务可以全面革新社会出行、工作、医疗、购物、旅游等众多行业模式。两人的主要贡献体现在指出了场景时代的到来是技术发展的阶段性产物,同时指出场景传播的目的是不同情境下的个性化、精准信息和服务的适配。在移动互联网时代下,场景意义不断加强,线上与线下、现实与虚拟、空间与情境共构的多维度场景不仅改变了人们的信息接收和信息传递的行为模式,同时也在重构着一个全新样貌的媒体环境。彭兰分析指出这一场景由四个基本要素构成:空间与环境、用户实时状态、用户生活惯性、社交氛围,并提出"场景分析的最终目标,是提供特定场景下的适配信息或服务;适配意味着既要理解特定场景中的用户,还要迅速找到并推送与用户需求相适应的内容或服务;对相关信息或服务的发现、聚合与推送能力,决定着适配的水平"①。

从以上对场景内涵和外延的发展分析可以看出,"场景"对应的英文词语主要经历了从 region、situation、scene 到 context。region 常译为"区域""地区",强调的是物理空间属性(人、时间、地点),在研究中主要指某一客观的物理场景。situation 常译为"局面""处境""情境",强调的是抽象的、范围囊括较大的场景。在梅罗维茨的论述中,situation 强调的是场景发生时利用的媒介,涵盖范围更广,既包括 region,即物理场景,也包括借助电子媒介存在的信息场景。虽然英文词汇使用不一致,但梅罗维茨在书中首先引用了戈夫曼对于 region 一词的阐释,将其视作设定了具体地点的物理客观场景,基于此进而提出了自己对场景的新定义,即将其视作"信息系统"。因此后来的学者常将戈夫曼拟剧理论中对于 region 的阐释视作场景理论发展的一个阶段。scene 原指古希腊剧场舞台背面的棚屋,主要引申为舞台上所展现的场面、场景,也指事件发生的现场。克拉克的"The Theory of Scenes"在传统的物理空间基础

① 彭兰.场景:移动时代媒体的新要素[J].新闻记者,2015(3):20-27.

上加入了文化和美学要素，强调城市要引入文化风格和美学特征，使场景成为体现文化价值和彰显文化特色的社会空间。context 常译作"语境""背景""环境"，更具有假设性，强调的是发生某事所具备的背景条件、前后因素等。斯考伯等的"Age of Context"是基于新媒介的出现和广泛使用而提出的观点，构建出了"新媒介—新场景—新行为"的关系模型，他们明确指出互联网时代的 context 是对移动设备、社交媒体、大数据、传感器和定位系统的运用，强调连接性和体验性，这是从具备条件层面考虑的。

智慧博物馆源于技术的革新和发展，离不开大数据、云计算、物联网、移动互联等技术的支持，更适用于斯考伯与伊斯雷尔提出的场景理论，其服务不仅要考虑即时即刻媒介环境和物理环境下的公众的状态，还要了解他们是谁，他们有哪些特点、需求、偏好、认知习惯和使用习惯等，更要能在分析的基础上推出与用户需求相适应的内容，以期达到高"适配性"。因此可以说，智慧博物馆的公众服务是以人为中心、以技术为支撑、以适配为理念、以美好体验为目的的服务。

2.3.3 需求层次理论

需求层次理论（The Hierarchy of Needs Theory）由美国心理学家亚伯拉罕·哈罗德·马斯洛（Abraham Harold Maslow）提出，是最著名的基于需求的动机理论之一。1943 年，马斯洛相继发表了《动机理论引言》和《人类动机理论》两篇论文，在论文中初步构建了需求层次理论的基本框架。该理论认为，动机可能受到按等级排列的需求影响，其中五个层级的需求层次结构分别是低层次的生理需求与安全需求，高层次的归属与爱的需求[①]、尊重需求和自我实现的需求（图 2-19）。处于低层次的需求发挥了更大的力量，因为它们跟上一层次的需求相比，有更强的需要被满足的紧迫感。在之后的研究中，马斯洛阐述了自我实现的概念，并区分了自我实现和自我超越的需求。为促进达成自我实现的状态，马斯洛进一步将需求层次划分为缺失需求（"Deficient" needs or D-needs）和存在需求（"Being" needs or B-needs）。缺

---

① 也可被命名为社交需求。

失需求是个人生存所必需的较低的、较基本的需求,它促使个体参与旨在满足这些需求的行为。存在需求是实现自我实现状态所必需的较高的需求,包括那些反映出对智慧、理想发展和美感的渴望的需求。

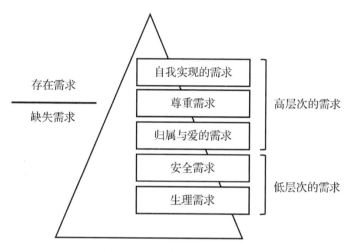

图 2-19　马斯洛需求层次理论①

对于马斯洛需求层次理论的深入了解,首先需要理解什么是动机。动机一般被定义为一种唤起、指导和维持行为的内部状态。② 影响动机的因素分为内部因素和外部因素,这些因素共同引发了与工作相关的行为,并决定"个人行为的性质、方向、强度和持续时间"③。对于动机的解释,可参考两种基本理论:内容理论和过程理论。其中内容理论中最普遍的概念之一是人类需求的概念,通过识别和分析需求能够更好地了解不同动机产生的基础。马斯洛提出的五层次需求理论是对需求由低到高的解析,他认为这些需求是全人类共同的内在需求,不存在任何人口统计学上的差异。这五个层次需求的具体内容为:

● **生理需求**:位于结构的最底层,是那些与个人生存直接相关的需要,包括对食物、水、睡眠和排泄的需要。这种需求是极其强大的,马斯洛提

---

① 马斯洛在《动机与人格》中还讨论了另外两个需求——审美需求和认知需求,但学术界对其是否属于需求层次理论仍存在争议,因此本书仍采用人们最熟悉和最普遍的五级需求层次。
② Woolfolk A. Educational psychology[M]. 8th ed. Boston:Allyn and Bacon,2001.
③ Alpander G G,Carter K D. Motivation[M]//. Jackson T (Ed.)Cross-cultural Management. London:Butterworth-Heinemann Ltd,1995.

出,一旦生理需求得到满足后,其他(和更高)的需求出现了,这些需求,而不是生理需求,开始支配个人。而一旦这一层的需求得到满足,第二层次的需求的重要性就会显现出来。

● **安全需求**:位于结构的第二层,是那些与创造一个没有危险威胁的生活环境直接相关的需求,包括对秩序、可预测性和结构的需要,旨在实现安全、稳定、依赖和保护。对大多数人来说,安全需求是由他们所居住的住宅以及它们所提供的安全和可预测性来满足的。安全需求可进一步划分为人身安全需求和心理安全需求。

● **归属与爱的需求**:位于结构的第三层,涉及感觉被他人接受并与他人建立有意义的人际关系的基本愿望。它们包括感觉到自己是某个群体(如家庭、邻里、宗教团体或职业组织)的一部分的需要,以及基于这种群体成员身份接受和给予爱的能力。这种需求比生理及安全需求更细致,个体的差异性也更大。人们在某一群体中产生归属感有助于满足这一类的需求。

● **尊重需求**:位于结构的第四层,是较高层次的需求,既包括对成就或自我价值的个人感觉,也包括他人对自己的认可与尊重,表现为希望获得实力、成就、独立和希望得到他人的赏识和高度评价。尊重需求可以通过被视为或当选为一个群体的组织者、领导者等来满足,因为这反映了他人对其个人能力的信心和尊重。

● **自我实现的需求**:位于结构的顶层,是个人想要充分发挥其潜能实现理想或达到目标的愿望,涉及个人成长与发展、发挥自身潜能、实现理想的需要,这种自我实现的努力可能包括承担额外的风险或做出个人牺牲。为了实现这样的需求,个人必须从自己的内心获得极大的动力。马斯洛认为在人自我实现的创造性过程中,产生出一种所谓的"高峰体验",即一种趋于顶峰、超越时空、超越自我的满足与完美体验。

马斯洛的需求层次理论系统地探讨了需要的实质、结构以及发生发展的规律。理论中的各需求层次是相互依赖的,未被满足的需求占主导地位。值得注意的是,需求层次的满足并不是简单的线性关系,也不是所有层次都会实现。人们有可能同时经历一个以上的需求,所以也有可能同时满足一个以上的需求。此外，即使低层次需求的力量更大，它们也可以被高层次需求所取代。马斯洛关于层次的观点具有人文主义的吸引力，具有很大的解释和分析空间，其模型也不局限于心理学背景，因此该理论在企业管理、市场营销、教学教育等方面得到了应用和广泛支持。同时，该理论的提出也对其他需求理论产生了深远影响，如双因素理论[①]、人本主义需求理论（ERG）[②]、麦克利兰的三需求理论[③]等都在不同程度上与需求层次理论有联系。

智慧博物馆既有场所资源，也有展品、信息和智力资源，以这些为基础所提供服务的"适配性"需要从满足观众的需求出发，而观众需求既是动态变化的又是千差万别的，近则贯穿了参观前、参观中和参观后的三个阶段，远则贯穿了个人成长的不同时期。置身不同的场景，同一个人也会有不尽相同的需求，如单独参观时是满足自己对展品的好奇心，作为家长带孩子参观时是满足确保孩子安全的前提下能够让孩子有所获，不论是有所习得还是玩得开心。因此观众需求是复杂而多变的，借助马斯洛的需求层次理论，结合具体的场景，可以帮助我们一窥观众需求的结构和内容，以便对决定其行为的动机有更好的了解，从而为确定服务内容、服务形式和服务途径等提供依据。同样地，要想充分发挥智慧博物馆的智力资源，就必须优化博物馆管理，调动工作人员为公众服务的积极性。通过马斯洛的需求层次理论，可以了解工作人员的需求，并对其需求做出有针对性的满足与激励。

2.3.4　生命周期理论

"生命周期"这一概念源于生物学领域，是指生物有机体从卵或孢子开始

---

① 亦称激励保健理论（Motivator-hygiene Theory），由美国行为科学家弗雷德里克·赫茨伯格（Frederick Herzberg）于 1959 年提出。他认为引起人们工作动机的因素主要有两个：一是保健因素，二是激励因素。只有激励因素才能够给人们带来满足感，而保健因素只能消除人们的不满，但不会带来满足感。

② 由美国耶鲁大学的克雷顿·阿尔德弗（Clayton Alderfer）于 1969 年提出，该理论认为人们存在三种核心的需要，即生存（existence）的需要、相互关系（relatedness）的需要和成长发展（growth）的需要，因此该理论简称为"ERG"理论。

③ 由美国心理学家大卫·麦克利兰（David McClelland）于 20 世纪 60 年代提出，他注重研究人的高层次需要与社会性的动机，将人的需求分为三类：成就需求（Need for Achievement）、权力需求（Need for Power）和亲和/归属需求（Need for Affiliation）。

发育,经胚胎期、成熟期、生殖期、衰老期直至死亡的全过程。它描述了生命演化进程中所经历的一连串阶段。这一概念得到了延伸和发展,也指自然界和人类社会各种客观事物的阶段性变化及其规律。同时也逐步演化为一种重要的研究方法——把研究对象从产生到消亡的整个过程,划分为一个个前后相继甚至周而复始的阶段来加以研究。① 该方法主要适用于"具有连续性、不可逆转性和迭代性特征的研究对象,即研究对象发展过程之间不但具备时间上的连续性,还具备时间上的不可逆转性,同时研究对象在完成完整的一次生命进程之后,会进入下一次生命进程,两次之间的更迭即是循环反复"②。此方法与不同领域相结合产生了文件生命周期、客户生命周期、企业生命周期等方面的研究。

　　智慧博物馆的服务是以数据为驱动,以信息为基础,因此从生命周期的角度看待信息,将有助于服务质量的提升。信息生命周期的概念出现于20世纪80年代的信息资源管理领域。1981年,卡伦·B.列维坦(Karen B. Levitan)提出信息是一种"特殊商品",具有生命周期的特征,包括信息的生产、组织、维护、增长和分配。③ 1982年,罗伯特·S.泰勒(Robert S. Taylor)提出了包含数据、信息、告知的知识、生产性知识和实际行动的五阶段的信息生命周期过程。④ 1985年,福里斯特·W.霍顿(Forest W. Horton)在《信息资源管理》一书中提出信息是一种具有生命周期的资源,其生命周期由一系列逻辑上相关联的阶段或步骤组成,体现了信息运动的自然规律。霍顿定义了两种不同形态的信息生命周期:一是基于人类信息利用和管理需求的信息生命周期,由需求定义、收集、传递、处理、储存、传播、利用等7个阶段所组成;二是基于信息载体的信息生命周期,由创造、交流、利用、维护、恢复、再利用、再包装、再交流、降低使用等级、处置等10个阶段组成。⑤ 霍顿的观点得到了广大学者的认可和支持,后续学者在政府信息资源生命周期管理、企业

　　① 马费成,望俊成,张于涛.国内生命周期理论研究知识图谱绘制[J].情报科学,2010(3):334.

　　② 黄佳.基于生命周期理论的图书馆全流程阅读推广服务体系构建[J].图书馆学刊,2022(7):25-30.

　　③ Levitan K B. Information resources as "Goods" in the life cycle of information production[J]. Journal of the American Society for Information Science,1981(1):44-45.

　　④ Taylor R S. Value-Added processes in the information life cycle[J]. Journal of the American Society for Information Science,1982(5):341-346.

　　⑤ Horton F W. Information resources management[M]. London:Prentice Hall,1985.

信息生命周期管理和图书档案领域信息生命周期管理等方面开展了大量研究,拓展了霍顿理论应用范围,并丰富了理论本身。在众多应用中,较早将信息生命周期理论用于数字存储与管理领域的技术实现的是美国 EMC (Electron Machine Corporation),他们认为信息生命周期是指数据价值与管理成本随时间发生变化的过程,涉及创建、保护、访问、迁移、归档和回收(销毁)6 个阶段。2004 年该公司将信息生命周期管理(Information Lifecycle Management,ILM)引入数字存储领域,推出了一系列存储设备和存储系统。EMC 将 ILM 定义为主动预防性的信息管理方法,帮助企业以最低的总体拥有成本,在信息生命周期的每一阶段都能获得信息的最大价值。EMC 的做法在 IT 业引发了众多企业跟风,一时间,几乎所有的硬件制造商、软件开发商、系统开发商等都为自己的产品贴上 ILM 的标签,信息生命周期管理迅速成为 IT 领域新的研究热点。[①] 虽然 EMC 的重点在于信息生命周期管理,但究其根本还是在于保证实现信息价值的最大化,对信息生命周期中各管理阶段的解析将指引人们看清信息在不同阶段的运动情况,以便发现其规律,同时信息的阶段性管理也应该遵循信息运动的阶段性规律来进行。

对于智慧博物馆而言,馆藏数据、财务数据、设备设施数据、场馆数据等都是信息资源,其运动形态遵循信息生命周期的一般规律,既要考虑信息运动的信息生命周期,如创建、交流、利用、维护和处置等,也要考虑基于管理的信息生命周期,如产生、保护、读取、更改、迁移、存档和回收等。对博物馆信息资源产生到消亡的各个阶段进行有效治理,实现信息资源价值的最大化,是顺利开展智慧服务的关键保障。此外,智慧博物馆服务的实现,也常会通过有形的产品形式体现,如导览用 App、宣传推广用的微信小程序以及琳琅满目的文创产品,在这种情况下,服务即产品,产品质量的好坏直接反映了服务能力和服务水平的高低。因此如果将产品的销售历史比作生物的演化进程,要经历出生、成长、成熟、老化、死亡等阶段,那么就有了产品的开发、引进、成长等阶段,形成了产品的生命周期。1966 年美国哈佛大学教授雷蒙德·弗农(Raymond Vernon)在其《产品周期中的国际投资与国际贸易》一文中首次提出产品生命周期理论。该理论将产品的生命周期分为导入期、成

---

① 万里鹏.信息生命周期研究范式及理论缺失[J].中国图书馆学报,2009(5):36-41.

长期、成熟期、衰退期四个阶段。导入期主要指产品刚进入市场，用户对产品缺乏认知，用户量少但有增长；成长期主要指用户对产品逐渐熟悉从而需求量逐渐增加，用户规模有了扩大，开始有利润的增加，但也出现了竞争；成熟期主要指市场发展接近饱和，用户的增速放缓，而利润持续升高，但市场的竞争也最为激烈；衰退期主要指产品逐渐有了替代品，用户逐渐流失，利润也在逐步降低，由于竞争者的退出，总体竞争也在减弱。在产品生命周期理论的指导下，人们对产品的发展现状和趋势的把握，可通过判断产品处于生命周期的哪一阶段来了解，并可根据产品的阶段性特点，采取不同的市场营销策略来提高整体经济效益。该理论也提醒人们，产品的优势是在不断转移的，如何能够在竞争中保持优势，需要在合适的时机创新发展。这一理论对智慧博物馆的服务产品具有现实的指导意义，对服务本身亦是如此，服务也会经历探索、成长、成熟和衰退，需要人们从策划、设计、实施和持续改进等阶段入手，明确各阶段任务、内容和实现策略等。当然，智慧博物馆因为与大数据、互联网技术的强关联性，也更需要从信息技术服务的角度来理解服务。一般而言，信息技术服务是指通过促进信息技术系统效能的发挥来帮助用户实现自身目标的服务。具体内容和要求可依据信息技术服务标准（Information Technology Service Standards，ITSS）。[①]在 2021 年 11 月 26 日发布的《信息技术服务标准体系建设报告（5.0 版）》（即"ITSS 5.0"）将信息技术服务的内涵新界定为"为达成用户期望的结果，利用信息技术为用户交付价值的活动"。可理解为组织以信息技术为手段为用户交付的一切有价值的活动都是信息技术服务的范畴。组织不再强调供方和需方。随着新一代信息技术的快速发展和应用，报告将信息技术服务的外延进行了拓展，从而将服务分为三种类型：基础服务（咨询设计、开发测试、集成实施、运行维护、云计算、数据中心）、技术创新服务（智能化服务、数据服务、数字内容处理服务、区块链服务）、数字化转型服务（数字化转型成熟度模型、数字化转型就绪度评估模型、数字化转型效果评价模型、数

---

　　① 信息技术服务标准是在中华人民共和国工业和信息化部、中国国家标准化管理委员会的领导和支持下，由 ITSS 工作组研制的一套 IT 服务领域的标准库和一套提供 IT 服务的方法论。ITSS 是一个标准集合，包含了中国 IT 服务行业内企业经营活动相关的各个领域的很多具体标准，包括咨询设计、集成实施、运行维护、服务管理和云计算服务等。

字化转型监测预警技术要求）。ITSS 定义的信息服务生命周期由规划设计（planning & design）、部署实施（implementing）、服务运营（operation）、持续改进（improvement）和监督管理（supervision）五个阶段组成，并规定了各阶段应遵循的标准。①

---

① 详情参见中国电子工业标准化技术协会信息技术服务分会网站：https://www.itss.cn/web/itss/c/about/itss.

3. 智慧博物馆公众服务的构成要素及系统框架

智慧博物馆的核心任务是以人为本，为公众提供服务。而任何成熟的服务都必须有自己的服务逻辑，例如策划、设计、实施和改进等，以便能及时发现问题和解决问题，实现更优质、精准、让人满意的服务。尽管目前的智慧博物馆公众服务已在展示、教育和传播方面进行了细致的探索和实践，但其发展需要一个体系化的支撑。因此本章从资源、技术和人员三方面明确智慧博物馆公众服务的各构成要素，分析智慧博物馆公众服务的形成动力，并在此基础上提出智慧博物馆公众服务的过程及系统框架，并从整体和系统的角度对智慧博物馆公众服务的过程及系统框架进行阐述。

3.1 智慧博物馆公众服务的资源要素

资源是博物馆存在的基本要素，更是推进其不断发展、提供服务的重要保障。随着社会化进程的加快，博物馆不再是将物束之高阁的精英殿堂，而成为更开放、多元和包容的机构。这就改变了其以藏品资源为主要资源要素的传统，伴随大数据、云计算、物联网在博物馆的落地应用，数据成为智慧博物馆的核心资源，其资源要素的内涵日益丰富和复杂。资源要素是客观存在的，是智慧博物馆提供公众服务的基础。资源要素不仅包括博物馆的馆藏、展厅、网络设施等实体资源转换的数据资源，还包括用于支持实现博物馆展示、教育和传播等业务目标的数据资源。在数据驱动的时代下，智慧博物馆要充分发挥自身优势，在做好传统资源服务工作的同时，还要积极利用新一代信息技术，对数据资源进行广泛而深度的开发与建设。

在传统博物馆中，工作人员通常只记录和保存那些与藏品相关且有用的信息,而忽略了许多其他与业务活动相关的"过程"信息,或者还有一些暂时没有办法感知到的信息。在信息化、数字化建设阶段,博物馆建设了文物资源管理系统,包括藏品管理系统、文物影像管理系统、档案资料管理系统;建设了展览展示管理系统,包括多媒体展示系统、展览项目管理系统;还建设了日常事务管理系统,包括办公管理系统、资产管理系统、票务管理系统、网站资源管理系统等;有些博物馆还建设了新媒体信息管理系统等。然而,这些数据记录通常聚焦在"结果"的记录之上,很难完整反映表象之下的过程性信息,例如博物馆工作人员在日常工作中产生的许多学术科研文档、展览脚本、设计草案、影像资料等,很少有被统计或收集进入系统中。

智慧博物馆依托大数据作为数据挖掘、处理的基础支撑,这要求博物馆人充分了解自身的数据情况,认真考量适合纳入智慧博物馆的数据资源,并明确这些数据资源对公众服务的价值意义。智慧博物馆的数据并不是重新创造出来的,而是建立在过往信息化建设、数字化建设基础上,对原有数据资源的补充。因此,除了对智慧博物馆资源要素进行梳理,还要将信息化、数字化建设中的资源讨论纳入,以便于从系统和整体的角度思考智慧博物馆资源要素的广度和深度。

有部分学者提出从"人—物"的角度来划分博物馆数据,并将其划进智慧博物馆的资源要素体系中。宋新潮认为数据包括藏品的本体数据、环境数据、游客数据、档案资料和网络数据等。[①] 骆晓红认为博物馆整体运作的三大要素包分别是文物藏品、管理人员和社会公众,而数据则是围绕这三类要素所生成的,包括藏品数据、管理数据和观众数据。其中藏品数据分为文物藏品的状态数据和背景数据,状态数据是反映文物属性的数据,是可测量的科学性信息,而背景数据是文物藏品蕴含的制造工艺、功能用途等历史、文化信息;管理数据是可根据藏品管理流程划分为收藏、登记和使用相关的数据;观众数据除了观众的性别、年龄、学历等个人信息,更把数据采集的重点放在观众到博物馆后的行为状态和评价内容。[②] 从"人—物"的角度来看,尽管资源已经包含了藏品数据的内容,也囊括了工作人员和观众可能产生的数据内

---

① 宋新潮.关于智慧博物馆体系建设的思考[J].中国博物馆,2015(2):12-15.
② 骆晓红.智慧博物馆的发展路径探析[J].东南文化,2016(6):107-112.

容,然而这样的分类仍然很难囊括所有的博物馆资源。

另有学者提出,智慧博物馆应规划考量现阶段数字博物馆常忽略的拥有的巨大价值的数据。林新宇认为智慧博物馆在设计和管理方面,更应从数据源开始,重新梳理和把握不完整的数据;融入互联网外部数据,与互联网企业合作,丰富自身难以感知的内容;利用智能感知设备,丰富数据采集手段,保留公众和工作人员的相关过程数据[①],并按照生成方式、内部数据、外部数据,对现有数据和可纳入采集的数据进行了整理,见表 3-1。以展览为例,其所涉及的数据包括:在展览形成阶段,可以通过数据采集技术,记录展览形成过程中的数据,如参考过的文献资料、搜索记录、以往各展览涉及的相关知识点等;在展中阶段,通过智能楼宇感知终端,采集观众在展厅的参观情况;在展后阶段,收集观众参观后在互联网上的信息行为数据。可以发现,通过生成方式、划分内外部数据,较之"人—物"角度的划分,所包含的资源内容更为具体。

表 3-1　智慧博物馆数据采集[②]

	生成方式	内部数据	外部数据
现有数据	人工制作、采集与记录	藏品信息、文物征集、修复信息、展陈大纲、布展方案、文创、开放社交信息、影像信息、办公会议、物业记录、安全记录等	博物馆观众提供的内容话题、社会调查、展览效果反馈等
	感知终端或计算机采集生成	展厅、库房文物环境监测、智能楼宇运行数据、安防监控、数字化业务系统平台运行日志等	博物馆微信、微博、App、网站中的用户访问记录等
可以纳入采集的数据	感知终端或计算机采集生成	文物研究、布展制作者知识图谱、影像环境信息、文物修复实验数据等	观众互联网信息行为、博物馆间数据集、田野考古 GIS 信息、不可移动文物信息等

---

① 林新宇.大数据背景下智慧博物馆数据源探析[J].首都博物馆论丛,2019:455-461.
② 林新宇.大数据背景下智慧博物馆数据源探析[J].首都博物馆论丛,2019:455-461.

还有学者从业务角度出发,按照藏品、展示、研究对数据进行划分。张小朋、张莅坤认为博物馆的信息化工作围绕着藏品、展示、研究这三项基本业务展开,如图 3-1 所示。其中藏品工作中的资源是馆藏文物(可移动文物)、不可移动文物和文物登记账簿,服务对象是保管人员、研究人员、陈列人员、行政人员、参观人员等;展示工作中的资源是陈列设施、相关文物和文献,服务对象是普通参观者、专业研究者;研究工作中的资源是相关文物、文献和技术手段,服务对象是普通学习人员、专业人员、行政人员等。不可忽视的是,在博物馆信息化建设中还有一项未列入博物馆传统工作,但又与实体博物馆密切相关的馆舍(楼宇)信息化处理工作,这项工作的资源是舒适性控制设备(如中央空调系统、电梯系统、照明系统、给排水系统等)、安全性控制设备(如安全监控系统、消防控制系统等)和通信控制系统,服务对象是参观人员和工作人员。①

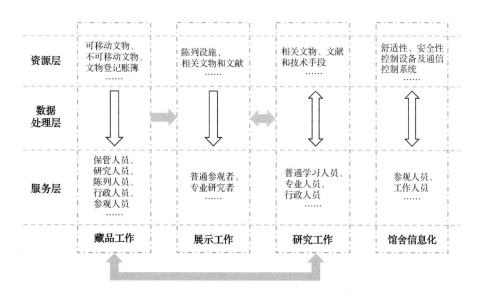

图 3-1　博物馆信息化工作内部关系②

综上所述,无论是通过"人—物"重新解构博物馆资源要素,还是从业务方面分类采集、统计数据,都应该明确智慧博物馆的公众服务所需要和所包

①　张小朋,张莅坤.博物馆信息化标准框架体系概论[J].东南文化,2010(4):104-108.
②　张小朋,张莅坤.博物馆信息化标准框架体系概论[J].东南文化,2010(4):104-108.

含的资源体量巨大,构成亦更加多元化。智慧博物馆要打破藏品与博物馆业务、日常事务,以及公众间的藩篱,将结果性数据和过程性数据皆纳入智慧博物馆的资源要素体系中,以充分展示博物馆的价值和内涵。总之,在智慧博物馆时代,资源要素间是相互联系、相互作用的,要深入了解博物馆的人员组成、用户行为和观众群体等诸多要素,以重新构建博物馆资源的关系。同时还要从业务角度出发,对数据进行分类、采集和统计分析,以确保智慧博物馆能够满足公众不同方面的需求。

3.2 智慧博物馆公众服务的技术要素

3.2.1 互联类

（1）大数据

大数据是指体量巨大、冗余多、价值密度低、要求处理速度快的数据。[①]大数据技术是指从海量的数据中快速获取有价值的信息的能力。大数据技术能够催生社会变革。科学严密的数据收集、数据分析以及一个能够激发管理创新思维的环境都将成为变革的助推剂。大数据技术的关键在于提升数据迭代式存储的能力,该能力有助于管理好庞大的数据资源。但随着云存储、虚拟化技术、分布式处理和分布式数据库的发展,大数据技术的研究发展方向将不再是存储并管理数据,而是要研究如何捕捉更多有效数据并对这些含有意义的数据进行专业化的处理。[②] 这还有赖于科学研究的突破,以及大数据技术与云计算的深度结合。

大数据技术在博物馆的利用是非常广泛的,除了庞大文物藏品资源的存储与管理,更重要的是突出如何获取更多关于公众、环境等的有效数据,并进行专业化处理,例如通过对博物馆运行时间内参观观众的行为分析(藏品喜

---

① 钟国文,张婧乐.我国智慧博物馆研究综述[J].科学教育与博物馆,2020(5):347-354.
② 刘绍南.智慧博物馆支撑技术应用探讨[J].首都博物馆论丛,2017:366-372.

好、知识背景、参观路线、消费类型等），可以精确地改进博物馆的运行服务内容，促进文创纪念品的有效开发以及展陈的合理设计等。

近年来，在国家文物局的主导下，我国的博物馆已建立起一定数量的藏品数字档案和博物馆藏品管理系统，为大数据的分析、利用奠定了基础。目前作为国家文物局智慧博物馆项目试点单位的博物馆，正着重以博物馆的大数据为核心，建设工作人员管理系统和集成管理平台，为社会公众提供开放的数据共享平台以及更人性化、个性化的服务。

（2）云计算

在初始阶段，人们大都是使用个人电脑上的应用程序来完成自己的工作，并将数据存储于自己的电脑上。到了网络时代，出现了网络架构，一般是两种：客户服务器模式（Client-server model，简称 C/S 结构）和浏览器服务器模式（Browser-server model，简称 B/S 结构），在这两种结构中，人们使用个人电脑上的应用程序与服务器上的程序进行数据交互，共同完成工作任务，数据或存储于自己的电脑上，或存储于服务器上。[①] 随着互联网技术的革新和人们需求的不断发展，出现了云计算。简而言之，云计算就是"云"中所有的计算资源为所有使用"云"的用户所共有。

智慧博物馆的智慧程度主要看云计算技术的精确程度。云计算在智慧博物馆的整体框架中，贯穿从征集到利用的所有环节。采集每一件展品的准确信息，获取公众的个性化需求，在海量的数据中及时分析、处理、输出和利用有效信息，都需要不断提高云计算技术的水平。此外，除了实物展品，博物馆还需要音频、视频、图像等辅助展品，而图像的清晰程度、三维效果、音频视频文件的顺畅程度，都取决于云计算技术的支持。可以说，从海量数据资源的存储、整合、分析、处理到共享，云计算可以提供整套科学解决方案。

（3）移动互联

移动互联是指将移动通信和互联网相结合，通过智能移动终端，采用移动无线通信的方式获取业务和服务的新兴业务。[②] 目前，移动互联技术在博物馆的应用体现在智慧展示方面，主要是以多维展览互动形式，提升博物馆

---

① 刘绍南.智慧博物馆支撑技术应用探讨[J].首都博物馆论丛,2017:366-372.
② 钟国文,张婧乐.我国智慧博物馆研究综述[J].科学教育与博物馆,2020(5):347-354.

参观者与文物间的交互体验，无处不在地为公众提供服务。例如，在博物馆参观过程中，观众可利用移动终端设备——手机，下载智慧博物馆的导览App，获得最佳参观路线和即时方位。移动互联的使用既维护了场馆安全、文物藏品安全，也有助于在突发事件中保障观众的人身安全。除此之外，移动定位服务与身份识别相结合也有利于实现博物馆的智慧管理，智能手机不单是通信工具，更成为馆内人员联络工作的终端设备，在减轻管理压力的同时，又能提高管理效率，从而实现博物馆管理工作的智能化。

（4）5G

5G是由"第三代合作伙伴计划组织"主要负责制定的一个行业标准，即"第五代移动通信技术"。5G峰值传输速度比4G网络传输速度快数十倍，达到Gbit级，可以给用户带来更高的带宽速率、更低更可靠的时延和更大容量的网络连接[①]，使得许多受技术条件的限制仍处于理论阶段、还未得到广泛应用的科技突破了发展障碍，如全息影像、3D、物联网、AR等。随着5G时代的到来，智慧博物馆建设有了更多可能，5G为公众服务带来了变革性的进步。

在智慧展示方面，5G技术可应用在互动展览、数字导览、信息推送以及各种电子商务等服务形式中。5G技术具备低时延、大带宽、大连接等特点，可以拓展博物馆服务对象，突破传统博物馆的时空局限性，让世界各地的游客在线随时随地地欣赏博物馆文物、标本、化石和各种艺术品。5G技术推动了8K超清视频（色彩丰富、层次感和立体感更强）的广泛应用，给观众带来不一样的视频体验。同时通过5G技术，博物馆可以开设更多的在线体验课程，对观众以往的观展数据进行快速传输与分析，为观众提供更合理的参观引导。在5G网络基础上，通过AR、VR将馆藏文物转化为虚拟的数字内容，并无缝整合到真实场景中，让观众可以沉浸式体验复原的历史场景。

（5）区块链

区块链（Block Chain）的概念来源于比特币（Bitcoin），最早由学者中本聪（Satoshi Nakamoto）在2008年提出。[②] 2016年《中国区块链技术和应用发展白皮书》将区块链定义为：分布式数据存储、点对点传输、共识机制、加密算

①　周继洋.5G时代的智慧博物馆建设[J].中国建设信息化,2019(9):54-57.

②　Nakamoto S,Bitcoin A. A peer-to-peer electronic cash system[J/OL]. Bitcoin,2008(2):15.[2023-02-09]. https://bitcoin. org/bitcoin. pdf.

法等计算机技术在互联网时代的创新应用模式。① 区块链可被通俗地理解为一串基于密码学方法相关联产生的数据块,每一个数据块中包含了一定时间内网络交易有效确认的信息,并且生成新的数据密码指纹用于验证其信息的有效性和链接下一个数据②,因此具有去中心化、不可更改、可追溯、公开性等典型特征。基于这些特征,区块链能够满足金融活动、公共资源服务、身份证明、产权管理等不同领域的语境化的应用需求,而目前对其在博物馆服务场景中的探讨主要集中在数字资源管理与版权保护两方面。

传统的博物馆数字资源管理与共享是"有中心"的模式,即各博物馆作为大数据共享平台的数据源上传格式统一的藏品、观众、设备等数据,同时作为用户享有该平台权限范围内的信息。这对数据中心的负载能力和安全性,以及馆际的协调工作显然提出了较高的要求。相比较而言,"无中心"的区块链在参与者之间建立多元的数据共享通道,既能分担风险、保障信任安全、降低信任成本,同时能提升数据共享效率、加快共享进程。③ 除了在馆藏机构内部建立联盟链,还可以通过公有链实现与公众的信息交互,保证文化遗产爱好者广泛参与数字人文建设,利用集体智慧促进博物馆数字资源的开发利用。④

区块链技术除了保证文物数据资源在共享过程中的安全性,也可以在数字资源发生版权纠纷时提供有效的证据。⑤ 在版权保护方面,区块链还可激活围绕知识产权的文化众筹等新业态,使得消费者能够在不需要第三方众筹平台信用背书的情况下参与 IP 创作、生产、传播、消费的全流程⑥,加快文化创意领域的业务整合、价值创造与流通效率,让文化遗产深度融入以社会大众为主体的数字化生产、利用与传播过程。

---

① 中国区块链技术和产业发展论坛. 中国区块链技术和应用发展白皮书[EB/OL]. (2016-10-08)[2022-06-09]. https://www.cbdforum.cn/forum/research/1517050525533745154.

② 蒋名未. 区块链——一把打开文化创意产业未来发展之门的钥匙[J]. 中国博物馆,2019(1):120-124.

③ 杨超. 基于区块链的博物馆数据共享模式研究[J]. 中国文物科学研究,2021(1):34-39.

④ 高劲松,李帅珂,张强,等. 基于区块链的馆藏文物信息资源共享模型研究[J]. 情报科学,2022(9):12-19.

⑤ 李颖捷. 基于区块链的文物数字资源版权保护方案的设计与实现[D]. 西安:西北大学,2021.

⑥ 中国区块链技术和产业发展论坛. 中国区块链技术和应用发展白皮书[EB/OL]. (2016-10-08)[2022-06-09]. https://www.cbdforum.cn/forum/research/1517050525533745154.

3.2.2　感知类

（1）物联网

物联网（The Internet of Things）技术是以传感技术为基础，通过识别原本互不联系的人、物、环境，使其转化成互联网可以采集的信息资源，促进不同资源之间的信息交换，在人与物、人与人、物与物之间形成一种新的交流方式。

物联网在博物馆领域中的感知包括文物、观众、库房、设备、展厅及空间六个层面。[①] 对文物的感知主要是运用三维扫描仪、CT扫描仪、高清数码相机等工具，采集馆藏文物的真实数据，并加工处理；观众感知是通过导览导视系统、室内定位系统、网站管理系统、新媒体管理系统等，记录并分析观众的参观、访问轨迹和使用行为，实现精准化的服务；对库房的感知是指实时动态监测文物库房内的文物囊匣、位置、温湿度、病虫害、微生物等情况，以及人员进出；对设备的感知按照物联感知体系标准，将博物馆内的各类设备接入物联网感知体系，实时监测设备状态；对展厅的感知是实时感知展厅的展览状况、温湿度、人流、灯光照明等状态，采集三维展览数据构建全景展览；空间感知是指通过全景扫描立体呈现展馆所处的地理环境、建筑体、公共空间、展厅等情况，并融合视频监控数据，实时对客流、道路交通等进行监测。

总体来说，物联网技术在博物馆中的"物"指的是藏品、基础设施、场馆空间等核心要素，"联"是指存储、分析、共享这些"物"所产生的信息，在博物馆领域形成一张全面编织的"网"，实现各类资源要素的互联互通。

（2）室内定位

室内定位技术指对一定封闭区域内单人或多人的静态位置和动态路线进行实时的感知和追踪。博物馆的展区一般由多个连通区域构成，基于物联网的室内定位技术一方面可以应用于博物馆的观众服务与管理，在安全保障和参观体验方面做出贡献；另一方面则可以应用于博物馆的观众研究，为跟踪观察法（Tracing Observation）等提供技术支持。

---

① 王春法.关于智慧博物馆建设的若干思考[J].博物馆管理，2020(3)：4-15.

　　目前博物馆在室内定位方面已有部分实践，在方法上也具有多样性。博物馆主要通过无线信号和观众随身携带的导览器、智能手机、智能手表等设备连接定位，如南京博物院曾在展览中利用基于蓝牙技术的导览器开展观众研究。[①] 与此同时，一些学术研究也在探索新的定位和追踪方法。例如，2014年安德鲁·B.戈德贝赫（Andrew B. Godbehere）等提出一种基于单个摄像机的统计学跟踪算法，并将其应用在当代犹太博物馆的装置中[②]；2019年，弗朗切斯科·拉古萨（Francesco Ragusa）等设计了可应用于文化遗产地的基于观众自我视角定位的框架，并对志愿者观众头戴和胸置摄像机拍摄的第一人称视角画面进行标记和分析[③]。

　　（3）数字采集

　　藏品的数字采集技术一般分为影像、音频采集和三维模型的采集技术。影像、音频的采集主要是把馆藏文物的实物、记录文字、音频、视频等资料信息，进行数字化的转换，形成相应的音、影像数据库，主要依赖的技术有文物摄影、二维扫描技术等。文物摄影主要借助数码相机、数码摄像机进行实物的拍摄，采用数字图像处理和数字视频处理等技术实现基本的处理工作。从每件三维立体藏品的主要代表面拍摄一幅全形影像；对背面、侧面，以及正视角度的顶面和底面（如有必要和可能），拍摄若干幅影像，以完整表现藏品的造型或结构。对于平面藏品则拍摄全景影像一幅。二维扫描主要适用于传统银盐胶片等透射式影像载体和照片、图片等反射式影像载体的扫描加工。对于扫描获取的数据要根据原件进行修正，去除图像中由原稿的问题所留下的污点、霉斑、刮痕等不属于藏品信息的缺陷等。对于分多部分扫描的影像数据，在经过上述加工后应进行拼合，每一部分的色调、对比度、明暗度要保持基本一致。

　　藏品的三维模型的采集主要分为接触式和非接触式两种。接触式方法包括三维坐标测量、机械臂测量、层析法，具有测量精度高、测量效率低的特

　　① 郑晶.基于智慧导览的博物馆观众调查、分析与探索——以南京博物院"法老·王""帝国盛世"特展为例[J].东南文化,2019(3):110-117,127-128.

　　② Godbehere A B,Goldberg K. Controls and Art:Inquiries at the Intersection of the Subjective and the Objective[M]. Cham:Springer International Publishing,2014:181-204.

　　③ Ragusa F,Furnari A,Battiato S, et al. Egocentric visitors localization in cultural sites[J]. Journal on Computing and Cultural Heritage (JOCCH),2019(2):1-19.

点,对一些软质表面无法进行测量。① 非接触式采集主要是通过摄影测量、计算机视觉和数字图像处理等理论,发展出多样的采集方法,有基于激光扫描的方法、基于摄影采集的方法、基于 X 射线扫描的方法以及基于结构光的三维重建方法。三维激光扫描技术可用于快速获取被测对象表面的三维坐标数据。该技术适用于古建筑和中小型文物的扫描,其无需物理接触即可确定文物的几何尺寸和外形,并能有效控制测量精度。虽然激光扫描技术可以直接获取目标的三维空间信息,但难以获取目标表面的材质和结构等语义信息,而且在表达目标表面的几何特征方面存在一定的局限性。基于摄影的三维重建方法的基本原理是通过两幅及以上的图像获取图像中各点的空间信息,进而建立文物的3D 模型②,相较于三维激光扫描技术的优势在于可从目标表面获取丰富的语义信息。但是单独利用影像对目标进行几何重建,数据处理手段比较复杂,涉及相机检校、影像方位元素求解、影像匹配等一系列关键问题。③ 基于 X 射线扫描的方法利用第三代工业 CT 对文物进行逐层扫描。通过调整射线强度以适应文物的材质,获得高精度还原的扫描图像。随后利用软件包对所有分层图像进行叠加,以完成文物的三维建模。基于结构光的扫描方法通过结构光的信息提取图像特征,进而重建无明显特征物体,可以有效避免图像之间难以匹配的问题。根据文物自身的特性和特殊要求,对于那些被扫描文物的三维结构和纹理信息,可以采用离散点三维重构和投影编码结构光等技术进行恢复和最大限度的还原。离散点三维重构侧重于计算点的三维空间坐标。通过离散点三维重构,可获得图像上每个像素的坐标以及对应的投影条纹的横坐标值,进而得到每个像素点对应图像参考坐标系中的三维空间坐标。

3.2.3　自主学习类

(1)人工智能

人工智能是计算机科学的一个极其重要的分支,通过给计算机系统提供

---

①　李华飙.馆藏文物三维模型的数据质量评价方法研究[J].博物馆管理,2020(4):5-10.
②　邱兆文,张田文.文物三维重建关键技术[J].电子学报,2008(12):2423-2427.
③　王晓南,郑顺义.基于激光扫描和高分辨率影像的文物三维重建[J].测绘工程,2009(6):53-55.

思维的能力,研究如何让计算机去完成那些通过人的智力才能胜任的工作或任务,换句话说就是研究如何通过创新计算机的软硬件,最大限度地模拟人类行为的基本理论、方法和技术。

人工智能在博物馆领域的应用,主要集中在智慧展示、智能导览、人脸识别、图像识别等方面。[①] 在智慧展示方面,秦陵博物院与百度合作,通过人工智能技术,"复原"了破损的秦始皇兵马俑,并对相关文物的信息进行了智能化展示。游客通过手机百度 AR 功能扫描相关文物,即可亲眼看到"活起来"的兵马俑等文物。在智能导览方面,近几年,讲解机器人走进了博物馆,它可以自动完成环境探索,带领观众参观展览。另外,利用人脸识别技术和智慧导览等智能设备,使得参观者的智能化数据采集和分析成为现实。在图像识别方面,博物馆利用机器视觉识别和标记图像,整合藏品信息,实现文物资源的智能化管理。

目前这一技术仍属于新兴的研究领域,但无疑是智慧博物馆未来发展的重要方向。李姣提出,随着人工智能时代的到来,智慧博物馆也将由初级阶段向更高级形式,即向人工智能博物馆方向发展。[②]

(2)边缘计算

傅文军等认为,5G 技术将带来 10 倍以上的流量增长,其中 80% 的增长量将发生在边缘,所以会驱动多接入边缘计算(Multiaccess Edge Computing, MEC)的快速发展。[③] 边缘计算概念的诞生是实际需求推动的,因为云计算无法满足计算需求,从而需要将计算下放到边缘侧,来补充云计算的功能。[④] 通过在数据源端执行部分计算任务,边缘计算有利于减小云计算的压力,因而可以获得更快的实时响应,在处理隐私保护等问题也具有一定的优势。目前,已有研究对边缘计算技术在博物馆行业的运用进行了探讨,主要面向文物安全视频监控监管[⑤]、VR/AR 媒体类、教育/社交类等需求。

① 李姣.智慧博物馆与 AI 博物馆——人工智能时代博物馆发展新机遇[J].博物院,2019(4):67-74.
② 李姣.智慧博物馆与 AI 博物馆——人工智能时代博物馆发展新机遇[J].博物院,2019(4):67-74.
③ 傅文军,毛雄飞,于海生,等.5G 边缘计算技术的现状分析与方向思考[J].中国仪器仪表,2021(6):80-82.
④ 王其朝,金光淑,李庆,等.工业边缘计算研究现状与展望[J].信息与控制,2021(3):257-274.
⑤ 张冰峰,张学文.基于边缘计算的文物安全远程视频监管系统设计[J].北京联合大学学报,2019(3):83-88.

（3）个性化推荐

智慧博物馆的智慧服务关键在于以个性化推荐系统作为基础支撑,了解观众所想所要,根据观众的需求提供个性化的内容。个性化推荐系统能够通过关键性技术和方法将信息进行过滤和筛选,对用户偏好进行预测并推荐有用信息,从而缓解由信息过载带来的成本浪费及其他复杂问题。其实现核心在于用户建模和推荐算法。推荐系统的用户建模过程可概括为数据收集、模型表示、模型学习、模型更新这四个部分。推荐算法主要基于:①聚类技术:传统的协同过滤推荐算法存在新用户冷启动、数据高度稀疏以及扩展性问题,这些都会导致系统推荐准确度降低,因此很多学者利用聚类等技术对传统算法进行了改进。常见的聚类技术包括 K-means 聚类、MI 聚类、模糊聚类以及层次聚类等,它们各有优缺点,但本质上都是通过不断分类迭代得到最优结果的过程,有助于缓解推荐中的问题并且提高推荐精确度。②矩阵分解及深度学习技术:矩阵分解技术有贝叶斯概率矩阵分解、概率矩阵分解、SVD分解等。深度学习技术包括循环神经网络技术、卷积神经网络技术、受限玻尔兹曼机、深度信念网络技术以及自编码器等,主要提取用户与条目之间的非线性关系。③数据挖掘技术:数据挖掘技术中的遗传算法、Apriori 算法、ART 算法等可以改善传统算法的问题,如弥补数据稀疏、优化评分值、在隐式反馈中提高个性化排序性能等。④相似度计算:相似度计算是大多数推荐算法的关键性步骤,很多相似度度量方法都可以在联合评价项的基础上快速计算,但是在稀疏数据集情况下,它们的预测精度并不令人满意。传统的相似度计算方法包括 Salton 相似度、欧式距离相似度、余弦相似度、皮尔逊相关系数、贴近度法等。还有在此基础上为消除用户评分主观性提出的修正余弦相似性、约束皮尔逊相关系数等。⑤特殊情况处理技术:考虑到上述方法的各自优缺点,还可将几种相似度进行融合,对于在进行个性化推荐时可能会面临的特殊情况,如移动数据推荐的处理、用户兴趣衰减或漂移问题以及跨领域推荐等,研发相应的技术来解决上述问题,如基于多 Agent 的技术、基于用户遗忘函数的技术、基于知识转移的技术等。[①]

①　龚映梅,侯玉寒,杨红娟.个性化推荐系统及其仿真研究综述[J].科技和产业,2021(5):72-80.

3.2.4　展示类

虚拟展示技术是虚拟现实技术的一种开发和应用,融合了数字图像处理、多媒体技术、传感器技术、计算机图形学等多方面技术,通过多种信息的融合与交互,生成生动逼真的视觉体验环境,通过数字头套、数字手套和数字眼镜等工具与虚拟环境进行连接,实现人机交互。该技术可以根据用户需求实现多视角的展示,改变了传统单一视角的展示方式。可让用户根据不同的身份进入场景中,实现场景交互,深入了解展示对象的功能和组成。虚拟展示技术离不开显示技术和交互技术的发展。在显示层面,主要分为无沉浸感显示、半沉浸感显示和完全沉浸感显示。无沉浸感显示设备有台式显示器、桌面式显示器等。半沉浸感显示设备有平幕、柱幕、180 度球幕等。而完全沉浸感显示设备主要是头盔显示器。这些不同类型的显示设备在不同程度上提升了观众对视觉影像的体验。除此之外,为了模拟多感官的体验,也需要听、触、力、嗅、味等方面的感知体验的研究。这就离不开虚拟现实的交互技术,其主要模拟自然的方式与虚拟环境中的对象进行交互、相互影响。虚拟现实的交互技术主要有四个特征:①临场感:人们能够感受到虚拟世界里的环境和事物是真实存在的。②交互性:在用手触碰虚拟环境中的物体时,人们会有手握东西的感觉,并感知到物体的重量,视觉场域中的物体也会跟着手的移动而移动。③感知性:在一般计算机的视觉感知的基础上,还具备运动觉、听觉、触觉、味觉、嗅觉等感知,非常全面,让人们体验到真实世界的感觉。④自主性:虚拟环境中的物体会依据物理定律来进行动作。总体而言,以下五个关键技术是支撑显示和交互的基础:①动态环境建模技术:动态环境建模技术的目的是获取实际环境的三维数据,并根据应用的需要,利用获取的三维数据建立相应的虚拟环境模型。三维数据的获取可以采用 CAD 技术(有规则的环境),而更多的环境则需要采用非接触式的视觉建模技术,两者的有机结合可以有效地提高数据获取的效率。②实时三维图形生成技术:关键是如何实现"实时"生成。为了达到实时的目的,至少要保证图形的刷新率不低于 15 帧/秒,最好是高于 30 帧/秒。在不降低图形的质量和复杂度的前提下,如何提高刷新频率将是该技术的研究内容。③立体显示和传感器技术:虚拟现实的交互能力依赖立体显示和传感器技术的发展。现有的虚拟现实还远远不能满足系统的需要,例如,数据手套有延迟大、分辨率低、作用范围小、使用不便等缺点;虚拟现实设备的跟踪精度和跟踪范围也有待提高,因此有必要开发新的三维显示技术。④应用系统开发工具:虚拟现实应用的关键是寻找合适的场合和对象,即如何发挥想象力和创造力。选择适当的应用对象可以大幅度地提高生产效率,减轻劳动强度,提高产品开发质量。为了达到这一目的,必须研究虚拟现实的开发工具。例如,虚拟现实系统开发平台、分布式虚拟现实技术等。⑤系统集成技术:由于虚拟现实中包括大量的感知信息和模型,因此系统的集成技术起着至关重要的作用。集成技术包括信息的同步技术、模型的标定技术、数据转换技术、数据管理模型、识别和合成技术等。①

3.3　智慧博物馆公众服务的人员要素

　　智慧博物馆概念的出现对当前博物馆综合性、系统性的优化工作提出了要求和指导,涉及层次多、面向广,且具有一定的抽象性和复杂性,但究其根本,智慧博物馆建设需要遵循以人为本的原则,将理论落实到实践层面,以实际和分众化的需求为导向,统筹资源、技术要素,让无论是作为博物馆服务对象的社会公众,还是博物馆内的工作人员,都能切实感受到博物馆的智慧性。

　　(1)公众

　　蒂莫西·阿姆布罗斯(Timothy Ambrose)和克里斯平·佩恩(Crispin Paine)指出,21世纪博物馆面临的最大挑战就是必须认识到博物馆是为公众服务的,而其未来的成功则有赖于发现并满足公众的需要。② 然而,社会中不仅存在一定数量潜在的、待识别的博物馆观众,而且不同类型的观众有着不同的生理和心理特点,对于博物馆具体的需求也是不同的。因此,智慧博物

---

　　① 万波.虚拟现实关键技术分析及其应用综述[J].高等函授学报(自然科学版),2000(2):
52-52.
　　② 阿姆布罗斯,佩恩.博物馆基础[M].郭卉,译.南京:译林出版社,2016:25.

馆要满足不同类型的公众,就必须为公众提供定制化服务。而定制化服务的场景并不局限于博物馆的场馆环境之内,智慧博物馆应该充分利用信息技术,让藏品和知识以数字信息的形式走出博物馆,使其转变为文化创意,融入专业领域与生活场景,全方位增强公众对博物馆的参与感。

①博物馆之内

对于公众而言,博物馆中的智慧性主要表现为参观过程中针对观众展示与导览服务的全面优化。

一是在展示内容和形式方面,智慧博物馆可以充分调用并分析藏品和观众的特征数据以及展览效果评估的历史数据,实现观众需求和馆内资源的精准匹配,在展览的展品选择、展线规划、多感官呈现形式等方面保证观众观展的舒适度、新鲜感和满意度。二是智慧博物馆集成多种数据感知和信息可视化技术,在导览方面保证观众的参观体验。例如,运用大数据辅助分析藏品和观众认知特点的契合程度,合理规划展览布局,进行个性化的展品推荐;运用虚拟现实技术实现情景复原,增强展项的可交互性与观众的沉浸体验;运用信息可视化技术传播文物背景信息,提高历史文化知识对全年龄段观众的可理解性;将智能设备和博物馆无线定位系统进行连接,根据观众的学习兴趣和展厅拥挤程度实时规划合适的路线;为残障人士等特殊人群提供更好的参观保障等。

②博物馆之外

藏品的数字化突破了博物馆教育和传播在时间和空间上的限制,智慧博物馆应该充分考虑在互联网和博物馆外的环境提供社会服务的可行性,帮助文化遗产与观众产生更紧密的关联。

一方面,智慧博物馆应集成社交媒体,建立一体化的线上宣传矩阵,搭建基于观众兴趣的大数据推荐系统,从多种传播渠道定制化和实时地推送博物馆的藏品、展览、新闻资讯等,同时跟进实体展览的虚拟化和线上策展工作,让广大公众足不出户即可获得与实体博物馆相近甚至更为丰富有趣的云观展体验;另一方面,除了传统博物馆业务的数字化转型,智慧博物馆还应拓宽服务面向,将藏品视为社会资源的一种,将其投入文创开发、馆校合作等更广泛和细分的社会服务之中。

(2)馆内工作人员

在传统博物馆中,人员要素主要包括管理、研究、教育、服务等方面的人员。在信息化和人工智能时代,博物馆的人员要素可能并不会发生根本变化,但智慧博物馆一方面集成了多样的感知数据和智慧应用,极大地提升了馆内人员的工作效率,并就相关决策问题提供科学和多面向的数据支持;另一方面显然也对智慧环境下的工作人员提出了更高的要求。智慧博物馆的工作人员有着技术和系统不能替代的作用,既要各司其职,又需要彼此联系,保证沟通顺畅,信息共享;既需要熟悉博物馆业务,又要掌握数据编辑、数据处理、数据分析等必需的信息技术能力。当人工智能、虚拟现实等智慧技术在博物馆应用时,要依托充当技术专家的"智慧馆员"才能得到落地,因此传统的博物馆工作人员在享受便捷的同时,也要逐渐向"智慧馆员"转型,发挥主动性和创新性,以配合和辅助智慧博物馆的建设,协调用户与资源的匹配关系,满足用户多样化的服务需求。

①管理人员

在智慧化的环境下,博物馆内智慧管理具体体现在博物馆内部与外部管理的智能化。内部管理主要围绕着博物馆内的"人—物"展开,包括工作人员、藏品、环境和数据,同时也体现在资产、设备、科研、业务等其他方面。外部管理是以博物馆公众及其活动为核心展开,加强与博物馆以外的利益机构或利益相关者的联系,而随着博物馆体制、机制改革的不断深入,外部联系将进一步扩展延伸,由观众发展到社会组织和成员,实现对一般公众及社会团体、社区、学校、企业、媒体的全面覆盖。

这就要求智慧博物馆的管理人员具有出色的协调沟通能力,在内部需要推动博物馆各个部门机构之间的交流与合作,在外部则需要促进馆际互通、融合;同时,需要熟练掌握智慧管理系统的操作和使用技能,监控和把握博物馆内外的动态变化;管理者还应当具备一定的数据挖掘和分析能力,通过相应的数据挖掘工具获取智慧博物馆的海量数据中的核心关键信息,发现隐含的重要信息,并将其应用到博物馆实际管理当中,以及时、全面、准确的数据分析结果为管理和决策提供支持,提高博物馆管理与决策的科学性。

②研究人员

智慧博物馆将大量的文物资源进行了数字化的记录,实现了从物质形态向数字形态的转变,这为博物馆研究人员提供了极大便利,研究人员应当充分利用馆藏资源进行研究,同时也需要提升数据安全意识和风险意识,一方面需要及时对各类数字资源以及研究成果进行记录和存档,这就要求研究人员具备一定的信息技术能力;另一方面还应当规避风险,避免数据的丢失、损害和被盗用。

文物保护人员也应当充分利用智慧博物馆的智慧保护系统,参与对文物本体健康状态、影响因素的量化分析过程,通过智能数据挖掘和分析,掌握文物在发生损坏之前的各项特征,了解藏品表面现状、内部结构、周围环境,及时对藏品的完损度进行诊断、分析、处理和评价,协助智慧博物馆完善"监测—评估—预警—调控"这一预防性保护流程。

③展陈人员

智慧博物馆中丰富多样的展览形式和创新的互动手段,以及个性化的展览体验,使公众能够更加自由地选择参观方式,无论是现实还是虚拟,都能更好地让公众融入博物馆所呈现的情境,同时也为博物馆提供了更广泛的宣传渠道和参与机会。这就需要展陈人员进一步提升自己的能力,更深层地了解公众,并能够为他们提供更贴近需求的服务。

在智慧展示的背景下,博物馆展陈设计人员应当具备一定的数字技术能力,对不同的技术手段有一定的了解,如虚拟现实、增强现实等,在此基础上,思考如何更好地将展览内容用不同的技术手段呈现给观众,同时保证展览的质量;要充分借助数据分析和用户反馈,根据观众的知识结构、兴趣爱好而设计个性化的参观路线;也可以根据海量的观众信息对文物展陈做出合理调整,将观众关注度最高的展品放在突出展示的位置。[①]

④教育人员

博物馆教育是博物馆工作的重点,传统博物馆的教育手段相对老套,留存时间较短,缺乏生命力,社会影响收效甚微,既无法达到广泛教育的目的,

① 宋新潮.关于智慧博物馆体系建设的思考[J].中国博物馆,2015(2):12-15,41.

也无法为博物馆提供有价值的公众认知反馈。① 在智慧博物馆中，博物馆的智慧教育将拥有信息技术与非正式教育教学的深度融合、教育资源的开放共享、可持续发展、高效等特征，这也对智慧博物馆的教育人员提出了相应的要求。

教育人员需要具备优秀的信息挖掘、分析、组织能力，博物馆向观众分享、传递知识，必然涉及对大量信息资源的挖掘与分析，在这一过程中，教育人员需要对知识内容进行重新组织，深入挖掘各类型信息的知识内容，从专业和专家的角度，来帮助用户进行知识的构建和发掘，从而有效地、集成化地进行知识再加工，为用户提供个性化、情境化以及智能化的知识增值服务，为用户建立基于问题和需求的动态、灵活的学习机制，方便用户快速、准确地获取所需要的个性化的学习资源，从而能够节省用户获取所需信息的时间。

⑤其他人员

除了以上提到的人员构成，从为观众提供便利的服务内容来看，博物馆的服务人员还应当包括信息人员、讲解员、后勤人员、安保人员等多种人员，考虑到智慧博物馆公众服务的特点，还应当有维护线上服务功能的技术工作人员。工作人员应当秉持"以人为本"的理念，以公众需求为核心，将博物馆资源与新媒体、移动终端、智能化系统和设备相融合，随时随地为公众提供服务。如信息人员应及时通过新媒体开展新闻发布、资讯报道、展览推送、活动宣传等工作，实现博物馆讯息的广泛传播；安保人员应充分应用与安保相关的智慧系统，保证博物馆的资产安全与防范，实现对环境的全方位监测与预警；线上服务的技术人员应当具有数据挖掘和分析的能力，具有创新开拓的精神，挖掘智慧博物馆用户的行为习惯和喜好，从凌乱纷繁的数据背后找到更符合智慧博物馆用户兴趣和习惯的产品和服务，对产品和服务进行针对性的调整和优化②，更好地开发用户需要的博物馆相关系列产品或应用。

---

①　贺琳，杨晓飞.浅析我国智慧博物馆建设现状［J］.中国博物馆，2018(3)：116-126.
②　陈刚.智慧博物馆——数字博物馆发展新趋势［J］.中国博物馆，2013(4)：2-9.

3.4　智慧博物馆公众服务的形成动力

　　动力是推动工作、事业等前进和发展的力量。智慧博物馆公众服务必须有强大的动力,才能形成持续、有效深化的服务。事物形成和发展的动力通常分为内在动力和外在动力,内在动力源自自身的驱动力,而外在动力则强调外在因素的引发。同样,在博物馆中,内在和外在动力共同驱动智慧博物馆公众服务的形成、发展和完善。其中内在动力主要包括博物馆内在的自我发展、资源积累,外在动力主要包括政府支持、公众需求和期待、技术发展。

3.4.1　内在动力

　　(1)自我发展

　　在现代信息技术的带动下,如何处理海量的数据、为公众提供精准化服务成为智慧博物馆迫切需要解决的问题。传统意义上的博物馆,无论在展览展示、文化传播还是社会教育方面,提供的服务内容都较为单一,场景也较为固定,基本上粗略分为线上、线下,无法给予更多的场景选择,更难以充分使用博物馆资源,很难持续引起公众的兴趣和关注。通过引入智慧化技术,智慧博物馆正在拓展自身的发展空间,从现实到虚拟,形成实体服务、混合服务、远程服务、云服务等多样化场景,全方位为公众提供服务内容,不断激发公众参与热情,增加公众数量,提升博物馆的形象和影响力。

　　(2)资源积累

　　在先前长期的实体博物馆发展和数字博物馆实践过程中,博物馆已积累了大量的实体藏品和藏品数字资源,建立了藏品数据库和藏品信息管理系统,有些联合其他机构建立了知识库,形成了一个较为完善的博物馆藏品资源体系。伴随着智慧博物馆的发展,博物馆的资源范围得以扩大,如记录了博物馆内部环境和技术状态的各项设备、设施数据,用于分析和优化博物馆网站的使用情况和用户行为的网站数据,用于提供个性化的服务和推荐的用户偏好数据,用于了解观众的特征和参观习惯的观众调查数据,用于改进博物馆的布展和参观流程的观众参观数据等。这些都为智慧博物馆公众服务提供了良好的支撑。

3.4.2 外在动力

(1)政府支持

2017年,党的十九大报告中指出,我国社会主要矛盾是人民日益增长的美好生活需要和不平衡不充分的发展之间的矛盾。在这个深层的社会背景下,政府积极倡导文化大数据体系建设,发展数字化文化消费场景,增强文化数字内容的供给能力,推动博物馆为公众提供全场景服务。智慧博物馆以其自身的数据资源优势,成为国家文化大数据建设的重要组成部分。同时,政府在政策制定、人员管理方面,给予智慧博物馆充分的引导,推进了智慧博物馆公众服务人员的专业人才队伍建设。

(2)公众需求和期待

公众需求和期待是智慧博物馆公众服务形成的重要动力。随着社会的发展和人民经济水平的提高,公众对文化艺术的需求和期望也越来越高。公众需要更加便捷、多元、个性化、特色化、参与性的博物馆体验,这无疑促进了博物馆与现代信息技术的深度融合。正如前文所述,公众是博物馆面向的所有人,这些人可以划分为多种多样的类型,不同的受众群体有不同的需求偏好,精细化的需求要求博物馆能够及时且精准地提供服务内容,使公众能够随时随地获取博物馆的信息,参与博物馆的活动。

(3)技术发展

技术发展推动更多的博物馆学者积极探索数据战略时代下的公众服务精准化、创新性问题。大数据、云计算、移动互联、5G、区块链技术,为博物馆海量数据间的互联互通提供了可能;物联网、室内定位、数字采集技术,对博物馆藏品、参观者或用户实现了全面感知;人工智能、边缘计算、个性化推荐,提高了博物馆的数据分析能力,推动了高质量、定制化服务的产生;虚拟现实、增强现实等展示技术,为博物馆提供了丰富的展示和交互手段。通过运用这些技术,智慧博物馆能够为公众提供更加生动、多样化的展览和互动体验,如数字化展品展示、沉浸式虚拟展览、智慧导览等,使观众能够以全新的方式感知博物馆馆藏资源的魅力,从而吸引更多的公众关注和参与,提升博物馆的影响力和吸引力。

3.5　智慧博物馆公众服务的过程及系统框架

3.5.1　智慧博物馆公众服务的过程设计

智慧博物馆公众服务过程是指博物馆馆员利用新一代信息技术,根据公众的不同要求,有针对性地提供高质量、个性化服务的过程。基于此,我们详细地设计了智慧博物馆公众服务过程,如图 3-2 所示。

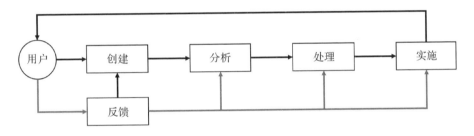

图 3-2　智慧博物馆公众服务过程

从图中可知,服务过程的设计包含了三个步骤:

第一步,将智慧博物馆公众服务过程划分为服务创建阶段、服务分析阶段、服务处理阶段、服务实施阶段和服务反馈阶段等。

第二步,明确各服务阶段的具体内容,包括:①服务创建阶段的服务问题,即 5W1H,包括"Who? Where? When? How? What? Why?";②服务分析阶段的用户画像、场景识别、需求解析;③服务处理阶段的服务内容、服务途径、服务策略、服务模式、服务保障;④服务实施阶段的实施规划、场景化服务;⑤服务反馈阶段的主客观指标。

第三步,总结各阶段中的交互过程、内容构成、服务任务等相互作用与相关关系,归纳其服务过程及其内容和运行方式等。

3.5.2   智慧博物馆公众服务的过程阶段分析

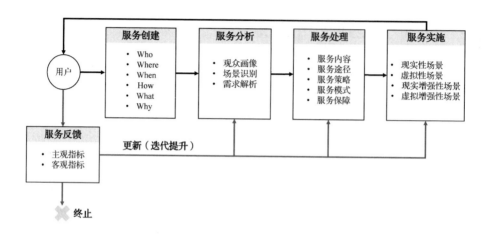

图 3-3   智慧博物馆公众服务阶段

(1)服务创建阶段

如图 3-3 所示,服务创建阶段是智慧博物馆面向公众服务的第一阶段,是这一服务的起始阶段。在博物馆提供服务之前,要明确以下几个问题:①Who:谁在使用服务? 这是博物馆为公众提供服务的出发点。博物馆受众群体广泛,可从社会群体或个人的方面考虑:社会群体包括政府、学校、研究院所、企业等,不同群体有其自身明确的需求目标;个人主要从社会属性分类,如性别、年龄、职业、收入等,以及使用偏好,公众行为等,这些数据可通过大数据、5G、人脸识别等技术进行采集,亦可通过问卷获取。②Where:他或他们在哪里? 这是博物馆为公众提供服务的落脚点,也就是说要明确公众所在,主要包括现实场景、虚拟场景、现实和虚拟场景之间,可通过物联网和室内定位等技术进行感知。③When:什么时候需要服务? 主要涉及公众需要服务的时间,可以是参观前、参观中、参观后,抑或是随时随地。④How:他们通过什么来发起服务请求? 获取服务的形式主要涉及面对面、个人电脑、移动终端等。随着移动应用设备的发展,移动终端包括笔记本电脑、平板电脑、手机、VR 设备、AR 设备等。⑤What:需要什么样的信息? 主要涉及信息的类型、载体和表现形式等。信息类型有藏品信息、展览信息、活动信息和事物信息等。信息载体分为器物、遗址、模型、标本、书籍、图表和照片等。信息表现形式分为文字、符号、图像、声音和视频。公众会根据使用目的和使用环境等对信息提出具体的要求。⑥Why：为什么需要服务？这是博物馆为公众提供个性化、定制化服务的重要环节。主要涉及对公众发起服务的目的进行采集，例如了解藏品信息、参观展览、获取知识、预约活动等，只有广泛了解公众发起服务的目的，才能进行更精细化的需求分析。

（2）服务分析阶段

服务分析阶段主要是确立服务需求。首先，通过观众画像，将服务创建阶段收集到的数据进行社会属性、偏好、习惯和行为等维度的划分，通过标签化的方式对观众进行刻画，方便理解观众，促进计算机的分析处理。其次，对场景进行识别，利用视频或图像所带有的信息或利用传感技术等感知观众，加以特征分析和处理，判断和识别观众所处的特定场景。最后，结合观众画像和场景识别结果，对什么样的观众在何地需要何种服务进行分析，以得出精细化结论，进而为其提供精准化服务。

（3）服务处理阶段

在服务分析之后，智慧博物馆和公众之间就建立了初步的服务意向与服务关系。接下来，计算机会就分析结果快速响应、建构服务。服务处理的重要目的在于构建服务数据库，主要包括服务内容、服务途径、服务策略、服务模式、服务保障，进而初步确立服务的大致框架。其中服务内容将根据用户需求提供多样的服务，主要涉及展示服务、教育服务、传播服务，具体又分展览服务、咨询服务、讲解服务、活动服务、资讯服务等。服务途径则根据用户的要求实现，例如面对面、电话、电子邮件、网站服务、App服务、微信公众号服务、微博服务等。服务策略重在以用户满意度和愉悦度为目标，通过对数据的分析和了解用户需求，博物馆可以针对每个用户场景设计特定的服务策略，可以提供用户直接需要的服务内容，也可以采取延伸性服务策略，为用户发起服务的前、中、后三个阶段提供相应的服务。服务模式是基于场景分析结果，从位置服务、即时服务和个性化服务视角构建用户所需的模式。服务保障则是面向内部的保障性制度规范，意在保障公众能够得到有求必应的服务。

（4）服务实施阶段

服务实施依托于服务处理结果，精准识别服务场景，为不同场景的用户提供不同服务。在服务实施过程中，需要组织和协调不同的馆员或利益相关者参与，共同进行实施规划。这包括展览策划人员、教育人员、科研人员以及社会合作伙伴等。他们可以根据自己的专业知识和经验，为智慧博物馆公众服务的实施提供支持和建议。实施规划需要考虑服务实施的时间安排、资源分配和团队协作。根据不同场景，划分现实性场景、虚拟性场景、现实增强性场景和虚拟增强性场景，进而确定适当的服务形式，例如讲解服务、智慧导览、互动展示等。同时，还需要制定服务绩效的评估指标，以及协调馆内外资源，确保服务的顺利实施和持续改进。

（5）服务反馈阶段

服务实施结束后，进入服务反馈阶段，进行服务绩效评价与分析。这一阶段，需要收集和整理先前的数据，内容涉及主观指标和客观指标，其中主观指标包括观众满意度、专家评价，可以通过问卷调查、访谈、在线评论收集、社交媒体反馈等方式进行收集；客观指标包括对现实性场景、虚拟性场景、现实增强性场景和虚拟增强性场景中的定量指标，如数量、百分比等，形成一个完整的内外部、主客观兼备的绩效评价体系。之后，对已收集的数据进行质性分析或定量分析，得到评价反馈结果，用于指导各阶段的改进。

总之，智慧博物馆服务过程是一个有机、统一的整体，各阶段并非相互割裂。在智慧博物馆中，公众是服务的核心对象，其服务运作方式是在公众发起服务之后开始的，博物馆接收到服务信号后，为公众创建服务，感知和采集公众信息，进而分析公众需求。根据公众的需求情况，依托服务数据库中的内容，处理公众服务需求。并不是所有的服务都可以通过线上得到解决，博物馆有其实体空间，许多服务只有线下才能完成。因此，在服务处理基础上，要判断服务实施所需支持，调动各方应对服务所需，进而实施更精准、细致的服务。最后，通过服务绩效评价与分析，将结果反馈回服务创建、服务分析、服务处理、服务实施四个阶段，以加强改进和优化各阶段工作，形成让公众满意的服务。

3.5.3　智慧博物馆公众服务的系统框架

要实现智慧博物馆公众服务的持续、有机运行,就必须借助现代科技来构建相应的系统框架。这一系统框架是为了支持和整合各项服务和内容,并确保服务过程的各阶段协同,以提供及时、高效的公众服务体验。

智慧博物馆公众服务的系统框架主要分为五个层次——感知层、平台层、内容层、应用层和保障层,如图 3-4 所示:①感知层,是智慧博物馆公众服务系统框架的基础,主要是指通过互联类、感知类、自主学习类、展示类等技术,构建服务运行所需的基础,充分感知、实时采集藏品数据、人员数据、公众数据、环境数据等。②平台层,建立在感知层之上,通过网络和通信技术连接各个设备和系统,主要是指大数据平台和云计算平台间的连接,确保数据的传递和协同工作。大数据平台,通过对感知层所感知的数据的采集,加以处理和集成,转化为可计算、可识别、可操作的结构化或半结构化数据,并进行数据分析和数据解释,充分发掘信息的价值。而要想真正让大数据发挥价值,离不开云平台的资源支撑。云平台利用计算资源为大数据的挖掘处理提供支持,利用存储资源让大数据可以在互联网上实现汇集、存储和共享,利用网络资源辅助大数据进行实时交互的数据分析和处理。云平台和大数据平台是相互作用、相辅相成的,共同为应用层提供支撑。③内容层,是指将智慧化的数据结果整合进智慧博物馆公众服务业务体系中,包括展示服务、教育服务和传播服务,方便馆员细化分工与协调合作。④应用层,依据观众画像、数据处理结果等,将内容应用于具体服务场景中,包括现实性场景、虚拟性场景、现实增强性场景和虚拟增强性场景,最终传递给公众。⑤保障层,主要包括制度保障、管理保障和数据安全保障,依靠法律法规、制度政策、标准规范、管理手段等方式,从外部保障智慧博物馆公众服务的系统正常、可靠运行。

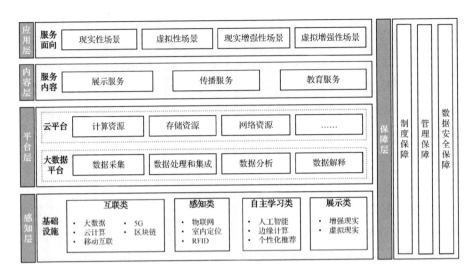

图 3-4　智慧博物馆公众服务的系统框架

在智慧博物馆时代,公众服务所需要的数据量越来越庞大,数据的边界范围也越发模糊,服务的粒度、广度、深度亦不断细化,单纯依靠数据库建设、人工采集数据所提供的服务难以满足当下的公众需求。因此,智慧博物馆公众服务应回溯公众服务的具体场景,重新梳理和确定所需数据的定义和内容,融合博物馆业务数据、人员数据、学术科研数据与用户行为数据等,为智慧博物馆完善公众服务建设和发展提供具体切实的实现路径。

4. 面向公众服务的数据资源 建设与管理

在博物馆行业自身的快速发展以及外界环境变化和公众多样化需求的多重驱动下,为了提供具有个性、智能、即时等特征的服务,博物馆迫切需要实现更高效、更便捷、更快速的数据资源建设和管理。做好数据资源建设,博物馆需要转变理念,建立数据资源战略思维,利用新技术和新方法,探索新路径。本章基于博物馆实际业务需求,以人为本位,分析智慧博物馆面向公众服务的数据资料来源和特点,探析智慧博物馆公众服务与数据资源建设的关系,重申数据资源建设的重要性,探讨具体建设的原则、策略和框架,并基于数据全生命周期理论,借鉴动态能力理论,提出数据资源管理的体系。

4.1 面向公众服务的数据资源

4.1.1 数据资源的来源

20 世纪 90 年代,博物馆界就开始了数字化建设,在藏品数字资源建设方面已经积累了许多成果,多数藏品不仅具有图像、影像、三维模型等信息,而且也具有包含本体描述信息和解读信息在内的完整数字档案。随着数字博物馆的持续推进和智慧博物馆的建设兴起,除了藏品数字资源呈现爆炸式增长外,在观众数据、场馆数据、展览数据的积累上也得到了长足的发展。从满足公众需求的服务角度出发,藏品数据、观众数据和展览数据等都成为核心建设内容。数据来源非常多样,对其分类可从以下两个角度入手。

　　(1)根据数据所属类型划分

　　①藏品

　　藏品是博物馆的根基，也是举办展览和开展教育活动的基础。藏品数据是指反映藏品自然属性和社会属性的数据，可按照数据距离藏品的远近进行划分，分为本体数据资源、描述数据资源、解读数据资源、衍生数据资源和保管数据资源。本体数据资源主要是指能够直接反映藏品自然属性的数据，比如外观、形状、材质、完残程度等。这些数据通常源自藏品本体，形式一般为二维照片、三维模型、视频、音频等，是藏品所具有的直接、客观的外显情况，一般是数字化采集设备直接获得的第一手数据；描述数据资源是对藏品本体自然属性相关情况的描述，是对本体类别、名称、年代、质地、尺寸、重量、数量和出土地等信息的记载，主要是借由文字、数字、符号的形式尽可能详细地、有条理地描述藏品的特性，是经过专家初步研究分析的结果，是让观众了解文物基础内容的原始资料。解读数据资源主要是带有理解和分析特征的数据，来源于文物专家和学者对藏品本体及相关内容的深度研究和挖掘，进一步揭示藏品的工艺水平、考古价值、历史意义和艺术成就等多方面内容，例如藏品的功能用途、工艺技艺、历史背景、考古故事等。该数据是从一个点扩充到一类藏品、一个事件、一个人物或一种现象的信息还原，往往是展览叙事的基础资料。除了这些建立在藏品本体基础上的数据，随着博物馆创意文化的发展，出现了对藏品的重新解构和全新诠释，如一些藏品的纹饰、图像附着在新的对象之上，有了新的生命力。这些新解读产生的有关版权、设计等数据成为藏品衍生数据。保管数据资源涉及藏品接收、鉴选、定级、登账、编目、建档、入库、保管、提用和注销等方面的信息，反映了藏品在馆科学管理的流程和具体内容。

　　②观众

　　观众是博物馆的服务对象，为了体现"以观众为中心"的理念，对观众进行了解是必不可少的。观众的数据有：基础数据、行为数据和内在特征数据。这些数据主要源于公众实地参观和线上与相关服务发生交互时的行为，换言之，源于时间、地点、人物、行为方式、行为内容五大要素，即公众在何时、何地，以何种方式与博物馆产生了何种内容的互动。基础数据主要是基于社会人口统计学视角的对观众整体样貌的描述，涉及年龄、性别、民族、受教育程度、行业、职业和所在地区等方面的统计数据,通常以图表的形式反映不同时间段或时期的观众分布情况。行为数据可分为在馆行为数据和在线行为数据。在馆行为数据涉及参观展览的行为、参与社交活动的行为、调整休息的行为、咨询问询的行为和购买文创品的行为等。当然涉及的每一子类型,又可具体细分。如参观展览的行为可通过参观路线、参观时长、驻足次数、驻足时长和驻足位置等来反映。在线行为数据则是指主要通过 App、微信小程序、社交媒体平台等产生的相应的行为数据,即预约、网页浏览、线上展览点击及浏览、点赞、收藏、转发、评论、购买文创等。除了线下和线上的公众数据,还包括虚实相生场景下的各种行为数据,如元宇宙技术驱动下的博物馆观众行为数据等。总之,观众数据是智慧博物馆公众服务必不可少的基础性资源。无论是真实场馆、线上场景还是虚实结合的场景,都要通过实时跟踪、采集观众个性化行为数据,进而使博物馆能够全面准确地挖掘和分析观众行为和意图,为博物馆优化和改进展览陈列、教育活动策划和设计等提供数据支撑。观众的内在特征数据指基于基础数据和行为数据对观众特征的综合挖掘与提取,在一定程度上能够描述或预测观众在不同情境下的兴趣偏好。

③人员

主要是博物馆馆员,因其在博物馆的不同职能部门工作,所以在公众服务中发挥的作用不尽相同。人员数据的分类既可以按照所属部门划分,也可以按照专家、组织人员和辅助人员等逻辑划分。其中专家主要是从事藏品保护和研究的人员,如专门进行青铜器、瓷器或书画研究的馆员;组织人员则包括从事展览策划、教育活动开发、宣传讲解和博物馆信息化等的馆员;辅助人员涉及从事财务、后勤和人事等方面工作的人员。这些不同的人员类型产生的数据可分为事实性数据、动态性数据和综合性数据。其中事实性数据是指基本的人事档案信息、调动明细等。动态性数据则是指人员在业务处理过程中产生的数据,包括 OA 办公系统数据(人员清单、工作日志等),存储、登记和使用藏品的人员信息,展览设计和外出借展等的人员信息、信息制作和发布相关的素材编辑与回复等的人员信息、馆外合作的人员信息等。综合性数据则是指对数据进行挖掘、整理和分析的人员信息和工作情况,同时包括系统维护人员的信息和工作日志。

④业务

博物馆的业务是支撑博物馆公众服务的基础,业务数据是指保藏、管理、展示、教育和传播等业务流程中产生的数据,是在藏品、观众、人员数据的基础上产生的更为复杂且综合的数据,是提升公众服务效率的必要组成部分。在保藏业务中,主要产生藏品登记、藏品鉴定、藏品定级、藏品分类、藏品流转等数据。在管理业务中,主要包括登记管理和使用管理,产生的数据包括藏品编号、藏品现状、藏品保护进展、藏品修复进展、藏品出入库、藏品位置、日常清点等数据。在展示业务中,主要包括藏品展示信息、陈列展览设计和展览资源相关的数据,其中藏品展示信息包括藏品的布展位置及相关资料等。陈列展览设计相关的数据包括展览从设计、施工到开放的所有环节产生的内容,例如策划脚本、设计方案、布展进展表、资金使用表、展览评估报告等。展览资源相关的数据侧重点在于对过往和现有展览的记录,包括基础数据和效应数据。基础数据记录了展览类型、举办形式、举办时间和地点、展览题目、展览主题、展览图录、展览策划方案和展览配套活动等;效应数据则记录了报道次数、报道渠道、报道形式、转播平台、转载次数和舆情分析等。教育业务中的数据,通常是在藏品资源、展览资源的基础上产生的,包括课程、活动、学术讲座、业务培训的相关数据,例如学习单、课程大纲、活动策划方案、参与人数、活动地点等。传播业务中产生的数据,更多是对藏品、展览、教育信息的制作和发布,一般包括导览导视、新闻报道、展览资讯、活动招募、志愿发布等。

⑤环境

环境与博物馆的空间密切相关,环境数据是指服务于藏品保护和利用,且与实体博物馆空间密切相关的数据。按照距离藏品的远近分为微环境(以展柜、储藏柜、囊匣等储存文物相对密闭的空间为代表)、小环境(以展厅、库房、提看室等存放文物的室内空间为代表)、大环境(整个博物馆建筑所覆盖的馆舍楼宇)和室外环境。微环境和小环境数据包括温湿度、照度、粉尘等物理环境的数据,还包括生物环境的数据,例如微生物、菌落等导致的霉变、病变、虫蛀、腐蚀等,还有一些化学性病害相关的数据,例如无机酸性气体(二氧化碳 CO_2、氮氧化物 NO_x、硫氧化物 SO_x 等)、碱性气体(NH_3 等)、氧化性气体等。大环境数据则包括有关馆舍楼宇本体、服务设施、安全防控、通信设施的所有数据,其中馆舍楼宇本体包括馆区、建筑物、展区的所有可视化数据;

服务设施包括空调系统、照明系统、给排水系统、电梯系统等数据;安全防控包括监控系统、消防系统等数据;通信设施则包括网络系统等数据。室外环境则包括实体博物馆周围的天气情况、自然灾害、车辆进出、道路交通等数据。

(2)根据数据原生情况划分

①实物藏品的数字化

这一部分数据源于各博物馆藏品数字化工作的积累,旨在利用计算机技术、数字影像技术和三维建模技术等对实物藏品及其档案资源进行数字采集、加工和处理以转换为藏品数字档案。除藏品本体外,转换还会涉及账本、地图、照片、报告和报表等多种载体形式。转换通常遵循真实性、完整性、系统性和规范性等原则,以如实全面地反映藏品信息。

②原生数字资源

一方面,在博物馆信息化建设中,个人办公自动化和工作流程自动化大大简化了处理环节,提高了办理速度,提升了办事效率。在开展业务活动、履行部门职能的过程中,传统的纸笔手账转变为电子手账,产生了大量的原生数字文件。这些原生数字文件同样具有珍贵的价值,应加强这些文件的保存和管理工作,重视原生数字文件的规范化和标准化处理,开展全流程管理,以保证其科学有效。另一方面,随着网络环境的成熟,交互技术的进步和移动互联网的普遍应用,网站、虚拟展览、虚拟展厅和电子游戏等如雨后春笋般发展,这些生于数字世界、长于数字世界的成果成为博物馆联系公众的重要媒介,在满足观众藏品欣赏、汲取知识和休闲娱乐需求的同时,发挥着社会教育职能。如何及时保存、有效管理和充分利用这些原生数字资源也需要引起博物馆的关注和重视。

③次生数字资源

次生数字资源是在原生数字资源或其他数字媒体平台的基础上产生的数字资源。云展览、虚拟展厅和电子游戏等在向公众开放和使用的过程中,观众的留言、评论、回复和转发等数据就是次生数字资源的重要部分。它反映了观众的实际看法、态度、支持和参与等情况,如同实体场馆中的留言簿、问卷、访谈音视频一样承载着重要的信息,是了解展示、传播和教育效果的重要依据。它们同样需要得到全面收集、管理和分析。此外,博物馆对各类新媒体的倚重越来越突出,通过微博、微信、抖音等社交媒体账户,发布与博物馆相关的内容,推广教育活动,开展宣传活动,建立粉丝群。由此形成的博物馆的推介内容、与观众的互动(点赞、评论、转发、打赏等)以及观众间的关注和留言也是体现博物馆传播范围和影响力的重要来源,应得到相同的关注。

4.1.2　数据资源的特征

总结各种来源的数字资源,观其特征,主要有以下五个方面。

(1)媒介多样:就单从所属类型上讲,藏品数字资源因其藏品类型的差异,如文物、标本、化石、装置、模型,致使本体数字资源和描述数字资源层面就存在着文字、图像、音频、视频和三维模型等各种媒介形式。这种情况同样存在于其他分类方式。

(2)数量庞大:传统固定数量的藏品、人员、场馆是相对稳定、增长相对较慢的数据资源,其数据量可观。而展厅、库房的环境监测数据、场馆内观众监测数据和设施设备的运行监测数据等是以秒、分钟或小时为单位进行采集,增长量迅猛,数量巨大。此外,在互联网、移动互联网和物联网共同编织的场景下,"物""人""数据"之间互通互联、云展览参观流量、云展览观众浏览行为、微信消息、微信留言和评论等所有的信息都被记录在数据世界中,数据呈现爆发性增长,构成了异常庞大的数据量。

(3)多源异构:数据资源的来源不同,形式多样,有藏品数据、观众数据、人员数据和展览数据等之分,也有线上数据和线下数据之分。不同数据源所在的操作系统、管理系统存在差异,数据的存储模式和逻辑结构不同,造成了数据的"多源"。此外,来自不同数据源的数据处理方式和加工力度存在差异,也造成了过程数据的"多源"。同时,不同来源数据的类型和特征也大不相同,有来自藏品数据库、观众数据库和人员数据库的结构化数据,也有来自藏品研究资料和数字化成果的文本、图像、声音和视频等非结构化数据,同时还存在来自网络的电子邮件、XML 和 HTML 等的半结构化数据,这些造成了数据的"异构"。多源异构给数据关联、交叉和集成带来了困难,难以实现数据融合共享。

(4)质量不高:数据来源不同、类型的差异、处理方式和流程的差异等使得数据业务标准并不统一,同时存在来源数据描述和解释不够清晰、记录不完整、相关内容的数据无法匹配、时间节点上采集的前后数据不一致、相同数据重复采集、满足应用需求的数据精度不够等问题,致使总体数据质量不高。通常在使用之前,需要人工处理与机器自动处理相结合,对数据进行清洗,转换相应格式、去除异常值、处理遗漏数据、检测和剔除数据集中的噪声数据及无关数据以提高数据质量。

(5)粒度不一:数据粒度一定程度上反映了数据表达信息的详略情况。粒度越细则可以表达的东西越多,粒度越粗则可以表达的东西就越少。同一对象的数据采集因需求场景不同,会采用不同的数据粒度。如对观众数据的采集,如果是为了了解观众观展的人数,只需要查看每天、每个星期、每个月或每年的统计数据即可,如果是为了进行观众流量监测,则需要收集每半小时、每 1 小时或每 2 小时的统计数据,甚至是每分钟的实时数据。同样地,对藏品库房的环境评估和实时监测,也会采用不同的数据粒度。以预防性保护为目的的实时监测的粒度更细。细粒度数据能够反映更为详细的信息,有比较高的分析和利用价值,但也意味着数据量大,对存储、传输和处理都有更高的要求,所以并不能一味追求细粒度,而要根据需求结合实际的能力水平进行粒度的选择。

4.2　智慧博物馆公众服务与数据资源建设的关系

数据资源是实现智慧博物馆公众服务的基础,因此要做好服务工作,就要重视数据资源建设,释放出数据资源的内在价值。而数据资源价值的实现是有条件的,除做好系统化、精细化和科学化的资源建设外,还要注重如何将资源建设的成果直接或间接利用,通过不同的服务途径、服务模式和服务方式向公众输出,使其在知识、态度、审美和情绪等方面获得满足感,这才能体现博物馆数据资源价值。在社会公众服务方面,公众满意度反映了公众将接受服务后的感知与接受服务之前的期望相比较后的体验,而社会公众满意度测评是衡量智慧博物馆公众服务水平的重要方式,一定程度上反映了数据资源利用情况。可以看出,数据资源建设要从服务需求入手,而服务需求又取决于观众需求，因此数据资源建设归根结底要围绕公众。

　　智慧博物馆公众服务与数据资源建设两者之间存在着双向互动关系。第一，数据资源建设的基础和条件为公众服务的开展提供了保障。数据资源的类型、格式和存储形式界定了服务的场景和实施条件。如藏品的三维模型，需要在实体展厅的虚拟现实设备或增强现实设备上呈现"720度全览"，支持观众自主操作放大观看文物内部结构、纹饰细节和纹理脉络；藏品解读数据借助语言学、人工智能、语义网来建立专业门类知识，采用可视化技术形成知识图谱，呈现文物本体知识及它们之间的相互联系，实现知识的自组织，形成专门知识库。这些知识库一是可以支持观众自定义搜索的实体类型和知识关系，并可组合各搜索条件精准地查找所需内容。二是可以完善线上、线下导览或参观的智能人机交互系统的对话，实现面向任务的人机对话和非任务型人机对话，提供更加智能、更加拟人的对话体验。三是服务展览的策划，以便在不同展品构建的知识网络中挖掘主题和内容框架。第二，智慧博物馆公众服务促进了数据资源建设。智慧服务的实施与开展，在公众潜在需求感知、需求理解与分析、个性化内容生成、智能推荐与推送以及多感官体验创造诸多方面体现了显著优势，提升了公众的满意度，驱动了智慧博物馆公众服务体系形成和发展，推动着智慧博物馆服务的升级迭代，带动了智慧博物馆的发展，进而反过来作用于数据资源建设，推动数据资源建设智慧化发展。所以说智慧博物馆公众服务与数据资源建设是双向互动、共促发展。

　　从数据资源建设入手，面向公众服务，以期实现资源价值的最大化利用，需要认真思考"5W1H"的问题。

　　（1）Who：谁会使用数据资源

　　要明确使用数据资源的对象主体。一般可以分为直接使用对象和间接使用对象。直接使用对象是那些获取、加工、处理和利用数据资源的人、部门或机构，如博物馆藏品保管人员、藏品研究人员或展教部人员等，他们通过数据资源平台访问藏品数据库。间接使用对象是那些观展的观众、博物馆兄弟单位、图书馆、档案馆或出版机构等。

　　（2）Why：使用目的是什么

　　使用目的是根据对象的需求或动机来设定的，即满足了使用对象的什么需求,解决了其什么问题,达到了什么预期目标。对策展人员而言,使用目的是浏览相应藏品数据来确定展示单元的具体内容和展品。对社教人员而言,使用目的是查询和细读藏品数据以确定辅助教育活动的教具。

(3)What:使用什么资源

基于特定使用目的的对象,会从数据内容、数据来源、数据表现媒介、数据格式,甚至是数据精度等角度做出要求,从而也导致了数据获取和访问的不同以及处理和分析的差异。

(4)When:什么时候

对象使用数据资源的具体时间,可能是某个时间点,也可能是某个时间段,对资源供给的连续性、稳定性、可持续性提出了要求。

(5)Where:在哪里

对象使用数据的场景,包括空间环境如何、硬件条件如何、软件支持如何和人因情况如何等。这决定了资源使用的可能性。

(6)How:怎么使用

特定场景中具有明确目的的对象通过什么样的途径、以什么样的方式、采用什么样的方法获取和利用数据资源。这决定了资源获取和利用的有效性。

从公众服务入手,为了提升服务水平和效果,驱动资源建设,需要重点做好公众需求感知及服务体系规划和设计。公众日益增长的精神文化需求给博物馆服务带来了压力,公众无论对服务内容还是服务形式都有了更高的要求。博物馆要能意识到这些变化,既能看到需求呈现出的递进性、专业性、层次性、多样性和动态性等特点,也能区分出显性用户和潜在用户的需求。公众在享受如导览、信息推送、线上游览等普遍性服务的同时,更希望博物馆能够提供精细化、差异化、个性化的服务,能有更多关联庞大博物馆数据资源的机会,可以接触更多的藏品,了解最新研究成果,深度游览展览,充分参与教育活动的策划。因此博物馆需要主动感知公众所处场景,主动感知公众内在情感和心理需求及生理需求并智能提供相应服务。此过程的实现,不仅要求完成异构数据的提取、清洗、转换并进行整合,也要借助大数据挖掘技术实现服务对象挖掘、公众兴趣挖掘、馆藏领域知识挖掘和业务关联挖掘等,同时还要优化各类智能终端,强化数据采集和传输环节。智慧博物馆的服务是为了完善传统服务的不足，解决传统服务的压力，目的是提高公众服务效率、提高公众获得感和满意度。建设中不能急于实施具体服务项目，而要先做服务体系规划。服务体系规划着眼于整体目标以及预期目的的达成，根据各参与者的角色和作用进行，从不同的角度考虑实行不同的措施和管理，主要明确相关工作、建立体系框架、分步安排，定位具体分块内容和其与整体的关系，指导后续工作的开展。服务系统规划约束和保障了各服务智慧合力的形成，促使良好服务生态的形成。制定规划时是以受众群分析、各自需求分析和数据资源配置情况为基础，既要考虑现有存量数据资源所能转化的服务，也要考虑增量数据资源的利用，同时还要预见未来发展的可能应用。规划要考虑借助大数据、物联网、云计算和虚拟现实等技术对传统服务的改造升级，如展厅导览的升级，对基于地理位置的语音导览服务增加全景地图浏览和参观路线导航、重点展品推荐和参观路线推荐等，也要同时看到技术所催生的新兴服务业态，比如基于"数字人"技术所产生的服务型虚拟数字人，包括虚拟讲解员、虚拟导购等，结合场馆实景进行虚实直播，与观众实时互动，提供讲解、咨询和讲座等服务，为观众打造沉浸对话式互动服务体验。在服务体系规划的指导下打造具体服务，满足公众需求。随着公众服务意识的提高，现实需求也呈现出多样化发展。这也反过来驱动了数据资源建设，通过不间断地利用新技术来整合和优化数据资源，可以形成一个系统的、有序的、可读的、高效的整体，供人们持续便捷使用。

4.3　面向公众服务的数据资源建设

大数据、云计算、移动互联技术的蓬勃发展，为智慧博物馆精准化、个性化服务提供了保障，也为数据资源建设带来了新思路，突破了以往常规性资源累积性建设，转向以智慧化服务为核心的资源建设模式。博物馆数据资源建设以提供给公众精准服务为目的，以充分满足不同群组观众的个性化需求为宗旨。

4.3.1　数据资源建设的原则

(1)科学性

面向服务的智慧博物馆数据资源建设首先要遵从科学性。要充分利用大数据、互联网等信息技术,精准定位特色资源建设目标,规范资源建设流程,科学测评特色资源建设成果,确保整个特色资源建设始终处于精准控制下。数据资源要围绕博物馆的核心内容展开进行科学分类,以方便业务开展为目的,涉及藏品、空间、观众、馆员、资金和其他对象;数据的采集和管理等要符合科学规范要求,如藏品的登记和图像采集,可参考《博物馆藏品信息指标体系规范(试行)》《博物馆藏品二维影像技术规范(试行)》[①],数字藏品的定义、发行和流转可参考《数字藏品通用标准1.0》[②]。

(2)前瞻性

要在看到现有数据资源特点和优势的同时,也能对其局限进行评估,结合需求发展动态,能够以前瞻性的眼光研判智慧博物馆数据资源建设未来发展的机遇与挑战,明确方向和目标,规划好智慧博物馆数据资源建设的发展路径,扭转过去试错型资源建设的含糊与低效状态。

(3)全面性

数据来源多、类型复杂,就要求数据资源体系的结构和分支内容能够涵盖所有方面的数据,这在数据体系规划时非常重要。只有做到规划全面,才可能对后期的数据采集、汇集和登记进行全面观照,建立完整的数据资源。

(4)扩展性

随着时间的推移,基础数据资源的数量会不断增加,同时,技术影响下的新服务需求也带来了新数据的产生。因此数据类型、元数据标准及处理方式可能会随时间更新或调整。这就要求数据体系的结构设计应该具有可扩展性,为未来发展留有空间。

---

① 2001年12月22日,国家文物局发布《博物馆藏品信息指标体系规范(试行)》和《博物馆藏品二维影像技术规范(试行)》的通知(文物博发〔2001〕81号)。

② 2022年9月6日在中国区块链金融创新发展大会上,由中国通信工业协会区块链专业委员会牵头、华东政法大学数字文化研究中心作为核心起草单位参与研发编制的《数字藏品通用标准1.0》正式发布。

(5)可用性

随着数据量的爆炸式增长，数据会存在质量上的差异甚至错误，因此在统一数据格式和表达方式的基础上，要制定保障措施保证数据的准确性、完整性、时效性及实体同一性，支持业务全流程需求。

4.3.2　数据资源建设的策略

(1)做好数据资源规划

数据资源规划是数据资源建设与开发利用的基础和关键。单靠一馆之力的建设，在广度和深度上都无法及时和充分地满足公众多变的需求。尤其在博物馆资源更加复杂多样、资源数量与日俱增的背景下，博物界内相互协同的资源建设方式是优化之路。数据资源规范化要能包含各种系统联动形式，提供建设的方向。全局数据资源规划可从信息角度整合博物馆各部门的业务，同时在业务联动的过程中，通过互联网获得博物馆兄弟单位的部门数据，建立全面、立体的数据资源系统。具体规划时，要兼顾横向和纵向联动。横向联动是指与其他博物馆、图书馆、档案馆的资源协同，丰富内在服务的同时，支持服务创新模式。具体通过资源组织、建立统一规范，利用语义关联、可视化聚集等进行有机融合，促进资源转化。

很多情况下，同一主题数据的系统融合，需要数据归口管理单位的协同，实现跨部门的存储、处理和管理的共建共享，解决不同单位间的"数字鸿沟"。联动的过程中，异构和稀缺数据的融入，可以促进数据资源的全面整合与集成管理。资源规划要体现横向联动中数据资源分布、来源、流动过程和汇集等内容。纵向联动是指与各省、市、地方的文物局等管理博物馆的机构的数据资源往来，通过厘清博物馆在其中的主要任务及其在各任务中承担的职责，规划系统模式，以及数据资源内容、类型、存储和访问情况。文物局等管理机构主要汇集来自下属博物馆的数据，形成大数据中心，并同时向上一级管理部门汇交数据。具体模式分为"集中式"和"分布式"。集中式是指文物局等管理部门由一台或多台主计算机组成中心节点，交汇的数据集中存储于这个中心节点中，并且整个系统的所有业务单元都集中部署在这个中心节点上，系统除了具备数据存储的功能外，还有数据云计算的功能，为海量数据的分析和处理提供了强大算力。在集中式系统中,博物馆的每个终端仅仅负责数据的录入和输出,而数据存储与控制处理完全由主机来完成。分布式是指文物局等管理部门硬件或软件组件分布在不同的网络计算机上,彼此之间仅仅通过消息传递进行通信和协调的系统。运维模式采用"中心站＋分支站",通过构建综合运维平台实现"中心站"的统一监控和"分支站"的分层运维管理,实现数据共享,如省级非遗中心的数据可以存储在"省文物局＋地方非遗中心"。分布式数据中心能够实现将备份副本存储在各地的多个数据中心中,一旦一个出现了问题,可以使用其他中心备份的数据。当然随着云计算技术发展和云服务形态的变化,也可以逐步建立起物理分散、逻辑统一、业务驱动、云管协同、业务感知的数据中心,其中以计算、存储、网络融合作为资源池的基础单元,构建业务感知网络。

(2)拓宽数据来源渠道

数据资源建设是个长期的过程,建设中除了坚持基础数据的积累,还要注重新数据的收集或采集,建立多层次、全方位、立体的数据资源库。拓宽数据资料来源渠道,从数据资源的范围上发掘深层次信息,并不断重组和加工数据本身,产生面向公众"精准服务"的数据。具体可从以下两个方面拓宽来源渠道:

一是其他媒体,包括网站、微信公众号、微博账号、App在内的以互联网或移动互联网为载体,以展示、宣传和社交为目的的媒体。这些媒体是博物馆联系公众的窗口,承载着博物馆在线展览、精品展示、活动公告和活动招募等与博物馆功能相对应的数据,也承载着用户查找、评论、收藏、点赞、留言和转发等反映用户检索、查询、反馈和社交方面的数据。因此,数据收集也是两方面的,对应博物馆功能的在线数据可补充博物馆线下日常运营的基础数据,作为博物馆日后评估的重要基础资料;对应用户的数据可进一步处理分析反映用户的需求、动机、偏好、浏览习惯和访问态度等,是建立用户画像的重要基础。

二是其他大数据平台,涉及国家级、省部级及地市层面的相关大数据平台。智慧博物馆的服务在某种意义上讲是一种资源整合服务,资源一方面来自本馆,另一方面来自馆际和与档案馆、图书馆的数据融合。但同时要意识到,随着文博数据规模的扩大和大数据技术、云计算技术的发展,在区域、国家和地方层面出现了内容更全面、类型更多样、辐射面更广的大数据平台,如"十三五"以来,通过全国不可移动文物普查、全国可移动文物普查等建立的国家文物局大数据平台,由国家文物局委托中国文物报社依托国家文物局政府网站搭建的"博物馆网上展览平台",中国文物信息咨询中心(国家文物局数据中心)建设的全面数字博物馆平台"博物中国"①。这些平台数据能对现有数据形成有益补充。

(3)建立健全规章制度

制度建设是智慧博物馆提供公众服务的基础保障。在数据资源建设时,要预先落实制度建设,不断建立健全规章制度,形成一整套工作效率高、运转灵活的管理机制。支持数据资源建设与发展的战略需求,具体应从落实政策法规和健全制度规范体系两方面统筹协调。在落实政策法规方面,要意识到政策法规是智慧博物馆数据资源建设的动力机制,同时也是保障机制,面对智慧时代藏品档案数据资源建设中的不规范行为,要通过落实国家政策法规才能调适其规范化建设。《中华人民共和国文物保护法》《中华人民共和国文物保护法实施条例》《博物馆条例》等政策法规为数据资源建设提供政策法规保障。在健全制度规范体系方面,要看到智慧博物馆数据资源建设的各个环节都应制定相关标准与规范,如资源采集时制定登记、采集标准与规范,保证资源采集的规范性、真实性、系统性和连续性,现有《馆藏文物登录规范》《博物馆藏品信息指标体系规范(试行)》《博物馆藏品二维影像技术规范(试行)》等规范只涉及部分内容,远远没有覆盖全流程和各环节,就藏品三维数据采集本身而言,虽有地方标准《DB14/T 2720—2023 可移动文物三维激光扫描数字化采集规程》和《DB13/T 5260—2020 金属类可移动文物三维数据采集规范》等可参照,但远不能匹配各类型文物。此外,博物馆还应注重数字化设备及软件的管理指导,如出于安全性的考虑可采用闭环处理、硬件加密等手段。建立严格数据安全规范、设施设备安全管理制度和软件管理制度等,为数据、软件和设备的使用和管理提供标准依据。这些依据可用于约束工作人员的行为,明确其职责,指导其落实工作,确保智慧博物馆数据资源建设达到预期目标。

---

① "博物中国"(www.museumschina.cn)是中国文物信息咨询中心(国家文物局数据中心)充分利用互联网信息化对文物"扰动最小、速度最快、传播最广、成本最低、效果最好、不分时段全天候"的独特优势,自主建设的全国数字博物馆集群,于2019年"国际博物馆日"上线运行。

4.3.3　数据资源建设的框架

基于前述考虑，我们建立了如图 4-1 所示的数据资源建设框架，内容包括。

①数据来源：一般有线下调研和线上搜集两大类。线下调研主要针对藏品登记簿、研究文献、办公文件、工作日志、观众留言簿、设备登记簿、财务账本等开展数据收集工作。线上搜集主要通过物联网、互联网、移动互联网进行数据收集。

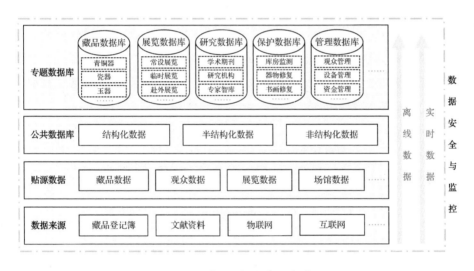

图 4-1　数据资源建设框架

②贴源数据：对各数据源进行采集、脱敏、转换、汇聚，尽可能保留原始数据以反映实际情况，仅做简单整合、增加标识数据日期、描述信息等，不做深度清洗加工，保留源数据的完整性和准确性，形成藏品数据、观众数据、展览数据、场馆数据、设备数据、基础设施数据等。

③公共数据库：以数据资源整合为基础，以数据共享开放为重点，以分析应用服务为核心，将分散的藏品数据、观众数据、展览数据、场馆数据等进行融合，可从数据类型上进行划分，分别对结构化数据、半结构化数据和非结构化数据进行存储、组织和管理。

④专题数据库：结合公共数据库的内容以及数据的采集情况，进行专题库建设，对数据进行更加深入的挖掘，针对博物馆具体服务内容进行特定分析，形成基于专题的详细数据指标体系，如藏品数据库、展览数据库、研究数据库、保护数据库、管理数据库等。

⑤数据安全与监控：智慧博物馆的服务，要借助大数据、云计算、物联网等技术进行服务创新，提升服务能力和水平，实现个性化服务。数据资源系统在运行过程中会面临一定的风险，当系统的数据在完整性、一致性、真实性和机密性方面遭到破坏时，会造成博物馆和公众利益的损害。如果不采取安全防范措施来避免数据泄露、数据篡改、数据截取，数据信息的安全问题将成为制约数据资源体系使用和发展的瓶颈。因此要重视数据采集、数据存储、数据使用、数据共享等阶段的全生命周期的数据安全，利用数据分类分级授权、数据加密、数据脱敏、数据水印、数字签名等实现数据安全。此外，还要做好数据监控工作，通过数据流监控来观察是否异常，进而发现问题和漏洞并进行及时处理，实现可防、可控的安全目标。

4.4 基于全生命周期的数据资源管理

4.4.1 动态能力理论

随着经济全球化和高新技术的发展，用户的需求也在日趋多样化，出现了"超竞争"现象，即企业竞争优势的创造与毁灭正在以极快的速度进行，任何一个竞争者能够保持其原有竞争优势的时间正在急剧缩短。长期面对变化越来越快的时代，如何增强企业的持续竞争优势成为一个热点话题。想要保持企业在动态环境中的优势，就必须能够对环境进行及时、动态的反应，调整或转移自己的竞争优势。

动态能力理论是一种关于企业如何应对外部环境变化、发展新的组织能力、实现可持续发展的理论，指组织要抓住机遇，重新配置和保护知识资产、能力和互补资产,以实现持续竞争优势。约瑟夫·熊彼特[①](Joseph Alois Schumpeter)在其 1912 年出版的著作《经济发展理论》中指出"创新"就是不断地从内部革新经济结构,即不断破坏旧的、创造新的结构,提出对现有竞争力进行创造性破坏以及创新型竞争的思想。受其影响,"动态能力"一词由大卫·J.蒂斯(David J. Teece)、加里·匹斯安欧(Gary Pisano)、艾米·舒恩(Amy Shuen)于 1990 年在《企业能力、资源和战略概念》中首次提出,他们于 1994 年的《静态规则与动态能力》中明确了动态能力的概念,认为这是一种"难以复制和模仿的能力,能够驱动企业永续经营",指出它"通过整合、重构、建立相关资源与能力,实现对环境变化的及时、快速应对[②],并在 1997 年的《动态能力与战略管理》中提出分析动态能力的框架。[③] 其中"动态"(dynamic)指的是更新胜任以达到与变化的商业环境相一致的能力;"能力"(capability)强调的是战略管理在合理地适应、整合和重组内部和外部组织技能、资源和胜任职能以匹配变化环境要求中的关键角色。动态能力理论的出现适应了企业经营环境的变化,使能力的构建、运用和更新成为一个持续的动态过程,这对于企业在相应领域建立持续竞争优势的意义重大。蒂斯将动态能力划分为机会感知能力、机会把控能力和整合重构能力。其中,机会感知能力是组织通过扫描外部环境识别可能存在的机会与威胁的能力;机会把控能力是组织能够抓住机遇与应对威胁,调动资源、实现价值、塑造市场的能力;整合重构能力是组织知识重组、内外部资源重构和流程再造,平衡内外部协作关系,以及重新设计治理结构,缔造出新的价值增长点持续革新的能力。

　　蒂斯等对动态能力的初始界定过于宽泛,为后来的研究人员提供了广阔的讨论空间,后续研究涵盖概念、构成、作用边界和影响因素等。同时,动态能力基于不同组织类型和情境的应用研究也逐步深入,与更多领域交叉融合,并形成了诸多学派及其相应的分析视角。焦豪等在动态能力研究述评中归纳出三种代表性的视角:

---

① 约瑟夫·熊彼特(Joseph Alois Schumpeter,1883—1950):现代经济学家,原为奥地利人,后入美国籍,被誉为"创新理论"的鼻祖。1912 年,其发表《经济发展理论》一书,提出了"创新"及其在经济发展中的作用,轰动了当时的西方经济学界。

② Teece,D J,Pisano,G. The dynamic capabilities of firm:An introduction[J]. Industrial and Corporate Change,1994(3):537-556.

③ Teece D J,Pisano G,Shuen A. Dynamic capabilities and strategic management[J]. Strategic Management Journal,1997(7):509-533.

①基于要素论的视角。这类学者认为动态能力是一个多维聚合的结构，如协调能力、学习能力、重构能力，占有、部署和升级能力，感知能力、利用能力、转型能力，改变运营流程的能力，组织变革能力，资源编排能力，基于惯例的能力和基于即兴的能力，以及联盟能力等。

②基于流程论的视角。这类学者将动态能力视为指导企业资源配置演化的一组程序，或者将动态能力嵌套在一定流程中，如嵌套在新产品开发，并购流程，组织学习、逆向工程和制造柔性，经济机会与技术匹配流程，信息技术部署以及企业社会责任捐赠等流程中。

③基于层次论的视角。这种观点认为动态能力是一种高阶能力。普通能力或"零阶"能力是企业在短期内"谋生"的能力，而动态能力则是通过扩展、修改或创造普通能力，帮助企业进行变革。①

动态能力的概念界定和理论内核经历了不断发展和充实，但从其研究维度上讲，主要出现了两种倾向。第一种是，在传统动态能力概念的基础上，把动态能力的行为维度扩展到组织认知维度进行不断完善，涉及企业完成组织和管理过程的能力，如企业持续调整、整合和重构企业内外部的资源、组织技能以及组织职能的能力，企业识别机会和威胁的能力，企业重组释放资源的能力等。以蒂斯和伊利迪奥·巴雷托（Ilídio Barreto）等为代表，动态能力被分为：感知机会与威胁、捕捉机会和管理威胁三个部分，对机会与威胁的感知能力、及时决策能力、以市场为导向的决策能力以及对现有资源基础的调整能力四个部分。② 第二种是，从实证的角度把动态能力看作企业完成具体的战略和组织过程的能力，如战略决策能力、产品开发能力、研发和营销能力、创意能力、创建关系能力、改变经商方式的能力，以凯瑟琳·M.艾森哈特（Kathleen M. Eisenhardt）等③为代表。

目前动态能力的构成要素仍没有统一概念。通过文献梳理，结合博物馆的职能及特征，我们认为蒂斯关于企业动态能力构成要素的划分可为博物馆

---

① 焦豪，杨季枫，应瑛.动态能力研究述评及开展中国情境化研究的建议[J].管理世界，2021（5）：191-210，14，22-24.

② Barreto I. Dynamic capabilities: A review of past research and an agenda for the future[J]. Journal of Management，2010(1)：256-280.

③ Eisenhardt K M, Martin J A. Dynamic capabilities: What are they? [J]. Strategic Management Journal，2000(10-11)：1105-1121.

如何在智慧建设过程中充分利用数字技术,实现组织重构、业务流程改造与优化,提高服务效率和公众的获得感及幸福感,构建公众的美好生活提供思路。

4.4.2　动态能力与智慧博物馆服务效能的关系

通常说效能是指有效的、集体的效应,即人们在有目的、有组织的活动中所表现出来的效率和效果,它反映了所开展活动目标选择的正确性及其实现的程度。而服务效能是指服务主体对服务对象所具有的潜能以及由此发挥作用时所收到的成效。智慧博物馆的服务效能可看作是物联网、大数据、云计算和人工智能等技术应用下博物馆履行使命的程度,即博物馆服务实现过程中产生的社会效益、效果与服务投入的比例。具体而言就是指博物馆在技术的支撑下,馆藏资源、场馆空间、设施设备、运营经费、研究人员、展教人员和行政人员等,通过科学规划、组织和布局,进行资源合理配置,以举办展览、举行讲座、组织亲子游、实施云参观、实施研学游和开发文创等形式,为公众提供服务来满足其日益增长的多元化精神文化需求。其服务投入包括资金、人员、物力、数据资源等,所产生的社会效益和效果包括公众的参与度、满意度和忠诚度等。

动态能力对智慧博物馆服务效能的发挥起着重要作用,具体表现在以下三个方面:

(1)动态能力通过改变博物馆的资源组合而影响服务绩效。动态能力的一大特点就是扩展和调整资源以凸显优势、抓住机遇。博物馆通过调研到馆观众的参观浏览情况、公众教育活动参与、网站用户的关注内容和兴趣偏好、微信公众号粉丝的留言和转发情况、微博账号互动等,可全方位了解公众的期待、需求、关注主题、喜见藏品、喜纳形式,定位自己的优势和潜在能力,感知服务发展的趋势和机会。在感知能力的作用下,帮助博物馆真正站在公众的角度重新认识、梳理和理解资源,发现有价值、稀缺、难以模仿和不可替代的资源。在感知能力、把控能力和整合能力的作用下,博物馆能够进一步重构流动性弱的资源配置状态,重组不同数据资源,预测观众行为和满足观众需求。

(2)动态能力通过影响智慧博物馆特定能力而影响服务效能。为了感知外界环境和公众需求,博物馆需要通过多渠道实时收集数据,用于场景分析、观众身份分析和行为分析,进而更好地理解和描述观众,建立观众画像。这个过程中的数据采集、数据传输、数据处理和分析等能力都需要很大提升,如采用漏斗分析法、对比分析法、可视化分析和预测性分析解决数据量和规模的激增,可提高数据分析能力,完成受众的精准定位、观众需求的精准预测、服务过程的精准控制。此外,应对机遇和调整,对数据资源的统筹、重组、整合和协调的能力和技术运用能力、组织协调能力也为博物馆精准施策和精准供给提供了支持,提升了服务效果。

(3)动态能力通过重塑智慧博物馆业务流程而影响服务效能。动态能力通过影响博物馆战略思维,科学合理地规划长远发展,开辟创新之路,实现高质量发展。博物馆价值的体现依赖博物馆征集、收藏、保管、陈列和展示等各项价值活动的集合,这些活动源源不断地创造研究价值、教育价值和传播价值等,形成价值链。为了实现价值链最大化,以关心公众的需求和满意度为目标,既要考虑价值链每个环节的价值发挥情况,也要对现有的业务流程进行调研、分析和诊断,利用物联网、大数据、云计算、人工智能等技术以及现代管理手段最大限度地实现技术上的功能集成和管理上的职能集成,建立新的组织结构,从成本、质量和效率上进行改善,实现服务效能提升,并在不断创新学习中保持竞争优势。

4.4.3　数据资源管理对动态能力的影响

大数据背景下,智慧博物馆的数据资源管理能够提升博物馆的创新能力。与传统数据相比,大数据具有数据量大、数据类型复杂和数据价值无限的特点,能够整合不同来源信息。智慧博物馆通过云计算、物联网、移动通信等每天感知、计算、分析博物馆运行相关的藏品、库房、展厅和设备等来自人—物—活动的大量数据,同时还要收集观众参观体验、态度和满意度等反馈数据为博物馆展陈提升提供参考。这些大量的数据是智慧博物馆得以开展智慧管理、智慧保护和智慧服务的基础,也是前进发展的重要依据。因此,需要在智慧博物馆实际工作中采集好、处理好、分析好和融合好这些内外数据,发挥大数据优势,为博物馆管理决策提供依据,为精细化服务和个性化服务公众提供支持。在此过程中,小到具体部门的工作方式和流程,如藏品征集、藏品登记、藏品数字化和藏品信息的可视化,大到部门间的资源配置和流程再造及全馆组织机构重构都关系着知识创新、技术创新、思路创新、管理创新和制度创新,直接反映了博物馆的整体创新能力和水平。

智慧博物馆的数据资源管理能够凸显博物馆自身优势。数据资源管理以科学性、规范性和可持续性为指导,需要结合工作实际对馆藏资源深入挖掘,对观众开展分众调研和评估,对场馆承载能力进行再评估,对社交媒体传播进行再定位等,逐渐明晰本馆的馆藏优势、研究优势、空间优势和地缘优势等。借助新一代数字技术在数据目录管理、数据治理、数据分析和安全防护等方面进行统筹规划,并在管理标准、制度和机制的保障下,完善相关管理办法和实施细则,同时建立评估机制,强化各级或各部门数据资源管理职责,明确职责分工,促使各自岗位或部门充分发挥优势,进而提高整体协作创新的能力和效果。

智慧博物馆的数据资源管理影响博物馆适应能力。当博物馆的外在常态环境因人为因素、自然因素或社会因素发生变化时,博物馆需要调整和改变以适应环境产生的新要求。联合国教科文组织 2021 年 4 月 13 日发布的新冠疫情期间全球 10.4 万家博物馆现状报告[①]显示,2020 年严峻的疫情考验下,全球博物馆平均闭馆时间为 150 天,收入缩减 40%～60%,超过 10% 的博物馆将再也不会开放。[②] 面对这突如其来的社会变故,博物馆界迫切需要调整思路积极应对,解决疫情时代和后疫情时代博物馆的恢复与重塑。许多博物馆开始寻求突破时空限制进行网络展示、传播和教育服务。这些在线服务主要依赖博物馆的藏品数字资源和展览的数字化成果。对于在数字化建设方面起步早、持续跟进的博物馆而言,可借助大量的高精度的藏品图像和三维模型资源开展"每日一珍"、精品赏析或在线专题展等展示展览活动,借助线下展览的全景再现的记录资源实现云参观或云游览。对于数字化建设起步晚、未能充分规划的博物馆而言,一方面要思考如何做好数字基础设施建设,加快数字化进程,积累数字资源;另一方面要寻求帮助以解决资金、技术、

---

① 报告调查了 87 个会员国,反馈信息涉及 52362 家博物馆,约占所有会员国博物馆网络的 75%。
② 联合国教科文组织数字图书馆.新冠肺炎疫情下的全球博物馆[EB/OL].(2021-04)[2023-05-01].https://unesdoc.unesco.org/ark:/48223/pf0000376729_chi.

平台和人员短缺问题，在夯实优势的基础上短时间内突破困境。可以说数据资源，特别是藏品数字资源的建设和管理很大程度上决定了博物馆能否沉着应对外在挑战、抓住机遇适应新变化。

4.4.4　基于全生命周期的数据资源管理体系

数据生命周期是指从数据产生，经数据加工和发布，最终实现数据再利用的一个循环过程。[1] 它着眼于生命周期中数据的阶段、状态和规律。对于智慧博物馆而言，基于数据生命周期的管理能充分发挥数据的基础资源作用和创新驱动作用，通过数据采集、融合、分析、共享和利用来支撑博物馆的精准化治理与科学化决策，为其动态能力的发挥提供保障。

为了规范数据管理工作，国内外不同机构提出了许多数据生命周期模型，从不同角度描述了数据从产生、收集、描述、存储、发现、分析到再利用的整个生命周期。比较有典型性和代表性的有英国数字策管中心（Digital Curation Centre，DCC）提出的 DCC 策管生命周期模型（DCC Curation Lifecycle Model）[2]、美国国家科学基金会地球数据观测网（Data Observation Network for Earth，Data ONE）提出的 Data ONE 数据生命周期模型（Data ONE Data Lifecycle Model）[3]以及国际数据文档倡议联盟（Data Documentation Initiative Alliance，DDI Alliance）提出的 DDI 组合生命周期模型（DDI Combined Life Cycle Model）[4]。DCC 策管生命周期模型是为满足研究者数据共享计划开发的模型，侧重于对各种数字资源长期保存策略和最佳实践的指导和支持，共包括 8 个阶段：概念化、创建或接收数据、评测和选择数据、整合、保存、存储、数据获取使用与重用、数据转换，该模型强调描述、获取、使用和共享等环节。Data One 数据生命周期模型旨在为生物和环境科学研究提供数据保存

---

① 师荣华，刘细文.基于数据生命周期的图书馆科学数据服务研究[J].图书情报工作，2011(1)：39-42.

② Digital Curation Centre. DCC Curation Lifecycle Model[EB/OL].[2022-12-24]. https://www.dcc.ac.uk/guidance/curation-lifecycle-model.

③ Data ONE. Data ONE data Life cycle[EB/OL].[2016-08-16].https://www.dataone.org/data-life-cycle.

④ DDI Alliance. Why use DDI?[EB/OL].[2022-12-25].http://www.ddialliance.org/training/why-use-ddi.

和再利用,共包括 8 个阶段:数据规划、数据收集、数据确认、数据描述、数据保存、数据发现、数据整合、数据分析,该模型的重点在于数据保存和复用。DDI组合生命周期模型是为描述社会科学研究数据而建立,共包括 8 个阶段:研究概念、数据收集、数据处理、数据存储、数据发送、数据公布、数据分析、数据再利用,它几乎是一个全面模型,涉及了数据从收集到使用的大多数步骤。我们结合博物馆数据资源特色,参考 DDI 组合生命周期模型,建立了数据规划、数据采集、数据汇集、数据处理、数据保存、数据分析、数据共享和利用 7 个阶段生命周期模型,呈现出迭代循环的环状模型结构,见图 4-2。

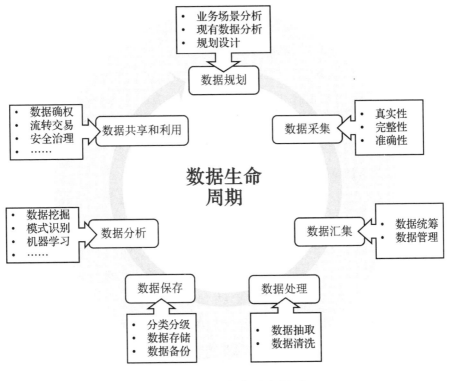

图 4-2　数据生命周期模型

　①数据规划。为了规范数据管理,事先做好规划必不可少,并要在各个管理环节确保该规划有效实施。① 此阶段主要确定资源系统支持博物馆业务

---

　　① 陆莉,沙勇忠,徐雪峰.基于生命周期的公共安全数据管理模型研究[J].图书与情报,2019(4):13-21.

活动的各类数据及相互关系,识别在展览策划、教育活动策划、馆藏保护、观众管理、场馆管理具体业务中的主题数据或数据类型,主要涉及业务场景分析、现有数据分析和规划设计三个方面的任务。业务场景分析是从馆内和馆外用户的需求出发,按照业务流程或用户进程,采用案例分析探索领域中的典型场景,明确场景下对博物馆数据的需求情况;现有数据分析是针对业务场景的具体需求,分析现有数据是否满足业务所需,满足程度如何,还存在哪些不足;规划设计是在业务需求及现有数据的基础上,制定具体的数据标准、采集计划、汇集计划和质量控制措施等,并形成规范性文档。

②数据采集。数据采集是进行数据资源管理的基础,在合法性和规范性的要求下开展。数据采集可根据来源采取不同的方案。对于智慧博物馆而言,主要涉及藏品、观众、展厅、库房、设施设备和资金等,既涉及实物、实体环境和实际活动的转录、拍照、扫描、感知和监测等,也涉及网站、虚拟展览、社交媒体平台、App 等的记录和监测。高质量的数据采集为数据的真实性、完整性和准确性提供了保障。

③数据汇集。全面汇集各业务部门和不同来源的数据,实现数据统筹管理,通过互联网入口、移动互联入口、局域网入口对博物馆内外部包括展览、活动、观众、综合、微环境、藏品等,以及关联数据等多种来源进行汇聚整合。

④数据处理。一方面是根据特定任务从分散、异构的数据源中正确提取数据,即对来自结构化、半结构化和非结构化数据的来源进行相应数据的抽取;另一方面是对单个或者多个数据源中抽取的"脏数据"进行"清洗",满足数据质量要求。"清洗"工作包括缺失值处理、数据类型转换和异常值处理等。

⑤数据保存。根据所面向的对象和其使用需要,对数据可以进行分类存储和长期保存,主要包括:分类分级、数据存储和数据备份。分类分级是根据数据来源、数据类型、数据规模、应用场景和安全等制定分类分级策略,并实施分类分级工作;数据存储是依据分类分级的要求制定保存策略,进而选择不同的保存方式、保存期限、存储介质进行实际存储;数据备份是为了保障数据安全,制定备份策略,并开展实际备份工作。

⑥数据分析。这个阶段的目标是理解数据,把隐藏在一些看似杂乱无章的数据背后的信息提炼出来,主要借助数据挖掘、模式识别、机器学习、深度

学习等多种分析方法发现数据中未知和有用的规律，为管理者进行判断决策提供支持。在实际开展过程中，也要注意遵循领域的特定研究标准。

⑦数据共享和利用。主要是指数据在多个应用程序、服务和设备之间交换和共享。数据共享促进了博物馆系统内外的数据流动以及任务、服务和设备的通信，使得博物馆不同部门之间、博物馆之间、三馆（图书馆、档案馆和博物馆）之间、博物馆和其他机构之间的数据流动，形成了广泛利用的基础。流转共享的过程也会出现数据流转无序、数据监管机制和手段不完备等现象，博物馆需要在数据分类分级确权、数据流转交易、数据安全治理等方面开展工作以促进数据资源的有序流通和创新利用。

为了发挥博物馆机会感知能力、机会把控能力和整合重构能力的作用，在数据生命周期模型的基础上，可建立数据分析平台、数据运营平台和数据赋能平台。

数据分析平台主要涉及数据采集、数据汇集、数据处理、数据保存和数据分析。智慧博物馆通过利用数据分析平台产生的数据识别环境中的机会与威胁，反映其机会感知能力。分析平台主要实现的是观众系统画像、服务精准定位和服务触点优化。观众系统画像是从观众调研数据、观众行为数据、服务执行数据等海量数据中观察和监测服务状况，预测观众未来服务需求。借助智能算法模型进行观众分析，通过标签管理、观众分群、服务效果反馈、舆情趋势分析实现由数据到观众画像的转化。此外还会从基础数据中对博物馆兄弟单位、利益相关机构等进行信息挖掘，建立群体画像，在提升现有观众满意度的同时定位到潜在观众。服务精准定位是从更好发挥服务最大价值、满足公众需求的角度出发，建立智能服务生态。以精准描述服务为目的，从服务策划与实施信息、公众关注的服务类型和服务形式信息、服务反馈信息等进行挖掘，建立基础服务知识库。服务触点优化是借助大数据挖掘、机器学习、计算机视觉、自然语言处理、语义网等实现环境触点、实物触点、数字触点和人际触点的优化。可将展厅的导览机器人和线上智能服务、智能语言服务和智能视频服务进行升级，引入虚拟数智人，通过整合自然语言处理、深度神经网络和机器学习等技术实现公众意图和需求的感知，并借助机器学习和语义理解技术理解交互中公众的态度和情绪，进而用于优化服务触点，为公众提供更精准高效的服务。

　　数据运营平台主要是在数据采集、汇集和处理之后，为了应对博物馆感知到的机遇与威胁，解决数据驱动效应在博物馆各业务单元嵌入的问题。通过将内部流程进行模块化分解，针对性地分配数据，促进全流程的信息传递和部门间的协作，实现数据在各业务单元的共享和互通，这反映了博物馆的机会把控能力。运营平台主要实现的是个性化定制和优化服务体验。个性化定制主要是平衡服务"大众化"和"个性化"之间的矛盾，能让公众和博物馆的连接更加紧密。针对公众需求日趋差异化、个性化、专业化的特点，需要定制具备特定需求的服务属性，博物馆可借助大数据进行反向定制，开发贴合公众需求甚至引领公众需求的新服务内容和形式。优化服务体验主要解决服务体验的即时性和个性化。博物馆可以通过互联网、移动互联网、数据挖掘、云计算等技术的组合，提升对公众体验的数据获取能力、信息理解能力和综合认知能力，并从服务制定环节开始，通过人工智能、大数据和深度学习等方式，深入分析和挖掘每个个体或团体的需求，及时指导相关业务部门推出公众所需的服务，并开展个性化、精准化、智能化的服务推送。

　　数据赋能平台是在数字信息嵌入博物馆业务单元和活动之后，为了进一步支持和辅助服务生态的转化升级，继续开展内部数字知识创新和组织结构调整，并对博物馆行业数据动态采集、交换、共享和创新应用等，反映了博物馆的整合重构能力。建立平台的目的是促使组织内部资源与数字环境间更加协调统一，从而维持博物馆的服务优势。赋能平台主要实现的是组织架构升级和行业协同。组织架构升级伴随着不同数字技术的使用和数据价值释放，是博物馆内部不断调整运作步骤和流程的必然结果。其以大数据为基础，以公众为中心，兼顾多方利益相关单位和机构，对组织结构进行灵活调整。行业协同是指博物馆数字技术的深度应用改变了行业间的交互模式。将大数据、云计算、互联网技术与博物馆行业深入融合，充分释放博物馆间的数据、资本、技术、人才等创新要素活力并实现深度合作，建立数据资源优势、关键技术优势和推广渠道优势的协同效应，实现资源要素协同、社会需求协同、运营模式协同等。数据赋能平台从组织架构升级到行业协同，是数据效应从博物馆内部向外部的扩散过程，通过数据价值释放和对外输出，实现了博物馆内各部门间、不同博物馆间和博物馆与其他机构间的协调。

5.基于情境感知的智慧博物馆场景化服务

一方面,博物馆的公众服务经历了实施空间从馆内向馆外、从实体向虚拟的扩展;另一方面,公众对博物馆的服务有着各自的期望,这些期望不仅会因为人们自身的特征和访问动机而异,在不同的地点和语境下也会发生相应的变化。为了更好地将博物馆数据资源切实应用到公众服务中,本章提出基于情境感知的智慧博物馆场景化服务思路。首先,介绍智慧博物馆场景化服务的概念,分析其实现条件、要素和特征;其次,引入情境感知的概念,说明情境感知与场景化服务的关系,列举智慧博物馆情境感知的维度;再次,介绍如何在这种思路下为观众建立画像,将观众画像应用于智慧服务;最后,建立基于情境感知的智慧博物馆场景化服务体系,以期为数据驱动下博物馆服务的智慧化转型提供一定指导。

5.1 智慧博物馆场景化服务

5.1.1 智慧博物馆场景化服务的内涵与意义

罗伯特·斯考伯和谢尔·伊斯雷尔在《即将到来的场景时代:移动、传感、数据和未来隐私》一书中将"场景"一词从单纯的物理空间定义中抽离出来,扩展为时间、空间以及在此之中的人际活动。[①] 彭兰进一步分析指出场景

---

① Scoble R,Israel S. Age of context:Mobile,sensors,data and the future of privacy[M]. Scotts Valley:CreateSpace Independent Publishing Platform,2013.

同时涵盖基于空间和基于行为与心理的环境氛围,场景包括情境,而空间与环境、用户实时状态、用户生活习惯以及社交氛围是构成场景的四要素。场景分析的最终目标是提供特定场景下的适配信息或服务。而适配意味着,不仅要理解特定场景中的用户,还要能够迅速地找到并推送出与他们需求相适应的内容或服务。① 因此,场景化服务是针对特定用户群体,通过感知其所处场景,发现、分析并挖掘公众需求,进而整合资源,为公众提供全方位、立体互联、可感可知的精准服务。智慧博物馆的场景化服务是借助互联网和移动互联网"随时、随地"的特点,充分利用 PC、平板电脑、智能手机、智能手表和智能眼镜等设备,以虚实结合或融合的形式推送服务,满足公众的藏品观赏、展览浏览、信息咨询和资源获取等多样化的需求,从而彻底打破长久以来公众和博物馆实体资源的隔离,改变公众对博物馆的刻板印象,使其获得更多增值服务。场景化服务是智慧博物馆服务发展的必然方向,是时间、空间、技术、设备、信息多维融合发展的结果,充分体现了博物馆"以人为本"的理念,其现实意义主要体现在以下三个方面。

(1)智慧博物馆的场景化加强了多维信息的连接。场景化服务的本质是一种多维信息的连接。场景化服务的关键首先在于智能感知场景和理解公众需求,反映了环境、设备、技术和人等信息的连接。在这一点上,物联网、大数据、人工智能等技术的支持可为这些信息的采集、处理和分析提供良好的支持,特别对"人"的信息(观众基本情况、行为模式和兴趣偏好等)分析和理解的支持。这可以更好把握公众服务的难点和痛点,为寻找或定制满足公众需求的服务信息奠定成功的基石。博物馆根据场景分析和用户理解进行信息资源组织、服务氛围营造、互动通道构建,将博物馆信息通过云展览、虚拟展厅、智能导览、短视频、云直播、互动游戏等与特定场景的公众进行连接。

(2)智慧博物馆的场景化服务有利于实现精准服务的目标。博物馆的传统服务通常通过两种方式获得公众信息以确定服务内容和形式。一是依据日常调查所获得的观众基础信息,主要包括到馆观众的社会人口统计学信息,如年龄、性别、居住地、受教育程度等;二是利用为即将策划的展览或教育活动而专门组织的观众调查获取信息,一般这样的信息目的明确,针对性强,

---

① 彭兰.场景:移动时代媒体的新要素[J].新闻记者,2015(3):20-27.

涉及范围有限。以上两种方式获得的观众信息存在时效性有限、需求粒度粗、敏感度低和场景表现不足等问题，难以具体反映观众何时何地在何种状态下利用何种方式获取和享用服务。而随着互联网特别是移动互联网的发展，以及大数据、物联网、云计算、人工智能等技术的助推，智慧博物馆突破了传统观众信息收集的局限，为实现特定场景下的观众及其需求的理解奠定了基础。博物馆通过分析网上观众的访问轨迹、访问地区、停留时长、浏览区域等探索观众的关注范围和内容、浏览行为和偏好，进而搭建在线场景服务库。当感知到观众产生某种即时服务需求时，在库中进行目标场景定位，逐步缩小范围细化需求内容，并根据用户当下行为意图分析，不断完善服务细节，实现精准服务。

（3）智慧博物馆的场景化服务有利于实现博物馆价值。博物馆的价值就在于利用其藏品资源、文献资料、专家智识等满足群众精神文化需求、丰富社会文化生活。而场景化服务融合了空间与环境、用户实时状态、用户生活习惯以及社交氛围，构建了物理属性、社会属性、文化属性和人本属性交织的多维度空间，能够将展品推送、展览推荐、讲座直播、伴游导览、解答咨询等服务与公众实时需求有机融合，提供丰富的精细化内容，激发公众好奇心，吸引公众注意，提高公众体验，扩大公众参与度，提升公众的获得感和满足感，引发其联想、回忆与思考，使其产生精神愉悦及情感认同。博物馆正是在这个过程中实现了自身价值。

5.1.2　智慧博物馆场景化服务的实现条件

具体而言，智慧博物馆场景化服务需要实现数据资源、服务空间和服务内容的场景化。

（1）数据资源场景化

智慧博物馆的场景化服务需要依托感知计算模型精准理解特定场景的公众状态、行为目的、需求层次，构建画像用以描绘公众是谁、具有什么样的特征以及需求如何。博物馆需要根据场景变化、公众需求变化而提供不同的数据资源来应对不同服务场景。换句话说，需要将线上、线下整合的大数据资源解构到场景化的小数据，具体包括藏品数据、展陈数据、虚拟展览数据、讲座数据、直播数据、社交媒体数据等。对于藏品数据,需要对智慧博物馆涉及的各类藏品资源进行分析、解构、重组、挖掘和解释,对于依托各类智能终端设备所呈现的信息进行重新策划、组织和设计,在全面考虑公众何时何地通过何种方式和工具访问或获取的前提下,以场景化的适配要求进行呈现,将藏品数据资源转化入库;对于展陈数据,通常围绕已有陈展组织情况进行分类,可按时间、主题、展览类型等进行,将其按照存档记录的方式进行回顾式组织,借助数据库技术、数据挖掘技术等建立有效的检索、查询和管理机制,通过标题、关键词与场景需求建立联系,使展陈数据与公众关联成为服务场景的资源;对于虚拟展览数据,可以根据与实体展的关系进行分类,特别将独立形成的虚拟展览按主题、内容、类别等需求应用 VR/AR 技术进行呈现,并结合公众浏览的环境、时间和借助的设备等基于不同感官通道实现实时交互,帮助公众获得沉浸式参观体验;对于讲座数据和直播数据,既要能自整合历史数据形成专题教育资源,也要与其他文化机构如图书馆、档案馆等的相关资源进行联动,构建专题体系,结合学校和培训机构的教学、培训和课外辅导等场景利用需求,进行加工和二次编排,使不同的讲座、直播数据建立新的关联,形成场景化服务资源;对于社交媒体数据,主要在于建立关联关系,在公众特定场景中,将博物馆的微信公众号、微博账号、抖音账号等上的相关内容进行关联,在信息融通间实现应用联动,形成数据的聚合效应。

(2)服务空间场景化

智慧博物馆的服务空间涉及实际场馆的展厅、活动教室、报告厅等线下实体空间和网站、微信小程序、App、微博等营造的线上虚拟空间。现实性空间的场景下可能有参观、演绎、观摩、动手实验、文创购买、社交等服务内容。其服务空间的场景化除了借助现实场地、展品、设备、设施、手册、宣传页、文献书籍等实物,还需要针对面向的受众结合场景特点应用数字化技术、多媒体手段、人工智能技术、知识图谱、VR/AR 技术等搭建基于情境感知的数字场景,并进行内容制作形成数字镜像及数字拓展,与现实空间的人、物和环境进行关联,实现虚实信息的双向流动,并通过固定或移动终端设备进行呈现,促进导览、讲解、讲座、咨询、销售等服务的开展,提升观众参与感,丰富观众的场景体验。虚拟空间场景内可能有藏品推送、"每日一品"、虚拟展厅、虚拟展览、游戏互动、社交分享等服务内容。服务不再局限于特定的时空,既可以面向在馆观众,也可以面向馆外网络可触及的人群,这个人群包括那些从未到访过博物馆的人。虚拟空间的服务更加依赖情境输入和情境感知,充分利用场景服务库来及时调取适配的服务,并基于各种固定式或便携式终端呈现。此外,虚拟空间的场景化需要注重界面设计、交互设计、页面加载速度以及数据传输等方面的优化,实时推进微服务建设,以适应不同型号、不同系统版本的终端设备。在促进公众互动方面,可按资源类型建立不同的虚拟社区,如瓷器、壁画、航天、海洋、植物等,将不同的藏品资源、文献资料、专家学者、教育活动、相关利益群体和公众建立全面联系,搭建不同互动场景,实现数据驱动的内容共建和共享。

(3)服务内容场景化

智慧博物馆服务内容场景化主要体现在展品陈列、教育实施、传播推广、休闲支持上,同时不妨调动公众的热情和积极性,使其参与场景化服务的内容建设。从展览策划、教育活动策划、传播方案策划、休闲项目策划开始就让公众介入其中,帮助场景细分、定位服务目的、确定主体资源、明确表现形式,并使其全程持续发挥作用,让公众的知识、审美、社交等需求真正体现在环节把控上。同时,要借助智能视觉、全息成像、三维显示、VR/AR等构建服务场景,能够让展品陈列、教育实施、传播推广、休闲支持等各项服务在场景中呈现。此外,还要利用语音识别、语义理解、人脸识别、手势识别、步态识别等实现人和场景的交互以及人际互动,促进公众的浏览、欣赏、搜索、点赞、收藏、分享和评论等,提升公众服务满意度。

5.1.3　智慧博物馆场景化服务的要素

参考喻国明等对场景的分类[①],我们将博物馆公众服务的场景划分为现实性场景、虚拟性场景、现实增强性场景和虚拟增强性场景四大类。同时,基于场景构成要素,包括空间与环境、用户实时状态、用户生活习惯以及社交氛围,分析可知智慧博物馆场景化服务的要素主要包括以下四个方面。

---

① 喻国明,曲慧.简论网络新媒体的场景范式[J].教育传媒研究,2021(4):10-12.

（1）服务对象

在互联网的背景下，智慧博物馆服务对象以到馆观众和线上用户为主，包括其他社会群体和机构，主要为他们提供展览、教育和传播等服务。不同服务对象具有不同的文化背景、社会身份、需求动机、行为模式、访问习惯、使用偏好等，其对博物馆资源的使用具有随机性、动态性、多样性和连带性的特点。对于到馆的观众而言，他们不仅关心实际场馆的展厅、教室、空调、座椅、电梯和轮椅等基础设施和设备，而且关心其承载的服务内容，即他们所能够享受到的参观、导览、咨询、餐饮、休息等服务。对许多观众来说，他们早已习惯这些馆内的各种服务场景，也能够充分利用和享受服务，并能形成一定的观众圈，对博物馆服务的黏度逐步提高。观众在不同服务场景中的使用方式、参与模式、观看习惯、行动轨迹等可以反映其需求变化和体验情况。馆内场景服务的改善和提升需要对不同场景的观众进行基础资料收集、观察和行为采集，分析其需求变化和服务体验，及时了解观众的服务体验过程，发现其特点和规律，用于检查服务实施中的问题。对于在线用户，移动互联环境汇聚了更为广泛的服务对象。包括个人、学校、文化公司、出版社和游戏公司在内的用户的场景服务需求会千差万别，获取服务的渠道并非固定单一。为有效应对日常在线服务瞬息万变的服务场景，博物馆需要聚焦服务感知提升和服务质量提高，需要高效处理在线服务不断出现的新情况与新问题。博物馆可将文本大数据分析和人工智能等赋能在线服务全流程，实现事前监控、事中调控和事后分析，构建端到端闭环管控的智慧服务模式。

（2）服务环境

智慧博物馆场景化服务的环境是服务对象以外的空间，以及直接或间接影响对象服务的除设施设备以外的一切因素的总和，不仅包括时间、空间和地点，也包括在场的自然环境及人造环境和公众的行为活动。在维度上进行细分，可分为博物馆内环境和博物馆外环境。馆内环境分为展厅环境、库房环境、演播厅环境、报告厅环境、餐厅环境、书店环境等。馆外环境可按公众所处的状态粗分为学习环境、工作环境、娱乐环境、休息环境等。场景依托于上述环境可产生不同面貌，具有动态性和多样性，而某一时期或时间点的环境则相对静态，可容纳多个动态场景。因此，我们可以预见现实性场景、虚拟性场景、现实增强性场景和虚拟增强性场景可同时存在。例如，在展厅环境中,观众既可以通过现实展厅中的展品、图文版、辅助装置、情景再现、小影院等欣赏和了解展览内容,也可以通过数据库、网络通信、虚拟现实、多媒体和人机交互等技术构建的虚拟性场景,如网站、微博、微信、博客、论坛、播客,实现自助导览、全景浏览、信息检索、内容发布和参观分享,同时又可以借助虚拟性场景对现实场景补充形成的现实增强性场景与展品进行互动,获取隐藏信息、修复状况、复原形态、研究资料,获得沉浸式多感官参与式体验。同理,也可借助现实场景对虚拟性场景的增强,使虚拟场景中的展品、展览、场所具体化和现实化,增强用户的关联感、亲近感和代入感,激发其探究兴趣,提高其专注力,让其获得沉浸式超感官服务体验。

(3)社交氛围

社交氛围会影响场景化服务实施的质量,是由服务对象与博物馆工作人员形成的多维社交网络和文化氛围。它直接影响了观众或用户的情绪、态度和行为,是塑造其状态的重要因素。适时良好的社交氛围营造也能够扩大博物馆的观众群,增强影响力,拉近与公众之间的距离。现实性场景和现实增强性场景的社交氛围营造取决于博物馆工作人员的仪容仪表、言语态度和行为举止,也取决于与观众沟通交流的途径、方式、效果和及时性等,如是否能够及时引导观众参观、反馈观众意见、解答观众问题、激活观众兴趣、保持观众联系。虚拟性场景的社交氛围营造源自博物馆通过各种融媒体手段与公众建立的松散型和紧密型关系。在融媒体的辅助之下,可以与公众建立更精准、更有效、更深入的沟通,让博物馆资源满足公众社交需求,从信息传播开始走向信任传播,形成良好、稳定、持久的关系。博物馆可借助某一展品或展览话题热度,开展线上线下的延伸活动,加强与观众的互动,巩固现有观众群体,发展社群;借助社会话题热度,结合博物馆资源优势,定制与公众生活、学习、娱乐、休闲场景相结合的服务,以发布微信小程序和App等渠道拓展新的用户群等。

(4)基本设备

设备是支撑场景化服务开展的必要条件,也是构建现实性场景、虚拟性场景、现实增强性场景和虚拟增强性场景的基础,类型主要分为固定设备和移动设备。固定设备多是在现实性场景中实现信息显示、展品展示、视频播放和观众交互的设备,涉及媒体讲解互动台、巨幕影院、虚拟桌面、360度全息立体成像、声光电数字沙盘等，为观众的参观导览、信息咨询、学习参与等提供服务。设备的性能、维护情况、使用简繁程度以及更新情况会直接影响观众体验，决定服务效果。移动设备的使用场景更为广阔，基本成为最为主要的服务搭载通道。智能手机、平板和智能手表、智能手环、智能眼镜、VR头戴设备、智能头盔等各种可穿戴设备应用在不同场景中，其各自的参数、性能、联网方式会影响资源的使用效果。博物馆可根据设备的性能采取不同的服务策略，如对于基于快速度、高容量、低延迟的4G或5G的高性能设备，可推荐云欣赏、云课堂、云观展等为主要内容的服务，对于低配置终端设备或传输速度受限的设备，推荐以图文推送、语音讲解、参观提醒等为主要内容的服务。同时，服务中的环境感知也需要搭载环境光感、加速度、地磁、距离、温度和湿度各类物联网传感器，完成环境信息的采集。

5.1.4　智慧博物馆场景化服务的特征

（1）适配性

智慧博物馆的场景化服务目的在于采集、分析和理解公众各种场景的同时，把握人、物和环境之间的联系，根据公众的历史数据、行为特点、浏览情况等分析挖掘其兴趣点、交互偏好、浏览习惯和情感态度，从而用于指导服务主题、内容和形式的确定、策划与设计。场景化服务的内容和流程实现了以人为中心，通过多种传感设备、人工智能、数据挖掘与分析技术等，对观众年龄、性别、学历、职业、兴趣、地域等属性信息和参观路径、浏览时长、停留位置等行为信息进行多维度关联分析，形成观众画像，结合某一时空背景下观众的场景信息，从场景服务库中筛选服务，并调整、完善服务细节，向观众主动推荐符合其个性化兴趣和需求的展品、资讯和活动。比如博物馆的推送导览类App通过采集和分析观众的检索记录及地理位置、行进路径等，及时推荐观众浏览参观中可能会需要的信息，充实观众参观过程，激发观众进一步探索的兴趣。

（2）主动性

博物馆的服务通常依据历史调研数据及博物馆工作规划而组织，在时效性、针对性、主动性方面存在问题。而公众需求总是动态变化的，因时间、空间、社会背景、所在场景等发生改变。即使在同一场景下也会产生两种或两种以上的需求,如展厅参观过程中,观众很可能会希望同时得到导览和交流分享的服务。对于这种随机性强、高度依赖场景的服务,传统的服务组织和构建模式是不适合的。长此以往,观众和博物馆之间很难建立持久的亲密关系。智慧博物馆场景化服务运用场景技术,能够利用定位系统获取观众地理位置,通过摄像头、平板、智能手机等传感功能实时感知观众当下状态,主动了解观众的态度、动机、意图和行为模式,分析其产生过程及影响因素,并通过大数据技术收集观众在线浏览、访问、查询等一切痕迹,分析其习惯偏好,预测其信息需求,进而从场景服务库中匹配服务内容,将优化和完善的内容主动推荐到观众身边的互动媒体装置、笔记本、平板、智能手机上。在此过程中,博物馆借助主题、关键词和热点话题等,不断激发观众思维和想象力,促使其形成进一步探索、探究和学习的动机,并借助终端设备与博物馆进行交流,真正实现观众与博物馆之间的信息双向流动。良好的双向信息流动又充分保障了智慧博物馆主动服务的组织和开展。

(3)交互性

智慧博物馆的场景化服务涉及人、物与环境。服务的实现正是反映了人与物、人与人、人与环境之间交流的行为过程。现实性场景服务反映了观众与展厅、演播厅、报告厅、餐饮区、文创店等空间的环境交互。服务的开展与环境当中的讲解员、前台服务人员、安保人员、餐厅服务人员及灯光、温度、环境色、气味甚至展柜、电梯、残疾人通道、讲解器等都息息相关。观众在与以上各要素的互动中接受服务、体验服务和评价服务。基于此,博物馆需要在人员培训、环境维护、氛围营造和设备更新上努力把关以深化优质服务成果,提高服务质量,巩固服务成效。虚拟性场景服务一方面反映了公众通过人机界面与媒介设备的互动;另一方面反映了公众与媒介设备承载内容的互动。后者是博物馆关注的重心。博物馆通过微博、微信、抖音等社交媒体平台,深耕内容创作,赋予账号价值内核,打造特色品牌,在与用户互动中分析用户特征,发掘潜在用户,实现内容传播、IP打造、粉丝运营、文创销售等一体化发展,进而建立馆员与用户、用户与用户、馆员与馆员之间的长期稳定联系,形成良性互动的社群共建。现实增强性场景服务和虚拟增强性场景服务兼具现实性场景服务和虚拟性场景服务的特点,充分反映了人、环境、物三者间的交互,注重形式要素在场的同时,要更多思考如何向多元化、精品化、社交化和圈层化方向发展,以进一步拓宽对象范围、扩大影响为目的。

5.2　智慧博物馆场景下的情境感知

5.2.1　情境感知的内涵与意义

情境亦称情景,一般指某种对象存在的某个环境或某个事物发生时的环境条件,是对物理或虚拟实体特征及情形进行刻画的所有信息,也可被看作描述一个实体情况特征的所有信息。大数据环境下,公众的情境能够反映公众在不同时间、空间、行为状态下的不同需求。情境感知(Context Awareness)源于普适计算(Ubiquitous Computing)的研究,最早由比尔·N. 席利特(Bill N. Schilit)等于1994年提出[①],他们用情境来描述一种用于发布某一区域内对象位置信息的活动地图服务,并对情境的基本含义做了阐释:情境就是设备不断变化的执行环境,如设备环境的光线、噪声水平、网络连通性、通信代价、信道带宽,甚至包括社会环境等信息在内,并将情境分为计算情境、用户情境和物理情境三种类型。尼克·S. 瑞安(Nick S. Ryan)等将情境定义为用户的位置、环境、标识与时间。[②] 阿宁德·库马尔·戴伊(Anind Kumar Dey)等认为情境是描述对象状态的任何信息,而其所指的对象可以是人、位置或是人与某种应用交互的相关对象,即情境指的是任何可以用来描述那些被认为与人机交互有关的对象,包括用户和应用系统本身的情况信息,并在席利特等的基础上将情境细分为服务、环境、用户、物理空间、社会、系统情境等。[③] 戴伊等关于情境的定义得到了学术界普遍的认可。在

---

① Schilit B,Adams N,Want R. Context-aware computing applications[C]. 1994 First WorkShop on Mobile Computing Systems and Applications,1994:85-90.

② Ryan N S,Pascoe J,Morse D R. Enhanced reality fieldwork:The context-aware archaeological assistant[C]. Computer Applications in Archaeology. Oxford:Tempus Reparatum,1998.

③ Dey A K. Providing architectural support for building context-aware applications[M]. Atlanta:Georgia Institute of Technology,2000.

情境分类上,约翰·米洛普洛斯(John Mylopoulos)等把情境分为包括地点、网络、设备等在内的物理情境和包括人的兴趣、特征和偏好等在内的社会情境。① 在面向用户的情境研究上,梅兰妮·哈特曼(Melanie Hartmann)把关于用户的情境分为用户情境与环境情境,其中用户情境是指为用户描述的与描述用户的广泛的情境信息;环境情境是与用户当前状态相关的且用户情境中无法描述的信息,如位置与时区等。②

　　情境感知被认为是普适计算系统的一种赋能技术,指的是计算机既能感知环境,又能根据环境做出反应,关注情境信息的获取(例如:使用传感器来感知一个情境),对情境的抽象和理解(例如:将感官感知到的刺激与情境进行匹配),以及基于识别情境的应用行为(例如:根据情境触发动作)。③ 席利特等最初把情境感知看作"软件会根据其使用的位置、附近的人和物体的集合,以及根据这些对象随着时间的推移的变化而发生变化"④,实则是强调设备对情境信息变化的感知和系统反应。席利特等还描述了情境感知应用的四种类型⑤:①邻近选择(Proximate Selection),一种便于选择用户和设备资源的用户接口技术;②自动情境重配置(Automatic Context Reconfiguration),根据情境的变化,按需添加新要素、移除现有要素或者改变这些要素之间的关系;③情境信息和指令(Context Information and Command),根据特定信息和指令的情境来相应生成不同的结果;④情境触发的动作(Context Triggered Action),基于简单的 If-then 范式规定在特定的条件下触发的动作。随后的研究人员主要侧重使用情境信息或适应情境信息两个维度给出了其他定义。丹尼尔·萨尔伯(Daniel Salber)等将情

————————

　　① Mylopoulos J, MotschnigPitrik R. Partitioning information bases with contexts [C]. Proceedings of the Third International Conference on Cooperative Information Systems. USA, Aug., 1995.

　　② Hartmann M. Context-aware intelligent user interfaces for supporting system use[D]. Berlin: Technische University, 2010.

　　③ Schmidt A. Ubiquitous computing-computing in context[M]. Lancaster: Lancaster University (United Kingdom), 2003.

　　④ Schilit B N, Adams N, Want R. Context-aware computing applications[C]. Proceedings of the Workshop on Mobile Computing Systems and Applications. USA, Dec., 1994.

　　⑤ Schilit B N, Adams N, Want R. Context-aware computing applications[C]. Proceedings of the Workshop on Mobile Computing Systems and Applications. USA, Dec., 1994.

境感知定义为能够实时感知情境信息,提供灵活计算服务的功能。[①] 彼得·J. 布朗(Peter J. Brown)将情境感知定义为能够根据传感器探测的当前情境,自动地提供有效信息和采取相应行动的感知技术。[②] 格雷戈里·D. 阿博德(Gregory D. Abowd)等将情境感知定义为能够依据用户任务需求,利用情境信息给用户提供相关信息和服务的感知技术。[③] 简单来说,情境感知就是利用信息感知、采集和处理等相关技术使计算机等设备能够尽可能准确地理解自身及其用户当前所处的态势。情境感知系统应该将人的状态、行为、喜好和情感信息予以考虑,以便更好地在不同的环境下服务用户变化的需求。一个情境感知系统通常包括情境获取、情境处理和情境使用等基本组件,如图 5-1 所示。系统首先从外部环境和系统内部收集各种情境信息,再进行情境信息的分类和建模,最后根据融合的情境信息和任务目标进行情境推理并做出科学决策。系统根据情境做出自适应调整或配置后,其所处的情境又可能会发生变化,这种变化可能由系统配置引起,也可能由外界环境所引起。当情境改变程度足够大时,又会触发系统新的自适应调整行为,这样就构成一个闭环,使得系统不断迭代演化。[④]

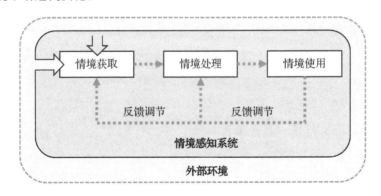

图 5-1　情境感知系统基本组成

①　Salber D,Dey A K,Abowd G D. Ubiquitous computing:Defining an HCI research agenda for an emerging interaction paradigm: Tech. Report GIT-GVU-98-01〔C〕. IFIPWorking Conference on Engineering for Human-Computer Interaction. Atlanta:Georgia Tech,1998.

②　Brown P J. Triggering information by context[J]. Personal Technologies,1998(1):18-27.

③　Abowd G D, Dey A K, Brown P J, et al. Towards a better understanding of context and context-awareness[C]. Handheld and Ubiquitous Computing:First International Symposium, HUC'99 Karlsruhe,Germany,September 27-29,1999 Proceedings 1. Heidelberg:Springer,1999:304-307.

④　王海涛,宋丽华. 情景感知:基本概念、关键技术与应用系统[J]. 数据与计算发展前沿,2022(3):110-123.

基于上述关于情境及情境感知的探讨,可以看出智慧博物馆的情境感知是用各种智能终端设备如平板、智能手机、智能手环,或各种环境下的物联网设备如摄像头、温湿度感应器、无线感知设备等,感知并捕捉公众的情境数据,对采集的情境数据进行分析、挖掘、推理等来自动识别所在情境并推测公众意图,以便做出及时合理的服务决策与推荐。

5.2.2　情境感知与场景化服务的关系

可以说,情境是对公众在特定时间和地点进行活动的一种综合性描述,感知公众情境这一过程也可被看作博物馆主动适应用户需求的过程,是智慧博物馆开展场景化服务的根本前提和基础,而场景化服务就是要解决情境信息收集、分析、挖掘、预测、定制和推荐等一系列问题。智慧博物馆的场景化服务将情境运用到了服务中,特别在移动环境下,情境在提供信息服务方面显得尤为重要。在不同的情境中,公众的需求会因情境的改变而发生变化,会产生公众意向、态度、行为的变化,从而影响公众使用服务的意愿,最终影响服务效果。系统需要自适应地调整服务内容及服务方式,以满足公众泛在的个性化需求。推荐服务的实现依赖服务系统的构建及处理过程,需要经历情境获取、情境建模、情境推理和情境应用等环节。首先要通过公众的终端、可穿戴或非接触式环境设备等获取移动公众的情境信息,其次选择智慧博物馆服务推荐可利用的情境信息进行情境建模,同时除了获取外在的环境信息外,还需要挖掘公众的隐性特征,通过分析和识别公众的时间、位置、情绪、行为状态等信息,从而预测公众可能期望获取的内容和参与的事。智慧博物馆基于情境感知的场景化服务是通过公众与情境相互作用完成的,服务系统实现了"情境—需求—服务"的自适应过程。

5.2.3　基于情境感知的场景化服务目标和原则

基于情境感知的智慧博物馆场景化服务是在情境适配基础上为用户提供的个性化服务。通过情境,博物馆藏品、展览、空间、智力、资料等资源与用户实现了融合,开创了服务新方式。情境具有动态性、复杂性和个体差异性,用户的行为、情绪和资源的交互都可改变情境,基于情境感知的服务能够实时发现和分析用户以及所在环境的变化进而调控服务内容和形式,通过个性化推荐为用户提供实时、精准的个性化服务。可以说基于情境感知的智慧博物馆场景化服务是以满足用户需求为出发点,以情境感知为基础,结合用户的知识、经验、兴趣、偏好和认知方式,借助科技优势,充分调用博物馆资源,开展内外联动、虚实交融、线上线下相协调的服务。基于情境感知的场景化服务具体实现时,要遵循以下原则:

(1)泛在服务

智慧博物馆的场景化服务本质是一种多维信息的连接,能够智能感知和理解公众需求,将环境、设备、技术和人等信息进行连接。其所依托网络的时间域和空间域不受限制而能触及全部的人、物和空间,在物联网、移动互联的支持下可以轻松地将物理模拟升级为数字信号,能够量化和计算一切。基于情境感知的智慧博物馆服务系统需要对公众所处状态的动态变化进行及时的采集、分析和处理,以便建立准确的情境模型,为用户提供相关的内容推荐,即对于场景中的公众,可在任何时间、地点,通过不同终端与博物馆进行信息交互,以便智慧博物馆时刻以满足个人和社会需求为中心,为个人和社会提供泛在的无所不含的服务。

(2)全面服务

智慧博物馆的场景化服务构建既要根据现实性场景、虚拟性场景、现实增强性场景和虚拟增强性场景的各自特点进行物理场域的搭建,包括基本空间的安排、网络设施的布置、交互设备的购置等,也要考虑环境氛围的营造,能够支持个人和群体的社交,以及良好体验与认知的形成。而传统博物馆服务设计中,物理部分的设计仍处于主导地位,忽略了对观众生理、认知和情感具有关键性影响的环境氛围设计。营造环境氛围可从理解不同群体的体验入手,从声音、光线、温度、色彩等着眼设计针对亲子家庭、旅行团、学生团队、专家学者、文创公司等的服务场景,形成群体的认知体验、需求体验和情绪体验。

(3)整体服务

博物馆都有各自的定位和独特的资源优势,特别是在资源方面,藏品、展览和研究人员反映了博物馆开展服务的基础实力。虽然借助网络和移动互联的优势可以拓展服务的空间,但整体上许多博物馆的服务缺少主题意识。在情境感知和建立观众画像的基础上,需要构建具有鲜明特色的服务主题,并按主题内容将涉及的馆内部门进行整合,形成协同建设组。通过主题定位,一方面使公众明确博物馆能提供什么;另一方面为公众在特定主题下全面获取博物馆相关服务提供了便利。此外,也要注重跨博物馆协作,不局限于单独一馆的资源条件,可以在主题引导下探索场景化服务的博物馆界内的一致性,即博物馆间要达成主题服务的共识,合力构建覆盖全面、配置合理、服务高效的矩阵式服务体系。

(4)有序服务

博物馆的场景化服务既有系统性的特点也有阶段性的特点,完整的场景化服务系统是由多个服务阶段、多个接触点共同组成的。单个服务也遵循一定的服务流程。对于在一段时间内的公众服务,服务进入时间、进度、结束时间,以及不论是物理接触点、数字接触点、情感接触点、隐形接触点还是融合接触点等都很大程度上影响公众对服务的功能性、可用性、可靠性、易用性和情感性层面的体验。因此场景化服务要充分考虑每个环节的实施速度,做好节奏把控,把个人或群体与服务互动的每个步骤和每个点都连接起来,形成有序服务。如辅助观众参观的服务,既要考虑线上或线下展览参观中的时间段,也要考虑参观前和参观后的时间。参观前可做好观众参观兴趣、动机和需求等的预测和研判工作,参观中要做好观众行为分析和引导、意图分析和推荐、情感分析和疏导等,参观后要做好观众反馈收集与处理、服务质量评估与优化、观众持续联络与推荐。

(5)拓展服务

随着各种终端设备尤其是可穿戴设备的发展,以及大数据、云计算、人工智能等技术的不断进步,新平台、新设备、新交互的涌现使得公众接触和使用博物馆服务的渠道和方式越来越多,个人和群体的需求层次更加多元多样,马斯洛需求层次理论中较高层级需求日益凸显。智慧博物馆需要因地制宜拓展服务场景,增强服务创新意识,改进服务措施,提高服务的可得性和便利性。可从健全人群向残障人群拓展,从中青年人向儿童、老年拓展,从面向欣赏、学习和交流向面向陪伴、恢复、康复拓展,从展厅、资料室、课堂向商场、车站、机场拓展,不断丰富服务场景,充实服务内容,最终形成规模化、体系化、精细化的场景化服务矩阵。

5.2.4　智慧博物馆情境感知的维度

智慧博物馆场景化服务的特点是以人为中心、以需求为导向、更加精准高效。根据场景化服务需求和智慧博物馆的特点,可将智慧博物馆情境感知的对象进行有机分解,分解为对象维度、环境维度、服务维度和社交维度,建立如图 5-2 所示的智慧博物馆情境感知分解模型。

图 5-2　智慧博物馆情境感知分解模型

对象维度主要指智慧博物馆服务情境中关于公众的精准刻画,通过数据化表征实现对服务对象的精准建模。主要利用人工智能技术实现对服务对象外在行为和内在生理信息的全时空、多维度数据采集,利用多模态数据融合的方法实现对其背景、行为、认知、情感的精准测评。对象维度主要包括:①对象的背景信息,包括个体的性别、年龄、受教育程度、职业等,也包括群体的所属地、所属行业、组织形式等,这些背景信息可通过注册信息、人口统计数据或专门调查获得。②对象的行为信息,包括对象在线上和线下服务环境中的话语、表情、肢体运动、行进方式、身体姿态、手势等外在行为信息以及呼吸、心跳、脑电、眼动、皮肤电等内在生理信息,前者可通过信号分析、视频解析、网络爬虫、日志采集等方式获取,后者可借助眼动仪、智能手环、智能手表、生理设备等获取。③对象的内在特征信息,包括心理状态、认知风格、参观或使用动机、参观或使用偏好等,心理状态能够反映不同情境下服务带来的个人心理变化,可根据心理变化提供适配对象当前心理状态的场景服务,心理状态数据的采集可以通过调查问卷、在线反馈,或者利用日志采集和网络爬虫获取用户的留言评论等;认知风格、参观或使用动机、参观或使用偏好可通过调查问卷、留言评论记录、邮件和网站访问日志获得。

环境维度主要指关于智慧博物馆时间和空间等要素的描述,主要通过对智慧博物馆的现实空间、虚拟空间和设备等精准分析,对智慧博物馆环境要素进行全方位、多层次、细粒度的精准刻画。环境维度包括:①时间,反映公众获取服务、享用服务的时间,反映其时间偏好和习惯,可通过各类传感设备或网站日志信息获得。②空间,包括现实空间的温度、湿度、亮度,展厅的空间结构等,也包括虚拟空间的网站类型、网页结构、社交媒体平台类型等,前者可通过各类传感器和 GPS、Wi-Fi、基站等定位技术获得,后者可通过网站信息获得。③设备,主要指个人或群体在特定时空下使用的设备情况,如多媒体互动装置、导览装置、平板、智能手机、智能手环、智能眼镜等,可通过问卷调查、视频分析、网站日志分析等获得,智慧博物馆场景化服务就是在恰当的情境下通过合适的设备提供适配的服务场景。

服务维度主要包括基于智慧博物馆服务情境资源为个人、群体或机构等提供的场景化服务,通过对智慧博物馆场景化服务的类型、质量、推送时机以及对象接受度的精准测评,实现对服务情境的精准刻画。服务维度主要包括:①面向观众的咨询、导览、路线规划、展品和展览推荐、教育活动组织、云参观、个性化藏品收集、资讯推送等服务;②面向馆际用户的藏品关联、查询检索、资源推送、信息共享、交流分享、协作组织等服务;③面向学校、文化公司、文创公司等企事业单位的专家咨询、信息交流、资源整合、资源传送、创新合作等服务。

社交维度是指个人或群体在一定环境中进行交往,强调人与人、人与博物馆之间的互动关系,受社会文化、社会经济、社会心理等方面的因素影响,一般可通过问卷调查、访谈、社交媒体数据分析等方式获得。社交维度主要包括：①个人与博物馆的互动关系，涉及一般观众、偶然观众、经常性观众、博物馆志愿者、博物馆粉丝、博物馆之友等与博物馆的互动。②群体与博物馆的互动关系，涉及馆际友好单位、图书馆、档案馆、小学、中学、高校、培训公司、文创公司、出版社、旅行社等与博物馆的互动。

　　我们可以通过两个案例来理解情境感知的维度。例如，当一位高中历史教师需要从博物馆网站寻找合适的教学资源时，场景化服务下的设备要素即为可访问网页的笔记本、平板或手机。如果用户注册了个人信息，网站可以直接获取其特征或意图；当然，通过其在网页中的浏览搜索行为或点击的服务类别，也可以对用户的特征、用户的所在地、用户与博物馆的关系进行粗略的描述。结合这些特征，博物馆即可调用虚拟性场景下的数据资源，为该教师整合某一关键词相关的文物、学术研究资源，或推荐相关的线上展览、线下活动等。又比如，当一位青年观众在博物馆的实体展览中打开手机的自助导览系统时，场景化服务下的设备要素即为手机。通过观众自主登录，系统可以确定观众的 ID，以此获取其基本信息；通过分析观众的历史行为数据或自主填写的信息等，博物馆能分析其与博物馆的社交关系，挖掘用户的内在特征或对博物馆的需求；同时，系统可以调用手机的相关接口确定观众所在的时间、空间，通过展览的监测装置还可以获取其在博物馆的实时参观行为和周围环境情况。综合这些维度的特征，手机导览系统即可调用相关资源，提供路线规划、展品推荐、增强现实展示等个性化服务。此时，调用的资源就来自一种现实性场景和虚拟性场景的综合。

　　从这些例子可以看出，对象、环境、服务、社交的感知对描述一种情境而言是缺一不可的。同时，情境也是联合不同场景资源、实现综合服务的一种驱动形式。此外，对于对象、环境、服务和社交，感知这些情境的主要目的还是实现人与场景的连接，描述不同情境下的人或人群的特征是基本需求。在这一背景下，观众画像的获取、生成和应用不失为一种情境感知下实现场景化服务的关键。

5.3　智慧博物馆场景下的观众画像

5.3.1　观众画像的内涵与意义

"观众画像"的概念来源于"用户画像",对应的有"persona""user model""user profile"等多个英文名词,尽管它们意思相近,但不同的研究和应用领域对其存在不同的理解,容易造成混淆。陈烨对这些概念的异同做了辨析,认为应将"user profile"作为中文语境下"用户画像"最合适的翻译。[①] 具体而言,角色(persona)最初在交互设计领域由艾伦·库珀(Alan Cooper)提出。库珀等认为,让产品成功地迎合各种用户的最佳方法并不是设计一件满足所有人需求的产品,而是为具有特定需求、特定类型的个体进行设计。在这样的背景下,库珀等将"角色"视为一种概念化的用户模型(user model),是对实际观察到的用户行为数据的模式总结,它提供了一种思考和交流用户如何行为、思考、产生愿景及其原因的方式。[②] 而在计算机领域,用户模型这一概念则更加突出计算机可识读的用户特征的发现及其组织形式,它面向数字化的个性服务,用户模型数据能否保证完整、实时、真实等特征将影响数字化服务的最终质量。[③] 陈烨认为,相比较而言,用户画像这一概念更具综合性与可读性,其应用场景也更加广泛——不仅包括产品开发阶段的需求分析环节,也应涵盖产品运维时期对用户数据的管理利用与提升优化。如今,用户画像在电商等其他领域也得到应用,主要指从海量的用户数据中提取标签,利用标签描述真实用户在虚拟世界中具有代表性和差异性的身份形象,以此提供定制化的用户服务。[④]

---

① 陈烨. 社会化问答平台用户画像研究[M]. 北京:科学出版社. 2022:18-22.

② Cooper A,Reimann R,Cronin D. The essentials of interaction design [M]. Indiana:Wiley Publishing,Inc. 2007:75-80.

③ 姚帆,李银胜. 基于多维用户模型的数字教育服务推荐技术研究[J]. 计算机应用与软件,2017(10):136-142.

④ 晁明娣. 面向图书馆精准服务的用户画像构建研究[J]. 图书馆学刊,2019(4):106-111,130.

在图书馆研究领域,尹婷婷和郭永建将智慧图书馆用户画像定义为"在深入了解读者特征、预测读者资源需求、激发读者潜在资源需求的基础上,利用智能信息技术处理手段,通过提取能够描述读者特征信息、资源需求信息等虚拟数据的操作过程,构建目标用户模型,实现精准的用户服务"[①]。廖运平等认为,图书馆应该先基于角色分析开发相应的产品与服务,再基于用户画像将这些产品和服务进行精准推送,以此为划分,分别阐释面向设计和面向营销的两类图书馆用户画像生成方法。[②] 刘海鸥等较为系统地阐述了移动图书馆用户画像情境化推荐的理论、机制、技术、管理与应用等。[③] 程秀峰等基于用户画像提出了图书馆智慧参考咨询服务模式的框架。[④] 图书馆和博物馆都存在线下实体的服务空间场景,和互联网应用中的用户画像相比,这些文化空间的用户画像和场景的关联性相对更强,对物联网技术也提出了更高的要求。例如,康存辉对用户画像视角下图书馆服务空间的再造进行了探析。[⑤] 这些研究为本章智慧博物馆观众画像的论述提供了参考借鉴。

目前,针对博物馆中的用户画像生成及其应用已有部分研究。王开对博物馆环境下的用户画像做了较为系统的说明,认为用户画像能够帮助博物馆提供个性化信息推送、推荐兴趣伙伴、优化智慧导览等。[⑥] 马玉静将观众画像的概念直接等同于用户画像,认为在智慧博物馆的建设背景下,能够依托大数据为观众构建用户画像,以此了解观众的喜好和需求,为相关工作和决策提供依据,针对不同的观众群体提供精准化服务。[⑦] 徐延章则从博物馆用户体验和服务设计的角度出发,认为博物馆可以依托大数据技术收集用户信息,"采用多维标签和情境化、可视化的用户画像描述用户个性特征,建立用

---

① 尹婷婷,郭永建.数据驱动背景下智慧图书馆用户画像模型构建与研究[J].图书馆理论与实践,2023(4):81-86.

② 廖运平,卢明芳,杨思洛.大数据视域下智慧图书馆用户画像研究[J].国家图书馆学刊,2020(3):73-82.

③ 刘海鸥,苏研源,张亚明,等.移动图书馆用户画像情境化推荐服务研究[M].北京:经济科学出版社,2021.

④ 程秀峰,周玮珽,张小龙,等.基于用户画像的图书馆智慧参考咨询服务模式研究[J].图书馆学研究,2021(2):86-93,101.

⑤ 康存辉.基于用户画像的高校智慧图书馆服务空间再造探索[J].图书馆工作与研究,2020(4):79-83.

⑥ 王开.博物馆个性化用户画像的构建及其应用[J].信息技术与信息化,2020(1):11-16.

⑦ 马玉静.博物馆观众画像构建应用与实践探讨——以中国国家博物馆为例[J].博物馆管理,2021(4):15-26.

户与资源和环境的匹配关系模型"，支撑博物馆文化服务的精准推荐并保证后续画像数据的动态更新。① 斯韦博尔·卡拉曼（Svebor Karaman）等提出了MNEMOSYNE 系统，旨在通过被动观察为博物馆观众建立个性化档案，并基于此提供有针对性的多媒体内容推荐服务。② 与之类似的还有克里斯汀·塞弗特（Christin Seifert）等的 EEXCESS 项目③、奥利维耶罗·斯托克（Oliviero Stock）等的 PEACH 项目④等，在这些技术框架中，用户画像均在博物馆参观互动中得到应用。此外，用户画像相关方法在博物馆新媒体传播、交互装置、文创产品设计等具体和垂直的业务中也有所体现。

在智慧博物馆的视角下，我们可以说"观众"（visitors）身份正向"用户"身份靠近。从观众研究的角度看，博物馆的建设发展正越来越强调"以人为本"，以优化教育与传播的基本职能。以约翰·H. 福克（John H. Falk）为代表的学者指出，博物馆观众并不能仅仅被理解为被动接受知识的"访客"，他们自身带有不同类型的参观动机，会主动"利用"博物馆的功能可供性（affordance）。⑤ 与之相关的博物馆观众研究往往带有市场营销的思维，结合观众的社会人口统计学特征或情境化的身份分类研究不同观众群体的认知特点、信息需求或参观体验，这和用户画像的研究思路是不谋而合的。与此同时，在数字时代下，对博物馆观众的定义不再局限于造访实体展馆的人群，遗产的数字化扩大了博物馆的传播范围和服务对象。亨丽埃特·鲁埃德-昆利弗（Henriette Roued-Cunliffe）指出，针对文化遗产数据的"信息寻求型用户"数量已经超过了使用其的学者数量，这对文物数字推广方式造成了影响。数字博物馆不能仅仅抱着"建好了就有人来"的心态，而要从这些用户的参与中获得经验。⑥ 此外，伴随着大数据、物联网、人工智能等技术的发展，互联网

① 徐延章. 新技术条件下的博物馆智慧服务设计策略[J]. 东南文化，2021(2)：159-164.

② Karaman S，Bagdanov A D，Landucci L，et al. Personalized multimedia content delivery on an interactive table by passive observation of museum visitors[J]. Multimedia Tools and Applications，2016(75)：3787-3811.

③ Seifert C，Bailer W，Orgel T，et al. Ubiquitous access to digital cultural heritage[J]. Journal on Computing and Cultural Heritage，2017(1)：1-27.

④ Stock O，Zancanaro M，Busetta P，et al. Adaptive，intelligent presentation of information for the museum visitor in PEACH[J]. User Modeling and User-Adapted Interaction，2007(3)：257-304.

⑤ Falk J H. Identity and the museum visitor experience[M]. London：Routledge，2016.

⑥ Roued-Cunliffe H. Open heritage data：An introduction to research，publishing and programming with open data in the heritage sector[M]. London：Facet Publishing，2020：57-58.

思维下基于数据的用户画像生成与利用对博物馆来说成为可能。

因此,综合用户画像本身的含义与智慧图书馆语境下的用户画像概念,我们将智慧博物馆观众画像理解为对博物馆线上线下观众特征的数字化集合,它来自多元的情境数据,也广泛地参与观众研究与管理、博物馆产品研发、信息个性化推送等多种智慧博物馆业务之中,并具有迭代更新的动态性。这意味着观众画像既继承了信息时代下用户画像的本质特点,也由于智慧博物馆的自身需求而带有一定的独特性。

5.3.2　观众画像与场景化服务的关系

智慧博物馆的基本需求是构建"人—物—空间"的信息交互通道,对象、环境、服务和社交均是智慧博物馆情境感知的潜在对象。而观众画像概念则在"以人为中心"的前提下将博物馆的人与物、人与空间、人与人要素的映射关系进行数字化并串联起来,最终服务于个性化、场景化的智慧服务。所谓人与物的关联,即收集观众对藏品的认知反应等数据,推测观众对藏品的偏好,为观众提供个性化的信息推荐服务;所谓人与空间的关联,即需要基于场景服务的视角设计观众画像的建构流程,并根据场景差异和观众画像数据提供个性化服务,使得系统能够将画像与场景相匹配,提供相应的信息①;而所谓人与人的关联,既包括分析观众在线上线下与博物馆相关账号或人员的社交互动情况,也包括通过聚类分析等方法将相似的观众特征聚拢为群体画像,在为相关决策提供依据的同时也能有助于博物馆开展新媒体传播、产品研发、社群运营等工作。可以看出,尽管观众画像可以被视作情境感知下的对象维度,但建立高质量的观众画像则需要来自对象情境、环境情境、服务情境和社交情境的数据,对这些数据的采集和分析本质上也是情境感知的体现。综上所述,博物馆人、物、空间的要素构成决定了智慧博物馆观众画像对基于情境感知的场景化服务的重要作用;同时,也正因为传统的博物馆服务本身就具有将"某一场景有关的一整套服务整合在一起"②的潜力,智慧博物

①　程光胜.基于"大数据＋小数据"的智慧图书馆用户精准画像模型构建[J].图书馆理论与实践,2022(5):90-95,104.

②　彭兰.场景:移动时代媒体的新要素[J].新闻记者,2015(3):20-27.

馆为观众画像在场景化服务方面的应用提供了良好的沃土。总体来看,观众画像对场景化的观众服务有如下作用:

(1)开展分众研究。为了满足每一部分观众的需求,确定同质的观众群体是博物馆规划和制定适当策略的重要步骤,目前不乏研究对博物馆观众进行聚类分析。[①] 如今,分众的数据来源并不仅局限于人口统计学和参观动机等,利用更多元的数据和标签计算相似性,也能够帮助挖掘隐性的分类标准。博物馆将观众个体画像转化为群体画像,针对分众进行研究,既有助于对不同类型的观众资料进行分析管理,也能够从市场营销的角度开展传播策略优化、文创或信息产品研发、社群运营等一系列工作。

(2)调整不同场景下的资源组织形式,辅助数据资源的场景化。在信息时代,不仅场景从实体向虚拟发展,其资源的内容和利用方式也可能出现变化,博物馆已有的专题数据需要根据观众及所在环境的不同而手工或自动地调整。因此,博物馆资源一方面本身就因为服务场景的不同存在差异;另一方面由于不同场景下观众的需求存在差异性,博物馆的资源架构也需要根据场景和分众的需求进行分类和调整。值得注意的是,对资源的管理和利用不仅可以是人工的,也需要契合大数据的思路和需求,为推荐系统等应用打下基础。观众画像一方面有效整合情境数据;另一方面能够同时面向工作人员和计算机展示观众特征,因此能够有利于实现不同场景下数据资源的灵活安排和调用。

(3)辅助服务空间和内容的场景化,在合理的分众研究和资源调整之上实现个性化的服务。在识别和发现具体场景、完善场景服务库及其资源的搭建后,需要从库中调用合适的内容,并结合观众画像开展具体的服务。例如,在展览场景下的藏品可以和线上线下的文物数据库实现关联,当发现观众在某些藏品的附近区域停留时间较长时,可以结合历史数据和基本信息等计算其兴趣和需求,以提供实时的路线规划、观展后的补充信息推荐等;观众使用博物馆文化产品用于家庭教学、欣赏娱乐、社交就是不同的情境,产品的内容推送也可以根据观众的参观动机和社会角色实现相对的调整。观众不仅可以根据所在场景自行选择需要的服务项目,博物馆也可以通过信息技术挖掘

[①] Brida J G, Disegna M, Scuderi R. Visitors of two types of museums: A segmentation study[J]. Expert Systems with Applications, 2013(6): 2224-2232.

观众的潜在需求，提供主动式的服务。

综上所述，如果说感知公众情境是智慧博物馆开展场景化服务的根本前提和基础，那么观众画像则是一种整合情境数据、反映观众在情境下的各种偏好、开展场景化服务的落地思路和必要的辅助工具。如今，随着用户画像应用的发展，用户画像数据呈现出多源异构的特点，并已经存在许多将其和场景化、情境化服务相结合的探索。[①] 对于智慧博物馆而言，也不妨将场景化服务的思维融入观众画像的数据收集、生成、管理与使用的全流程之中，并让观众画像数据应用于场景化服务之中。

5.3.3 观众画像的标签体系

用户画像的采集、生成和使用可以对应数据层、标签层和方案层三个层次，整体上可以看作一个从数据到标签，再由标签到方案的过程。[②] 观众画像处于标签层，本质上是对观众特征标签的体系化描述。[③] 建立合理的观众画像标签体系，有助于"承上启下"地优化画像数据收集、管理和利用的流程。

那么，要实现场景化的服务，具体需要什么样的观众画像标签？以观众为中心，我们将从"人""人—人""人—物""人—空间"四个角度出发建立标签体系，一方面，这些标签依赖于对对象维度、环境维度、服务维度以及社交维度数据的感知、挖掘和概括；另一方面，观众画像本身也描述了其在这些情境下的偏好。

（1）对象维度下"人"的要素。观众常规的基本信息包含姓名或 ID、性别、年龄、籍贯、教育程度、专业背景等。[④] 根据以往的观众研究，影响博物馆观众体验的基本信息还包含文化身份、参观动机、兴趣爱好、专家/非专家等。此外，无障碍服务是博物馆观众服务的关键内容。数字博物馆和实体博物馆都应该给弱势群体藏品浏览、信息获取和参与活动的机会。对于视觉听觉障碍、身体障碍、老年等特殊人群，也不妨将相应的标签添加进画像体系，对不

① 周聪，刘双，张德林.场景五力视角下基于用户动态画像的精准推荐服务研究[J].图书馆学研究，2021(19):65-72.
② 崔倩倩.基于用户画像的优惠券场景化营销研究[D].北京：北京交通大学，2020.
③ 刘海鸥，苏研源，张亚明，等.移动图书馆用户画像情境化推荐服务研究[M].北京：经济科学出版社，2021:122.
④ 马玉静.博物馆观众画像构建应用与实践探讨——以中国国家博物馆为例[J].博物馆管理，2021(4):15-26.

同的残疾障碍类型进行分析,让智慧博物馆更好地结合信息技术提供替代方案,从而发挥在特殊人群服务方面的相应优势。[①]

(2)社交维度下"人—人"关联要素。除了个体自身的特征外,观众的社交关系也是描述观众的重要标签之一。对于实体博物馆来说,观众是独自参观还是和亲友一同参观,对参观中的行为与潜在需求影响很大。观众是否愿意二次参观或推荐他人参观,也和其社会关系存在一定的相关性。而在互联网时代,社交网络数据发挥着更大的优势。例如,可以将观众身份和微博等平台的账号进行关联,通过其平日的点赞、评论、收藏、分享等社交网络互动行为推测其对博物馆展品、展览或相关活动的兴趣,以帮助完成博物馆信息服务的"冷启动";同时,特征相似的观众,其行为与偏好也具有一定相似性,通过无监督聚类能够辅助开展人口统计学之外的分众研究。

(3)服务维度下"人—物"关联要素。对于大多数博物馆来说,即使在数字时代,"博物馆物"依然是展示的重要对象,获得观众在博物馆内外对"物"的互动偏好是至关重要的。大多数个性化的服务都是围绕"物"展开的,这里的"物"主要包括博物馆藏品的实物以及一系列数字化形式,包括与之相关的辅助展品、学术研究成果,以及文创等衍生产品和相关服务;而人与物的交互行为包括停留观看、拍摄、观展前后的话语描述、主动使用导览设备获取的相应信息,对于电子设备或特殊展品的触摸,对文创产品的搜索或购买,在博物馆相关产品或社交网络上的检索、收藏、分享、点赞等。这些可以观测的数据可能反映了观众潜在的"兴趣点",通过挖掘和分析这些数据,有助于在藏品和观众之间建立关联。

(4)环境维度下"人—空间"关联要素。这里的"空间"不仅仅包括实体的博物馆空间,也应涵盖线上的数字空间。根据斯考伯与伊斯雷尔提出的场景的五个要素:定位系统、传感器、移动设备、社交媒体和大数据,从这个视角看,可以说人与物都在空间之中,观众体验,以及人与人、人与物的互动都是发生在一定的空间中的。然而,一个人在不同空间中的行动和需求偏好可能是不同的,对于整个观众群体来说,不同空间的流量情况也有高低之分。因此,在观众画像中融入时间、位置等环境标签,不仅有助于了解观众个体对博

---

① 郑霞.数字博物馆研究[M].杭州:浙江大学出版社,2016:189-206.

物馆空间资源的偏好,也有助于相关人员对博物馆空间资源分配进行整体调度。例如,通过定位系统发现观众在某些展览区域的停留时间较长,在分析原因后,可以对后续策展的空间规划进行一定的调整;当发现观众在线上对博物馆网站的某项服务使用频次较高时,可以将其入口置于更为明显的位置,扩大其允许同时在线访问的人数,或对这项功能进行重点宣传。由此可以看出,一方面,观众画像的建立依赖通过情境感知技术手段获得的对象、环境、服务、社交数据,对这些数据进行分析、挖掘、标签化处理;另一方面,观众画像本身也可以作为情境描述的对象维度,联合其他情境感知维度共同组合调用场景服务资源,展开具体服务。

5.4　基于情境感知的场景化服务体系

如何整合情境感知与观众画像,最终与后台建立好的博物馆专题数据库结合,用于开展场景化的服务?我们提出一种基于情境感知的场景化服务体系,通过情境感知需求,通过需求描述情境,通过情境反映场景。在这样的关系下,可构建由情境采集、资源整合、场景分析和场景服务组成的体系框架,如图 5-3 所示。

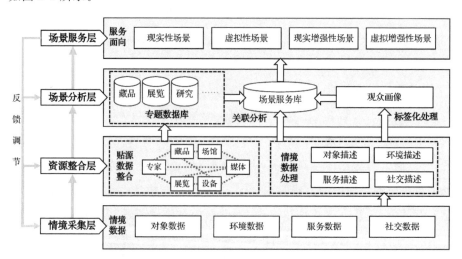

图 5-3　基于情境感知的智慧博物馆场景化服务体系

（1）情境采集

情境采集的目的在于获取对象、环境、服务和社交各维度的数据。在以人为中心的背景下，根据观众是否意识到自己的信息正在被采集，可将相关的数据收集手段分为介入式和非介入式两种。

介入式的收集方法指研究人员主动收集的数据。在线下的收集手段包括问卷、访谈、观众留言等。此外，还存在情绪地图[①]、自我映射[②]等评估工具。介入式的信息收集还可以在预约系统、媒体产品、社交平台上完成，以实现和观众身份的绑定。介入式方法能够最大限度地尊重并保障观众的隐私，当使用访谈等方法时也往往能获得更多定性和有深度的信息。对于一些特殊的博物馆服务，如馆校合作等，介入式的调研也是收集有针对性数据的最快方法。

非介入式的信息收集方法主要指尽可能在观众意识不到的情况下收集数据，这样可以保证在观众的自然状态下获得数据，使数据更具有真实性，主要包括以下两种类型：

①线下区域行为监测。在线下展览中，传统的非介入式研究法包括跟踪观察法（tracking observation）等，早期的研究人员会使用纸和笔在一旁对观众的参观行为进行记录。[③] 而伴随着信息技术的发展，非介入式的数据收集手段也愈发多元和丰富。江翼成等曾从接触式/非接触式、基于图像的/基于无线信号的两种维度对博物馆内自动化的计时跟踪法（timing and tracking）技术做了较为系统的综述。[④] 第一个维度主要看观众在观展中途是否需要额外佩戴设备，第二个维度主要看采集的数据媒介类型。两个维度交叉的四个分类在成本、覆盖率、隐私保护和技术难度上各有优劣，几乎可以囊括博物馆线下空间的观众行为自动监测技术。其中，基于图像的接触式设备包括开启摄像权限的手机、增强现实眼镜等，能够捕捉观众视角画面计算位置信息；基于图像的非接触式设备则指空间中固定位置的摄像头等；基于无

---

① Schmitt D, Labour M. Making sense of visitors' sense-making experiences: The REMIND method[J]. Museum Management and Curatorship, 2021:1-17.

② Nurse R G, Benfield J A, Loomis R J. Visitor self-report behavior mapping as a tool for recording exhibition circulation[J]. Visitor Studies, 2012(2):203-216.

③ 赵星宇, 席丽, 付红旭, 等. 个人意义映射与跟踪观察法在博物馆学习研究中的应用[J]. 自然科学博物馆研究, 2017(4):64-72;Yalowitz S S, Bronnenkant K. Timing and tracking: Unlocking visitor behavior[J]. Visitor Studies, Routledge, 2009(1):47-64.

④ Jiang Y, Zheng X, Feng C. Toward multi-area contactless museum visitor counting with commodity WiFi[J]. Journal on Computing and Cultural Heritage, 2023(1):1-26.

线信号的接触式设备包括开启相关无线信号权限的手机、智能导览设备等,这也是目前多数博物馆采用的参观信息采集方式,佩德罗·埃斯库尔(Pedro Escuer)等对其做了较为详细的调研[①];而基于无线信号的非接触式技术尽管在成本、数据真实性、监测范围和隐私保护方面最为理想,但目前仍可以说处于物联网技术研发的阶段。此外还存在一些细颗粒和多模态的生理数据,如眼动、脑电、心电等等,也要通过接触或非接触式设备收集。

②线上产品使用习惯收集。与博物馆相关的线上数据来源主要包括官方、非官方两种。官方来源包括官方自主开发或委托开发的网站、应用程序、客户端等,这些产品的使用者往往是博物馆的忠实观众,并且博物馆可以直接在后台进行管理,因此能获得大量的用户行为数据。而非官方平台主要指博物馆注册账号的社交平台,包括微信公众号、微博、抖音等等。此外,还包含文创商城的购买、收藏、评论行为等。这些平台上博物馆的粉丝数量相对更多,通过这些平台自带的运营情况统计分析工具,或者通过其他工具间接抓取社交网络的互动、话语数据进行分析,有利于提升新媒体运营质量,发展潜在观众。

当然,在数据收集的过程中,除了采集对象本体的基础信息,也要记录相对应的环境、服务、社交等语境信息,以便在后续对观众的需求展开更加深入的分析。此外,情境数据来源包括动态数据和静态数据两种,静态数据主要指性别、籍贯、专业背景、收入水平等短期内不会改变的数据,而观众所处的环境,对内容的浏览行为、喜爱程度等则很可能随着时间发生变化,这就要求数据需要保证一定的动态更新机制[②],对于不同的使用需求和观众类型,数据也可能具有不同的时效性。因此,需要明确来源数据对应的时间,可以根据自身需求调用不同时间范围内的数据,同时也需要在一定程度上保证能够实现部分数据的自动更新。

(2)资源整合

在资源整合层,智慧博物馆一方面将博物馆藏品资源、展览资源、场馆资

①　Escuer P, Mateo A, Schutes J, et al. Refining visitor tracking for Museum Victoria[R]. Worcester Polytechnic Institute,2014.

②　安琪.基于用户借阅行为画像的高校图书馆精准化阅读推广模式研究[D].南京:东南大学,2021.

源、专家资源、设备资源、媒体资源等贴源数据进行人工或自动化的有效整合（见"面向公众服务的数据资源建设与管理"），为专题数据库的建立和场景化服务的顺利开展提供支持；另一方面在收集到多源异构的情境数据后，需要对各种数据进行分析处理，具体而言，可以将其概括为以下两个步骤。

①确定合理的数据范围。首先需要根据具体的情境感知维度确定处理数据的范围。例如，通过指定年龄段、性别、参观线上线下博物馆的频次等，可以确定为什么样的观众建立画像；为了研究某线下展览的参观热点，可以通过环境维度限定数据处理范围，将与这个实体展览相关的所有观众行为数据进行整合，等等。

②分类开展数据整理和特征挖掘。在获得数据的范围后，需要对各种数据进行清洗、结构化和标准化。数据清洗主要指去除大数据中过时、无用或重复的"脏数据"，以保证数据源的质量。此外，数据在格式和架构等方面需要进行整理①，尽量达到标准化，为数据管理、应用层的使用或系统间的合作提供便利。

（3）场景分析

场景分析层以建立场景服务库为目的，帮助专题数据库与观众需求的连接。

首先，在观众画像建构方面，需要通过分析得到隐性情境信息，进一步挖掘情境语义做标签化处理，形成以人为中心的观众画像。观众画像将数据处理整合成包括人的基本信息、人与物的交互行为、人与人的社交互动，以及与以上数据相关的环境信息在内的标签体系，主要可以分为前端应用和后台应用两种。具体而言，在前端方面，博物馆的管理、运营、开发设计等相关人员需要一个向其开放并能够实时响应的前端。前端应用要求将观众特征挖掘的结果通过量化、可视化等非专业人员能够理解的方式直观地呈现，在为实际业务和相关决策提供指导的同时，也有助于建立健全场景库中的资源。在理想状态下，相关人员能够依据自身的权限，在界面中选定想查看的观众画像范围，系统能够实时计算处理，并将结果进行可视化，例如生成数据对比

---

① Yang Y, Yuan Y, Li B. Data quality evaluation: Methodology and key factors[C]//Qiu M. Smart Computing and Communication. Cham: Springer International Publishing, 2018: 222-230.

图、词云图、相关性图等等。对于特定的观众群或标签,工作人员也可以在系统中进行相应的管理操作。在后台方面,要求观众画像数据能够和博物馆面向观众的智慧业务对接,尤其是在推荐系统方面,能够在一定程度上实时感知情境,预测观众在不同场景下的偏好和行为,从而面向观众提供智慧化的推荐服务。此时,观众画像数据是以应用为导向的,可能并不对管理人员直接可见或可理解,但管理人员仍可以通过观众满意度、链接打开率、转化率等指标对相关的应用开发工作进行客观评价。这些观众画像及其所在情境偏好的相关描述一方面是以人为中心的情境感知的体现,可以再次融入情境感知下的对象描述;另一方面也为场景资源整合和场景化服务奠定基础。

在这一过程中,可能用到的具体分析方法主要包括统计学分析、文本挖掘、社交网络分析、大数据预测与分析等。[①]

● 统计学分析,包括描述性统计、相关性分析、方差分析、回归分析、聚类分析等。对于可以直接获得的变量,如观众的满意度、体验评价、浏览次数等,可以直接采用均值、标准差等方式描述。当观众的特征较多时,可以采用聚类分析方法,对行为或评价特征类似的观众进行无监督的分类,或许能够揭示出隐藏的群体画像或与之相关的情境特征。

● 文本挖掘或内容分析。对于观众发表的游记、展览评价等语料内容可以展开文本挖掘,通过词频统计、情感计算等技术对语言进行处理,能够计算观众在不同场景下对于不同对象的认知偏好。对于非文本数据,如观众在网络中上传的图像、发表内容的定位等,也可以有针对性地进行分析。例如马纳尔·金扎尔利(Manal Ginzarly)等的研究[②],对于本地人和游客在社交网络上关于特定区域的摄影画面、定位、自定义标签等量化结果做了较为综合的讨论。

● 社交网络分析。观众公开的社交网络数据也是推测兴趣的可用来源之一。张伦等在《计算传播学导论》中对文本挖掘和社交网络关系等分析方法做了较为全面的介绍。[③] 其中,社交网络分析将用户账号视

① 李正洋. 基于大数据的用户画像系统的设计[D]. 上海:华东师范大学,2022.

② Ginzarly M, Pereira R A, Teller J. Mapping historic urban landscape values through social media[J]. Journal of Cultural Heritage,2019(36):1-11.

③ 张伦,王成军,许小可. 计算传播学导论[M]. 北京:北京师范大学出版社,2018.

作节点,将用户和用户之间的互动关系(如关注、评论、点赞、转发等)视作边,以构成网络图。通过分析网络图的拓扑学特征,如度、密度、平均最短路径长度等,能够解析网络中的意见领袖、中介节点等,还能划分社群关系。

● 大数据预测与分析。除了挖掘已有的用户特征外,大数据还可以结合时间地点、用户历史数据等推测用户未来的意图和行为。例如,通过机器学习训练观众对藏品数字图像的审美评价,能够对其他图像的评价做出推断并完成自动标记;从检索历史、社交产品互动数据等也可能在早期就推断出观众的潜在需求,从而提供相应的推荐以提升服务效率等。

最后,通过对智慧博物馆场域下整合的专题资源库、场景化服务对象及其相关情境描述的关联分析,实现相关资源的场景化,构建场景服务库,并进行服务全过程监测,探究时间、空间、天气、设备等服务情境要素对个体或群体用户的动机形成、需求确定、接受意愿、兴趣偏好和情绪状态的影响机理,主要利用多种智能感知设备实现对观众、用户、资源、设备、活动的智能感知与融合分析,对多元研究主体进行准确表征,并对表征的含义进行深入的分析和研究,从适配服务的角度出发,建立紧密的要素映射关系。此外,还要善于利用数据密集型科学的理论和范式对智慧博物馆场景化服务的生态进行解构,研究服务情境创设与促进服务对象成长和发展间的潜在作用,从中发现与场景化服务相关的规律,为场景化服务研究的开展奠定理论基础。

(4)场景服务

场景服务主要面向现实性场景、虚拟性场景、现实增强性场景和虚拟增强性场景等开展具体化服务。现实性场景服务是在博物馆建筑内提供各种以展品、展览、教育空间、设备设施为依托的真实可感的场景服务。虚拟性场景是通过网站、数字博物馆、虚拟展览、社交平台、智能可穿戴设备、移动智能终端设备等提供虚拟的场景服务,如通过动画、视频、三维模型等表现服务内容,借助智能手机实现资源推送、云导览、云直播服务等。现实增强性场景和虚拟增强性场景是实体场景和虚拟场景的有机结合,构建真实和虚拟主体与对象实时交互的环境,利用文本、图像、音频、视频、三维模型等的组合对所要传递的信息进行表示和展示,通过线上虚拟媒介与线下物理媒介的交互作用对用户感官产生复合型刺激,通过对不同的时间、地点的虚与实的叠加、组合和交织,以达成超现实的时空服务,增强服务体验。在实际使用中,通过对情境的感知和识别,也可以对不同场景下的资源及其服务进行综合的调用。要实现智慧博物馆视域下的场景服务,一方面,需要保证场景分析层面向相关决策人员的可见性和可理解性,在数据驱动下人为地做好整合博物馆已有资源、观众和所在情境的场景服务库顶层设计;另一方面,不妨在合理的顶层设计下,尽力追求从情境感知到每个场景服务过程中的自动化。此外,根据情境感知系统的基本模型,情境的使用对情境获取和处理起到反馈调节作用。这一特征在场景化服务体系中具体表现为情境感知、资源整合和场景分析层都需要根据服务的结果和评价指标进行人工或自适应的调整。

服务体系的建立离不开博物馆工作人员的服务意识、场景化思维、信息思维、专业素养、职业素养的提升。博物馆应该完善和加强人力资源建设,一方面引进具有跨学科专业背景的人才,弥补博物馆人员专业知识和能力单一的问题,促进科技与博物馆业务的深度融合;另一方面加强馆员的在岗培训,促进其服务意识、思维方式、知识结构与服务技能的及时更新,并鼓励馆员从自身做起,灵活运用数据思维解决工作中的现实问题。博物馆也可以邀请馆内外行业专家到馆进行交流和指导,或调派相应人员到发展成熟且有特色的博物馆进修学习,以此开阔馆员眼界,激发其学习热情,挖掘其内在潜力,提升其服务创新能力。博物馆还应以提高创新水平、构建良好服务生态为导向,完善馆员考核激励机制,充分发挥考核结果在馆员自我认知和学习提升方面的引导作用,以期考核结果可以帮助那些对智慧博物馆、场景化服务、自我能力认知不足的馆员对智慧博物馆服务背景、服务需求、自身状况有更加全面的了解,有利于其充分发挥自身优势,有的放矢地进行主动学习和完善。

该服务体系对数据的风险管理也提出了更高的要求。陆梦成和王海亮对用户画像在公共图书馆中的数据风险进行了分析。具体而言,在数据获取阶段的风险包括未经授权和过度收集,在数据存储阶段的风险包括数据泄露和非法利用,在数据使用阶段的风险包括数据歧视和过度挖掘。[①] 在以往的

---

① 陆梦成,王海亮.用户画像在公共图书馆应用的数据风险与法律规制[J].图书馆研究,2022(1):9-18.

博物馆数据安全研究中,往往重点关注博物馆方对藏品数字化成果以及工作文件的保护,例如数据在存储、网络传输和使用中的安全性等。而在智慧博物馆建设中,数字化的对象除了藏品和馆内的文档外,还包括观众的线上、线下活动,这就要求数据风险管理和应对策略的制定需要延伸到与观众相关的更宽泛的维度。除了要保护观众数据本身的安全外,在信息收集阶段要注意征求观众的预先同意和知情权,在使用阶段也要注意保护观众隐私,同时加强观众端的服务效果评估,减少可能因大数据使用不当而造成的不良影响。

6. 智慧博物馆公众服务绩效评价

为了了解智慧博物馆的公众服务目标是否实现以及服务目标的完成度，需要对公众服务的成绩和效果进行评价。因此本章首先介绍绩效和绩效评价的概念，探讨智慧博物馆公众服务绩效评价的内涵和意义，分析智慧博物馆公众服务绩效评价的主体与原则，指出影响智慧博物馆公众服务绩效的因素以及构建指标体系的原则，在分析博物馆公众服务绩效评价指标体系现状的基础上，以此为借鉴，提出智慧博物馆公众服务绩效评价指标体系。

6.1 智慧博物馆公众服务绩效评价内涵与原则

6.1.1 绩效与绩效评价

绩效（performance）亦称业绩、效绩、成效等，指成绩与成效的综合，来源于管理学，是指一定时期内的工作行为、方式、结果及其产生的客观影响。美国著名管理学家彼得·F. 德鲁克（Peter F. Drucker）认为，绩效是每个组织必须考虑的问题。因为研究对象本体属性的不同以及研究视角的差异，不同的人对绩效有不同的理解，所以目前学界对其具体的界定方式还没有达成一致意见。但总体而言可以把关于绩效的界定归为以下四种类型[①]：

（1）结果论：这种观点认为绩效等于结果（results）（或者产出、目标实现度），主要指标包括责任履行度、目标完成度、计划完成度、产量、销量以及利润等。

---

① 彭剑锋.人力资源管理概论(第3版)[M].上海:复旦大学出版社,2021:343.

（2）过程论：这种观点认为绩效等于行为（behavior），包括行为的方式、流程和方法等。

（3）能力论：这种观点认为绩效等于能力（competence），包括潜力和能力，关注的是现在能做什么和将来能做什么。

（4）综合论：从以上观点可以看出，过程论和能力论的最终落脚点还是最终的结果，只不过关注的重点不限于结果，而是认为好的结果源于能力及相应的行为，行为又受到能力的影响。由此便产生了绩效的综合论，这种观点认为绩效是人的能力、行为和结果的综合体，即：绩效＝能力（能做什么）＋行为（如何做）＋结果（做出什么）。

对于智慧博物馆公众服务而言，不仅要关注博物馆利用资源优势开展场景化公众服务的质量，也要关注服务实现的效果，故本研究将绩效理解为：绩效是某一组织为达成特定目标所采取行动的结果总和。在这里，需要明确的一点是，在国内，效能也常用来评估服务。效能和绩效这两者在本质上都将结果作为导向，包含效率、效益和效果等要素。但是，从所关注的问题来看，绩效强调和突出做了什么、取得了什么结果。而效能则更关注能力运用及如何实现，侧重实现过程。因此，相较于效能，选择智慧博物馆公众服务的绩效来构建评价指标体系，可操作性和可行性会更强。

里德·A.贝茨（Reid A. Bates）和埃尔伍德·F.霍尔顿（Elwood F. Holton）于 1995 年提出："绩效是一个多维建构，观察和测量的角度不同，其结果也会不同。"[①]按照不同行为主体所处的层次，可将绩效分为个人绩效、群体绩效和组织绩效。个人绩效是个体所表现出的、能够被评价的、与组织及群体目标相关的工作行为及其结果。群体绩效是介于组织绩效和个人绩效这两个层次之间的一层绩效，是组织中以团队或部门为单位的绩效，是群体任务在数量、质量及效率等方面的完成情况。组织绩效是指组织的整体工作的完成质量和效果，指的是组织任务在数量、质量及效率等方面完成的情况。三个层次的绩效反映了自下而上的递进关系。组织绩效反映了战略性，战略有效时，如果每个人都达到组织要求，整体组织绩效就实现了；而战

---

①　Bates R A，Holton E F. Computerized performance monitoring：A review of human resource issues[J]. Human Resource Management Review，1995(4)：267-288.

略无效时,即使每个人都实现了组织规定的目标,整体组织绩效依然无法实现。① 集体绩效和组织绩效离不开个人绩效,需要通过个人绩效加以落实。个人绩效是集体绩效和组织绩效的基础和保障,个人绩效的提升会对集体绩效和组织绩效的提升产生极大的影响。但个人绩效的实现并不能保证集体或组织是有绩效的。只有当集体或组织的绩效按一定的逻辑关系,被逐层分解到每一个工作岗位及每一个人,每一个人都达到了集体或组织的要求时,集体或组织的绩效才体现出来。可以说三种绩效构成了相互关联、相互依存、相互影响的绩效系统。绩效主要运用在三个层面:经济管理活动、组织机构人力资源管理活动、公共职能部门的活动,通过效率值来衡量各种主体行为的活动效果。绩效评价又称绩效评估、绩效测量、绩效考评及绩效测量等,是指运用科学、规范的标准、方法和程序,对组织、集体或个体的业绩、效率和实际效果做出尽可能准确的评价。换句话说是为了完成既定的目标,需要运用评价方法对指标进行选择和量化,并对组织中实现某一活动目标而进行投入产出预算结果的评价。在对应的英语术语方面,"evaluation""measurement""assessment""appraisal"等词汇常被用于指代绩效的"评价"。绩效评价的目的主要是提高组织、集体或个人的整体绩效水平,其过程比较复杂,因为有不同的评价对象、评价目的、评价方法,从而会根据实际情况产生不同的评价指标。绩效评价可以促进个体与个体、部门与部门、组织与组织之间的竞争,有助于公众监督,还可以诊断和发现被评价对象的问题并提出针对性的改进措施,从而推动工作效率和服务质量的提高。总体而言,绩效评价主要有以下三个方面的作用。

(1)促进组织战略目标的实现

组织的发展战略是基于目前发展状况而对未来结果的期望,其要依靠部门和个人以其为导向,按照岗位的职责要求,通过发挥能动性和创造性来实现。而绩效评价不仅着眼于组织成员个体绩效的提高,更注重成员绩效与组织绩效的有机结合,通过评价过程引导集体或个人的行为朝着组织要求的方

---

① Otley D. Performance management: A framework for management control systems research [J]. Management Accounting Research, 1999(4): 363-382.

向发展,从而使组织成员的工作安排、任务执行、活动开展与组织战略目标保持一致,为组织整体效率的提升提供保障。绩效评价以及相应的管理,在提高组织的核心竞争力上,在确保组织短期目标与长期目标紧密相连上,在实现组织的战略目标等方面都发挥了非常重要的作用。

(2)优化资源配置

绩效评价可以帮助组织把握全局,了解发展状况,对内部的资源配置情况进行掌握和分析,发现影响部门创新发展、任务目标实现、战略达成等的在人力、物力和财力配置上出现的问题,通过分析原因、重组布局、优化结构等实现资源的最大利用和最优配置,扬长避短,以便用最少的资源耗费获取最佳效益,提升总体竞争力。在绩效评估中,通过资源管控和监督,进一步保障资源配置落实到位,动态平衡效益增长和成本控制之间的矛盾,平衡不同部门之间资源期望间的冲突,平衡不同激励模式之间的矛盾。

(3)推动人力资源有效管理

绩效评价不仅是对个人表现和成绩的事实评价,也是对其工作能力、工作思维、工作方式的评价。通过绩效评价,组织的管理者和人力资源部门可以及时、准确地获得个人工作信息,并且通过对这些信息的整理和分析,对招聘、培训、试用、考核及转正等管理制度的效果进行评价,以便及时发现其中的不足,进而为改进人事管理的规章制度提供有效依据。此外,个人绩效、集体绩效和组织绩效中反映的信息,可为人员的晋升、降职、调职和离职等提供直接或间接依据,为员工薪酬制度提供决策参考。

6.1.2　智慧博物馆公众服务绩效评价内涵与意义

智慧博物馆的公众服务是博物馆通过物联网、互联网、移动互联网、智能终端等,将藏品资源、展览、研究成果、讲座活动等以数字化方式呈现、推送和传播,为公众带来的随时随地、超感官体验的服务。对公众服务进行绩效评价,就是智慧博物馆为了达成服务目标,了解服务活动的完成度,而以既定的标准为依据对一定时期内的服务工作的状况进行评定。其直接目的在于分析服务工作的效果,总结经验教训,促使服务计划落实,确保服务目标实现。智慧博物馆公众服务绩效评价是公众服务过程中不可或缺的一环,是考察公众服务效果的重要途径。

公众服务绩效评价具有很强的现实意义。首先,公众服务绩效评价是正确理解和评估智慧博物馆公众服务过程和效果的直接途径,通过对现实性场景、虚拟性场景、现实增强性场景和虚拟增强性场景的资源配置、实施环节、实施方式、实施内容等的效果评价,来了解服务目的是否实现,服务计划是否正确,实施过程是否顺利和服务效果是否满意,进而可以发现影响因素和潜在问题,并为博物馆服务组织和实施的开展提供优化建议;其次,智慧博物馆公众服务绩效评价可以改善对服务过程的控制,了解服务环境、服务设施设备、服务人员、服务项目与要求、服务安全等情况,定期对服务质量指标进行数据统计,对服务质量、服务项目、服务人员、观众投诉率等进行评价,并定期征求公众意见和建议,根据反馈结果制定相应的调整措施和改正措施,逐步落实到位、补齐短板、堵塞漏洞,并通过再调查反馈等确保改进措施的有效性,不断提高博物馆的服务效率,增强博物馆的竞争力;最后,公众服务绩效评价可以有效提升博物馆资源使用率,在服务绩效考察中,既要考察藏品资源利用率、展览利用率、社教活动举办数、人员投入数、资金投入数等,也要考察到馆观众数、网站流量、信息转发数、用户留言数、网站影响力指数,通过因子分析、主成分分析、聚类分析、相关分析等,探寻资源要素和投入产出之间的关系,考察资源投入与产出是否平衡,找出资源投入与资源使用过程中的问题,据此对藏品、人员、资金、设备等投入比例进行合理调整,避免服务资源的浪费,进而提高博物馆资源整体的利用效率。

6.1.3 智慧博物馆公众服务绩效评价主体与原则

智慧博物馆公众服务绩效评价的主体是指评价智慧博物馆服务绩效的对象。他们是直接参与或间接了解博物馆场景化服务活动的组织、团体或个人,主要通过评价指标进行信息的收集、提取、整合与测算。不同的服务绩效评价主体基于对智慧博物馆公众服务的不同理解,从而会在评价角度上存在差异,进而体现在最终评价结果的不同上。因此,要重视绩效评价主体的选择。一般服务绩效评价主体包括内部主体和外部主体。

内部主体主要是博物馆工作人员,具体可以是博物馆管理者或某个业务部门的工作人员,他们是博物馆场景化服务的指导、监管、执行和完成人,也是服务资源建设者、管理者和利用者,还是服务平台的规划、设计人员。他们了解博物馆的智能化,了解智慧博物馆公众服务的实际开展情况,因此可首先进行自我评价,对博物馆公众服务的效果以及投入产出效益等进行评价。在自评过程中,充分发挥"以评促建"的激励引导和督促作用,边查摆、边整改、边提高。

外部主体包括各级博物馆协会的评估委员会、博物馆行业专家、博物馆观众或用户、第三方评价机构。各级博物馆协会的评估委员会是专业组织,根据博物馆发展规划制定专业委员会年度计划,并组织实施,通过组织调研及时掌握评价动态和信息,为制定指导意见和政策提供依据。博物馆行业专家基于专业的视角科学全面地评价公众服务带来的收益和效果,具有高度的专业特点和领域性。博物馆观众或用户是智慧博物馆的最终服务对象,是实际享受服务的个人或机构,在服务内容、服务形式、服务效率、服务效果上都有着最直接、最客观的感受。他们是服务需求的发起者,可直接提出对博物馆公众服务的需求和建议,对服务效果发表意见,从而促进智慧博物馆公众服务能力的提升和质量改善。第三方评价机构主要由相关领域内的专家组成,可以避免出现博物馆相关部门既当"运动员"又当"裁判员"的情况,既能保证评价主体的独立性,提高评价结果的准确性和有效性,又能弥补博物馆观众或用户在专业知识、评价规范、评价方法和评价能力方面的不足,充分发挥专家在博物馆学、社会学、管理学、统计学等领域的专业特长,给出更为规范和专业的评价结果。

然而智慧博物馆公众服务的过程复杂,涉及的利益相关者众多,覆盖的学科领域范围十分广泛,如果只选择单一的主体对智慧博物馆公众服务进行评价,势必会出现评价结果整体性不强、系统性不够的问题,甚至在评价结果上出现背离事实的偏差。因此为了弥补单一评价主体的不足，确保获得一个全面、系统、科学、规范的评价结果，应该结合智慧博物馆公众服务的建设情况，采用多元主体对智慧博物馆公众服务绩效进行综合评价，可将内外评价主体相结合，实现多方位和多层次的全面评价。

智慧博物馆公众服务绩效评价的过程中，必须遵循以下三个原则。

(1)科学规范原则

智慧博物馆公众服务绩效评价需要在评价方案制定、评价操作、评价方法实施上保证科学规范，既能体现专业性，也能全面反映公众的实际。评价流程应规范透明，坚持资料审核与现场调查相结合，注重对比分析和科学评价。评价实施中本着科学的态度，合理确定绩效目标和评价内容，遵循科学程序，运用简便、实用、定量与定性分析相结合的方法规范地进行度量和判断。

(2)客观公正原则

智慧博物馆公众服务绩效评价要坚持客观、公平、公正，做到依据合法、标准统一、资料可靠、实事求是、公开透明，并接受监督。需要结合智慧博物馆实际发展现状以及未来愿景，客观、科学地确定评价指标维度和评价指标体系，要能体现可信度。评价的资料和数据应客观真实，确保评价结论和建议措施的公正，不容易受外界干扰。评价过程的每个环节都应符合实际，尊重客观事实，公开透明，能够接受监督，确保评价结果公正有效。

(3)动态发展原则

随着社会的发展，科技的进步和智慧博物馆建设自身的完善，公众对博物馆能够提供什么、怎么提供、如何提供有了更多的认识，随之也会提出更加个性化、多样化、品质化的需求，所以，智慧博物馆公众服务绩效评价也不能一成不变，要与时俱进，在遵循原则和规范的情况下能够动态调整，根据社会、公众对博物馆的认知需求，调整评价结构和指标，优化评价流程，能全面反映公众需求和服务开展的真实情况。

(4)分级分类原则

智慧博物馆公众服务的绩效评价可以结合时间、经费和人员成本的考虑以及紧迫性、时效性等方面的考虑，将评价分阶段进行，可按服务对象类型、场景服务类型、服务形式类型等作为分阶段的依据,逐步按计划实施。此外,在指标设置上也要体现结构性和层次性,既要能反映整体评价的范围和内容,也要能反映评价的逻辑结构和指标构成关系。

6.2　智慧博物馆公众服务绩效影响因素及评价指标体系构建原则

6.2.1　智慧博物馆公众服务绩效影响因素

厘清影响智慧博物馆公众服务绩效的因素,能使博物馆抓住本质、针对性地改善服务质量,建立完善的评价指标体系。影响智慧博物馆公众服务效率的因素既包括客观因素也包括主观因素,总体上主要涉及服务资源、服务人员、服务设施设备、服务环境与活动、服务对象的情境这五个方面。

(1)服务资源

服务资源主要是指博物馆的数字资源,特别以藏品数字资源为主。数字资源的完善与否、质量如何、数量如何等直接影响到服务效果,直接决定了能够提供什么内容的信息、什么形式的信息以及信息影响的范围。数字资源的数量、质量和管理系统的性能都会产生影响。资源的数量是智慧博物馆开展公众服务的根本保障,没有形成一定规模的数字资源,很难支撑多样化的服务实施需求。数量的要求既体现在实际数据"量"上,也体现在馆藏数字资源类型"多样"和媒体形式"多样"上。因此在藏品数字资源建设中,不能一味地追求有限藏品类型的单一形式的数字资源积累,要能关注到藏品众多分类以及文本、图像、三维模型、视频等多种媒体形式。当然需要注意的是,资源建设所要达到的规模并不是数量和种类越多越好,资金和人员投入、技术支持、设备状况会起到实际制约的作用,必须综合考虑。数据资源的质量则是关注数据内在特性,如价值性、可用性、可理解性,涉及数据承载的信息、数据的精度、数据的格式、数据的时效等。藏品数据能反映本体的描述、研究、保藏和利用诸多方面。数据采集精度能支持藏品留档、藏品展示、藏品研究、藏品复制等任务。数据格式尽量通用,能够满足不同平台之间的数据交换需求。藏品数据添加、修正、补充和更新要及时,能客观、全面、准确地反映藏品研究、修复、保护等的实际情况。数据资源管理系统反映了数据组织、存储和管理能力,决定了并发用户或在线用户数,反映了可为用户提供的检索、查询等功能情况,检索途径的易用性和方便性,检索系统的友好程度和响应速度,结果输出的方式等。

(2)服务人员

智慧博物馆公众服务的实现离不开服务人员的支持,他们是公众服务重要的组成部分,是博物馆数字资源采集、汇聚、组织、处理和利用者,是服务策划与实施的具体执行者,是连接博物馆与公众的重要纽带。大数据时代,信息与知识急剧爆炸,更新周期极大地缩短,这对博物馆服务人员提出了更多要求。如何满足公众的服务需求,在多大程度上能满足公众的服务需求和服务系统能够达到什么样的运行状态,很大程度上都取决于服务人员的数量、素质和能力。在数量上要至少达到服务人员基本配备要求,特别要注重专业技术人才比例,如系统架构师、文物研究人员、展览策划人员、社教人员的比例。服务人员素质则主要包括服务人员的知识水平、业务能力和服务态度等。在知识水平方面,服务人员不仅要具有较高的专业知识水平,还要具备数据思维,具备互联网服务意识。在业务能力上,服务人员既要掌握一定的数据分析、检索和查询技能,也要具备运用数据挖掘信息的能力,能及时掌握公众服务需求变化,在满足公众基本需求的基础上发现或预测公众的新需求,并能把握提供服务的最佳时机,能进一步结合新技术应用为用户提供及时的个性化服务。服务态度是服务人员对服务活动所持有的认识评价和行为倾向,会表现在对服务环节的落实和服务工作的积极性上,比如是积极认真还是消极被动,直接影响公众接受服务时的感受。为了保证服务人员个人知识、创造能力和服务效果的有效匹配,服务人员需要具有良好的职业道德,具备积极热诚的服务态度。在服务人员发展策略上,坚持人才培养与引进并重,按照"缺什么,补什么"原则,完善服务人员培养机制,加大人员培养力度,提升服务人员队伍的整体素质。

（3）服务设施设备

博物馆设施设备为智慧博物馆公众服务活动的开展，以及博物馆的持续发展提供了基础条件。智慧博物馆主要依赖存储设施设备、网络设施设备和服务终端设备等。存储设施设备是用来存储数字资源的地方，包括基础性硬盘驱动器（Hard Disk Drive，HDD）和固态硬盘（Solid State Disk，SSD），以及云存储和网络存储。存储设施对数字信息服务绩效的影响是多方面的，关系到数字资源的可获取性、可靠性、成本效益。每种数字资源所选择的存储设备不同，其服务的性能和每兆（M）字节的存储成本都不同。在布置存储设施的同时，要关注存储的可靠性和安全性，高效且稳定的存储可以确保数据在传输和处理过程中的安全和完整，从而提高博物馆公众服务的稳定性和可靠性，具体可以通过数据备份、容错、加密、数据镜像等方案实现数据安全。网络设施设备是实现组织、部门互联与通信以及对外在线服务的重要保障，主要是以 5G、物联网、互联网为代表的通信网络基础设施，涉及交换机、路由器、网桥、虚拟专网（Virtual Private Network，VPN）服务器、网络接口卡（Network Interface Card，NIC）、无线接入点（Wireless Application Protocol，WAP）、调制解调器、5G 基站、各类传感器等设备。为了提高线上服务的准确度及时性，增强用户体验，需要增加有效网络带宽、降低网络时延、减少网络抖动和丢包现象。服务终端设备主要涉及应对现实性场景、虚拟性场景、现实增强性场景和虚拟增强性场景服务的固定设备、手持设备和可穿戴设备，如多点触摸屏、交互桌面、平板、智能手机、虚拟现实眼镜、头盔、智能手表等，除重视这些设备的续航能力、分辨率、处理速度等性能，还要重视设备的易用性、可用性和公众感知的易用性和可用性[①]，这些都会影响到智慧博物馆公众服务绩效。

---

① 为了对计算机广泛接受的决定性因素做一个解释说明，1989 年弗雷德·D. 戴维斯（Fred D. Davis）运用理性行为理论研究用户对信息系统的接受，提出技术接受模型（Technology Acceptance Model，简称 TAM）。该模型包含两个主要的决定因素：①感知的有用性（perceived usefulness），反映一个人认为使用一个具体的系统使其工作业绩提高的程度；②感知的易用性（perceived ease of use），反映一个人认为容易使用一个具体的系统的程度。

(4)服务环境与活动

服务环境是服务具体实施的空间、时间及周围支持的条件,是为了向公众提供服务体验而建立的物质环境支持系统,涉及公众能够感知的空间、布局、光照等有形因素以及态度、情绪、氛围等无形因素。有形因素与空间场所有关,根据环境心理学①理论,人们利用感官对有形物体的感知及由此所获得的印象,将直接影响到他们对服务产品质量及服务企业形象的认识和评价。因此在场馆中开展的服务要重视展厅、接待大厅、休息区、儿童活动空间、文创商店等的整体环境提升,能够及时更新和维护基础设施、做好空间规划、提升导视系统等,这些都将有助于公众的服务体验提升。此外,要关注数字空间的建设,如沉浸式演播厅、数字休闲厅、电子阅览室等,体现博物馆公众服务数字资源利用能力,其间运用的藏品数字资源数量、能够提供多人交互的终端数、支持互动方式的数量等反映了数字服务水平。无形因素跟工作人员服务态度和环境的整洁清新等相关,会直接使得观众喜欢或讨厌、接近或远离特定的服务。而有意识有计划地开展服务活动是以公众为核心进行宣传、展览和教育,进而巩固博物馆粉丝关系、吸引更多公众的主要方式。活动举办的主题、举办的形式(线上或线下)、举办的次数、容纳的人数、观众可以参与的程度等将影响公众对博物馆整体服务的绩效评价。其中,藏品资源的利用比、数字媒体的应用水平、终端设备无缝对接的程度、内容个性化定制的水平、咨询响应的速度、智能推荐的效率等都是公众评判是否具有"智慧性"服务的主要依据。

(5)服务对象的情境

博物馆的服务对象,即观众和用户,其自身的情况也会影响到数字资源的利用,继而影响服务绩效的发挥。服务对象的情境包括曾经的被服务经历、自身的社会文化背景和所处环境。公众在选用或接受服务之前通常会根据以往的相似经历、服务经验和服务结果对即将要使用的服务产生一个初步判断和期望,这些将决定他们对当下服务的接纳程度、初始态度及使用

---

① 环境心理学(Environmental psychology studies)是心理学的一个组成部分,用心理学方法分析人的心理和行为与社会环境,特别是与物理环境之间的相互关系和影响。

状况等,直接影响服务评价。因此博物馆应该重视每次服务的策划和实施,始终以满足公众需求为目标,努力提升整体满意度,构建服务绩效评价的良性循环。观众和用户的社会文化背景包括受教育水平、信息素养①、媒介素养②、数字素养③,这些反映了公众的文化水平、掌握现代信息技术的能力、对媒体理解和运用的能力、对数字资源的态度和使用能力、对数字服务的接受情况,将直接影响到公众对服务效果及博物馆形象的认识和评价。公众在享受服务时,与所处的环境是互动的,环境给公众形成的影响虽然不一定持续,但却具有潜移默化的作用。如果所处环境让人感觉舒服,人们会产生积极的情感因素,积极的情感因素会提升服务体验。

6.2.2　智慧博物馆公众服务绩效评价指标体系构建原则

对智慧博物馆公众服务开展绩效评价,首先要确定具体的评价目标和任务,才能据此规划评价的核心内容,构建指标体系,确定指标项,开展评价工作,使评价结果能真实反映服务开展情况。为了保证智慧博物馆公众服务绩效评价的准确性和客观性,构建指标体系时需要遵循一定的原则。

(1)兼顾整体性和系统性原则

智慧博物馆公众服务由不同领域、多部门协同完成,在评价指标的设计过程中要充分涵盖所有内容,要确保每个指标能全面体现智慧博物馆公众服务的能力和水平,在指标体系构建时要注重整体性和系统性相结合。整体性

---

① 信息素养也称信息素质,1974 年由美国信息产业协会主席保罗·泽考斯基(Paul Zurkowski)提出,即人们利用多种信息工具使问题得到解答的技术和技能,它包括:文化素养、信息意识和信息技能三个层面。

② 1992 年美国媒体素养研究中心对媒介素养的定义是,媒介素养是指在人们面对不同媒体中各种信息时所表现出的对信息的选择能力、质疑能力、理解能力、评估能力、创造和生产能力以及思辨的反应能力。

③ 数字素养这一概念最早源于美国,早期主要用于图书馆学,是指理解并读懂电脑显示的各种数字资源及信息真正含义的能力。此后,数字素养的概念被不断丰富和拓展。2021 年 11 月中共中央网络安全和信息化委员会印发《提升全民数字素养与技能行动纲要》,提出"数字素养与技能是数字社会公民学习工作生活应具备的数字获取、制作、使用、评价、交互、分享、创新、安全保障、伦理道德等一系列素质与能力的集合"。这是中国首次对数字素养的内涵的权威界定。

是评价指标构建系统的核心，是指在进行服务绩效评价时，先着眼于系统整体，再关照到部分，对组成服务活动的多个方面进行多角度、全方位的评价，从整体与部分相互依赖、相互制约的关系中揭示内在特征和运动规律，以设定各个绩效子系统以及相应指标。系统性是评价指标构建系统的基础，是要求各个绩效评价指标能够从各个方面反映智慧博物馆工作服务质量情况，以期满足服务绩效评价目的。建立的指标要具有系统性，不能片面和单一，各指标之间要能相互联系和关联，要通过一级、二级等不同层级的指标反映其内在关联关系。上级指标是总体概括和归纳，下级指标是上级指标的解构和具体化表现，上下要联动保持一致。具体指标项不能相互替代，其选择要有典型性和代表性，不能含义模糊，指代不清，总体要形成一个系统完整的含有不同层次的评价指标体系。

(2)兼顾可行性和可比性原则

智慧博物馆公众服务绩效评价指标体系的构建不能脱离智慧博物馆已有的服务条件、实际资源状况、现有的服务能力，既要体现基于理论研究的科学指导，也要立足客观实际，因此指标体系构建要兼顾可行性和可比性。可行性是强调评价指标要从当前的智慧博物馆服务发展状况出发，在设计指标体系过程中要依据国家文物局、各级博物馆协会等出台的指导博物馆服务的政策和意见，结合博物馆现有的数据、人力、资金、设备等条件，分析影响服务的因素和影响规律，制定切实、可行的指标。指标设计的内容上要避免过于烦琐，数量上不应过多，一切都要以方便指标数据的收集和计算为目的，确保指标合适且易于掌握和理解。可比性是指设计的服务指标能够进行直观分析，可以进行横向比较和纵向比较。纵向比较是指对智慧博物馆公众服务发展不同时间的表现进行比较，而横向比较是指在同一时间段内，对公众服务各组成部分效益水平之间的比较。两种比较相结合既能反映实际状况，又容易反映博物馆自身发展前后差距和存在的不足，利于凸显遗留问题和根本问题，方便博物馆有针对性地调整和改进，使公共服务建设水平得到更好的发展。

(3)兼顾代表性和可采性原则

智慧博物馆公众服务绩效评价指标体系的构建，在指标选择上既不能过多,也不能在绩效工作开展中难以获取,因此指标体系构建要考虑代表性和可采性。代表性体现在当采样对象、采样过程或环境中的某些参数发生变化时,采集的指标依然符合评价要求,能最大限度地反映实际状况,具有典型特性。指标选取过程中要从实际出发,不能在理论层面刻意追求评价指标体系的完美,要考虑指标的可采集性,即要尽量选取方便获取、能够进行实际测算的指标,以保证评价工作的顺利进行。具体指标设计上,要考虑定量指标和定性指标相结合,对一部分如藏品使用率、访问人数、网站流量、转发数、点赞数等指标可以直接采集进行量化分析,对所反映的智慧博物馆公众服务的方面进行评价,对另一部分不能直接进行测算的指标,如观众感受、观众态度、用户意见、用户建议等,虽难以量化但其意义和价值又很重要,可从定性角度进行描述或从不同角度进行量化转化。定性指标多来源于资料调查、观众访谈、专家咨询等,能够弥补定量指标不能界定和揭示的缺陷,并可对定量指标进行修订。定量指标和定性指标相结合地采集,才能从整体上把握绩效评价体系,使评价结果更具有全面性和综合性。

6.3 智慧博物馆公众服务绩效评价指标体系

6.3.1 博物馆服务绩效评价指标体系现状分析

有关智慧博物馆公众服务绩效评价指标体系的研究少之又少,因此以博物馆服务绩效评价指标体系为对象,探讨其内容现状,为构建智慧博物馆公众服务绩效评价指标体系提供参考。

(1)国内

有关博物馆服务绩效评价指标体系的研究,在国内博物馆领域开展得并不算早。2005年,章磊认为国有博物馆的效率是指博物馆通过投入创造获得社会公众认可的服务成果。国有博物馆应该建立绩效考核制度,应把藏品征集、文物保护与修复、学术研究成果、教育展示工作、经营性收入及吸引社会捐赠的数量指标等内容纳入博物馆绩效考核。[①] 2012年,方欣总结了美国博物馆展览民间评价标准,并在此基础上从舒适度、吸引度、提升度、有意义度四方面提出了中国观众的一级感受指标,其下的具体二级指标如表6-1所示。[②] 可以发现,这一指标体系的重点在于考察观众的主观感受,并未触及客观性指标。2013年,周玉平在研究里提出国家级博物馆运行评估指标分为内部业务和外部服务两个维度,其中内部业务包含征集、保护和研究,传播和展出的业务指标以及包含定位与规划、管理创新的管理指标。外部服务则包括社会关注度,涉及参观观众、捐赠者和会员的数量情况;社会满意度,涉及观众、志愿者、教育部门、员工和帮扶馆的满意度情况。他同时从效率、效果和效能的角度详细阐述了指标体系,其中通过效果评估说明了外部服务的二级指标要点,重点考察有关社会关注度的国内和海外的观众人数、国内捐助和海外捐助情况、国内会员和海外会员数量;有关社会满意度的观众对综合、展览、教育活动、服务、设施和环境的满意度,志愿者对工作环境和价值实现满意度,教育部门的发展思路、定位、合作关系、开放程度和成果,员工对工作环境、发展机会满意度,帮扶馆的合作范围、开放程度和深度。2017年,岳楠充分梳理了国内外博物馆绩效评价指标的实践情况,并以我国博物馆实际的财政、制度情况为据,从外部评价、社会服务两个维度,结合主观评价和客观反映,构建了国有博物馆绩效评价的共性指标体系,其中外部评价即主观评价,包括业内专家对博物馆管理的评价和观众对博物馆的满意度评价。社会服务部分即客观反映,包括博物馆人力、财力、物力资源的投入和藏品保护、陈列展览、学术研究、社会教育的产出。[③] 除了学术研究外,2018年,《博物馆运行评估指标》标准发行,社会服务和社会评价两方面涉及博物馆服务绩效评价指标,具体内容如表6-2所示。另外,还有学者对数字博物馆服务进行了指标框架的探讨,例如2020年,刘桢从导览服务、展陈服务、社交服务、教育服务及电商服务确立了数字博物馆的

①　章磊.中国国有博物馆的效率体制与市场关系研究[D].北京:北京化工大学,2005.
②　方欣.建立中国博物馆展览民间评价体系探索[J].中国博物馆,2012(1):84-91.
③　岳楠.中国国有博物馆绩效评价研究[D].武汉:武汉大学,2017.

数字化服务指标,其中导览服务包括语音导览应用、全景导览应用、图文导览应用、GIS导览应用;展陈服务包括内容丰富度、信息及时性、交互趣味性、场景真实度、沉浸体验感;社交服务包括微信服务、微博服务、论坛服务、线上咨询服务;教育服务包括教育资源丰富度、内容覆盖面广度、内容可重复利用性、活动形式丰富度、活动举办频率;电商服务包括线上购票便捷度、文创产品畅销度。[①]

表 6-1　中国博物馆民间评价指标体系

一级指标	二级指标	二级指标内容
舒适度	公共设施	休息处、餐厅、寄存处、洗手间;防火防爆装置、逃生通道;入馆流程;无障碍设施、通道
	形式设计	内容导览系统、路线标示;音响、温湿度、照明;展项设计;展项运转、保存、维护
	内容策划	展览文字;展览观念、观点
吸引度	形式	展厅环境和氛围;展品烘托装饰;展项设计;体验形式;展线安排
	内容	展品组合;参观互动
提升度	展览体量	传播信息量、参观体验活动
	展览主题	——
	内容和展示素材	——
	展览组织	——
有意义度	展览主题	——
	展览内容和展品	——
	展览参观体验	——

---

① 刘桢.基于层次分析法的数字博物馆建设水平研究[D].北京:北京邮电大学,2020.

表 6-2 博物馆社会服务和社会评价评估指标名称及说明①

指标名称			指标说明
一级指标	二级指标	三级指标	
社会服务	科学研究	科研产出	博物馆在科学研究方面取得的成果数量及成果水平。科学研究主要包括但不限于: ——与博物馆主题内容相关的研究; ——藏品价值认知、藏品管护和藏品利用有关的研究; ——与陈列展览的有关的理论和方法研究; ——与社会教育有关的原理和方法研究; ——与观众心理、观众行为、观众调查方法等方面的研究; ——与博物馆管理有关的研究
		科研服务	博物馆面向社会,为专业研究者提供便利服务情况。服务形式包括但不限于: ——提供藏品资料和研究成果; ——提供科研咨询,必要的科研技术设备等; ——创造条件为馆外研究者提供研究便利; ——与有关科研院所和高等学校在某些项目中进行合作等
	陈列展览	基本陈列	博物馆基本陈列的数量和水平
		临时展览	博物馆临时展览的数量和水平

---

① 行业标准信息服务平台. 博物馆运行评估指标［EB/OL］. (2019-03-05)［2023-01-05］. https://hbba. sacinfo. org. cn/attachment/onlineRead/7b386fb2d7c6bf9832496995873f68f6d128f380aa 93c7dbe5c58c67d9d2075e. pdf.

续表

指标名称			指标说明
一级指标	二级指标	三级指标	
社会服务	社会教育	教育活动	博物馆策划教育项目、实施教育活动的数量和水平。教育项目与活动包括但不限于： ——常设教育项目； ——在法定节假日和寒暑假策划并实施的教育活动； ——面向不同公众需求策划并实施的其他教育活动
		学校教育服务	博物馆为学校开展各类相关教育教学活动提供支持和帮助情况
	文化传播	文化交流	博物馆开展国内和国际展览、研讨等学术和文化交流活动情况
		资源开放利用	藏品、场馆、品牌等有形或无形资源向社会开放、合作利用情况
社会评价	观众反馈	观众数量	博物馆接待的观众数量情况
		观众满意度	观众对博物馆展览、环境、服务等方面的总体评价的情况
	社会影响	社会关注	公众、媒体等对博物馆的关注程度
		奖励与荣誉	博物馆获得政府或社会组织等的表彰奖励情况
		公众参与	博物馆与公众建立联系、获得支持的情况

综上不难发现，国内有关博物馆服务的绩效评价大部分都出现在博物馆的建设和运行的整体评价指标框架里，通常是将博物馆自身的业务作为划分服务绩效评价指标体系的尺度，也有从观众感受和专家评价方面划分的评价指标。因此，智慧博物馆公众服务绩效评价指标的一级指标也可延续这一体系，按照主观指标和客观指标进行划分，以保持指标各项间的边界分明，保证指标分类有据可依、科学客观。此外，具体指标项——客观指标中的投入和产出相关的指标，如观众人数、展览数量等和主观指标中的满意度、管理评价等，可为后续构建智慧博物馆公众服务绩效评价指标体系提供参考。

（2）国外

①美国史密森博物馆群

史密森博物馆群在 2022 年的年度绩效计划（Annual Performance Plan Fiscal Year 2022）[①]中，从研究与奖金、公众参与、强化收藏、设施设备、人员与运营五个方面构建自身的绩效评价指标，并为每个一级指标制定了自身的目标。其中公众参与是有关服务的重要绩效评价指标，它的目标包括三个层面，一是促进新的对话并解决复杂的挑战；二是通过"数字优先"（Digital First）[②]战略，每年覆盖 10 亿人；三是了解并影响 21 世纪的受众。另外在该计划中，学会进一步阐述了公众参与的具体指标项，分别是参观史密森博物馆群和动物园的人数、史密森学会教育项目所服务的人数、史密森网站的访问人数、史密森社交媒体（脸书、推特）的追随者数量、有史密森学会巡回展览和海报展览的州和地区的数量、史密森学会附属机构的数量。

②英国

英国数字、文化、传媒与体育部（Department for Digital, Culture, Media and Sport of the United Kingdom, DCMS）为其赞助的 15 家博物馆和美术馆

---

① 美国史密森学会. 2022 年度绩效计划[EB/OL]. [2023-03-05]. https://www. si. edu/sites/default/files/about/final-fy2022-performance-plan. pdf.

② 2017 年史密森学会提出一项"数字优先"战略，旨在在全球范围内吸引 10 亿人。该战略包括创建一个数字实验室来测试和开发新兴的博物馆相关的数字技术，坚持数字优先与移动优先并重，与主要的数字领导者建立变革性的战略伙伴关系，并为学者和教育工作者创建新的数字平台，以使其更好地获取史密森学会的收藏、研究和教育资源。该机构还对其收藏、研究和教育资源实行了开放获取政策。

构建了绩效评价指标。在《DCMS 赞助的博物馆和美术馆 2021/22 年度绩效指标》[①]中,使用的有关服务的绩效指标包括访问量、受众情况、学习和推广、参观者满意度。其中访问量涉及参观博物馆或美术馆的人数、网站独立访客数量;受众情况涉及 16 岁以下儿童的参观次数、海外参观人数;学习和推广涉及接受正规教育的 18 岁以下参观者在博物馆/美术馆的协助和自主参观的次数、18 岁以下观众参加现场组织的活动次数;参观者满意度则涉及愿意推荐他人参观的观众的百分比。

③澳大利亚博物馆

根据《澳大利亚博物馆年度报告 2021—2022》(*Australian Museum Annual Reports 2021—2022*)[②],澳大利亚博物馆将参观,展览,教育、外联和公众项目作为服务绩效的评价指标,其中参观指标涉及实体参观人数;展览指标包括巡回展览、数字访问、媒体与宣传三个指标项,涉及巡回展览数量、巡回展览的参观人数、澳大利亚博物馆网站访问量、每个网站模块的页面浏览量及用户人数、媒体对澳大利亚博物馆工作的报道篇数,脸书,照片墙、领英和推特的追随者数量,澳大利亚博物馆在社交媒体渠道的"展示量"(impression)[③]和公众参与数量、开展的广告活动数量等;教育、外联和公众项目则涉及教育、公众项目两个指标,其中教育包括参与现场教育活动的人数、参与在线教育项目的人数,公众项目包括巡回演出(现场音乐、实践活动或表演等)的参与人数、巡回展览的参观人数、讲座的参与人数、研讨会的参与人数。在实际操作中,澳大利亚博物馆对这些指标项进行了更精细的度量,例如,统计每一项教育活动的参与人数、每一项在线教育项目的参与人数等。

---

① 英国数字、文化、传媒和体育部.DCMS 赞助的博物馆和美术馆 2021/22 年度绩效指标:标题发布［EB/OL］.（2023-03-08）［2023-06-10］.https://www. gov. uk/government/statistics/dcms-sponsored-museums-and-galleries-annual-performance-indicators-202122/dcms-sponsored-museums-and-galleries-annual-performance-indicators-202122-headline-release.

② 澳大利亚博物馆. 2021—2022 年度报告［EB/OL］.［2023-06-10］.https://media. australian. museum/media/dd/documents/AM_AR_2021_22_digital_screen. 9c3881c. pdf.

③ 在社交媒体营销、搜索引擎和网络广告营销的世界里,impression 是衡量内容(付费或非付费)在网络受众面前展示的次数。简单来说,impression 的意思是"展示量",即一项内容展示的次数。

综上可以得出，史密森博物馆群的绩效评价指标体系包含宏观的战略目标和具体的绩效评价指标，其中服务绩效评价指标围绕效果，即数量展开，这在英国 DCMS 和澳大利亚博物馆的指标体系中有同样体现。结合国内现状的梳理，可见人数、使用次数等效果指标能够为衡量博物馆的成功、了解博物馆的服务效果提供客观的评价依据。另外，英国 DCMS 的指标体系中对未成年观众的参观与参与情况的关注以及对其满意度的指标设置，值得在构建智慧博物馆公众服务绩效评价指标时借鉴与思考。

6.3.2　智慧博物馆公众服务绩效评价指标体系构建步骤

智慧博物馆公众服务绩效评价是一个全面而系统的工作，指标设计直接影响评价结果的准确性和有效性，并对智慧博物馆未来的服务提升产生深远的影响。因此，绩效指标必须严格依照科学的程序进行设计，以保证其规范性。通常情况下，构建指标体系的步骤可分为以下三个要点：明确绩效目标、构建绩效评价指标的体系结构、拟定所要评价的绩效指标内容。

（1）明确智慧博物馆公众服务的绩效目标

明确绩效目标是开发和构建智慧博物馆公众服务绩效评价指标体系的关键步骤和首要环节。通过设立合适的绩效目标，将组织的各类目标与相应的绩效管理工作连接起来，充分落实和体现在具体的绩效评价工作中，以确保工作不会失去方向。不同地区、城市的博物馆受当地自然条件、地理环境、人文环境、经济发展情况的影响，大小、等级皆存在一些差异，对绩效目标的要求也必然不同。绩效目标可以按照不同的维度进行不同的分类，以下列举一些不同分类的目标。①按照时间的长短来分，可划分为长期目标和短期目标，其中长期目标一般可以分解为阶段性的短期目标，而短期目标的时间跨度一般不会超过一年。②按照完成目标的容易和复杂程度，可把目标划分为基本目标、正常目标和超额目标。一般来说，基本目标是指智慧博物馆公众服务需要达到的基准绩效要求；正常目标是指智慧博物馆通过适当的公众服务能够达到的目标；超额目标建立在正常目标的基础之上，是智慧博物馆需要付出巨大努力才能达到的目标。③按照组织结构划分,目标可分为战略目标、部门目标、岗位目标。其中战略目标是要确定博物馆的战略,以此为起点,对目标进行分解,设置不同部门的目标,进而设定不同部门下的岗位目标。这一划分方式逻辑清晰、层层关联,是现实中常见的组织目标分类方法。例如,史密森博物馆群在绩效计划中就提出了七个使命目标:①成为史密森学会的一员;②促进新的对话并解决复杂的挑战;③每年以数字优先战略覆盖10亿人;④了解并影响21世纪的受众;⑤推动大型的、有远见的、跨学科的研究和学术项目;⑥在优化资产的同时保护自然和文化遗产;⑦提供一个灵活的、具有成本效益的、反应灵敏的行政基础设施。①　进而将②、③、④的使命目标同公众参与这一绩效指标联系在一起,形成了完整的对照。

绩效目标也可称为绩效责任或目的,能够为博物馆的评价主体提供基本的评价参考,方便讨论和衡量绩效评价指标。绩效目标是对智慧博物馆公众服务所期望的结果的描述。在衡量公众服务绩效时,要按照设定的目标衡量其结果是否达到了预定的目标。将公众服务的结果与绩效目标进行比较,是绩效评价过程的开始。总而言之,绩效目标可被视为整个绩效评价运作的指南针,决定着绩效评价的方向。而评价指标体系的构建就是利用多种手段将绩效的宏观目标层层分解,转化成操作性强的、需要实现或完成的、具体的指标或任务,以便更好地评估和衡量智慧博物馆公众服务的表现。

(2)构建绩效评价指标的体系结构

在确定了绩效目标之后,评价指标体系的框架确定、维度明确和边界划分是一项不容忽视的步骤。

首先,在确定评价指标的框架结构方面,重点是确定评价指标之间的逻辑结构。通过梳理要涉及的指标数量,选取适宜的逻辑结构,划分指标层次,从而使整个指标体系更加清晰、易于理解。常见的逻辑结构可按照逻辑关系分为线性结构和非线性结构,线性结构中的各指标关系是独立的、一对一的,

①　美国史密森学会.2022年度绩效计划[EB/OL].[2023-03-05].https://www.si.edu/sites/default/files/about/final-fy2022-performance-plan.pdf.

而非线性结构通常有网络结构、树状结构和集合结构。网络结构中的指标通常是相互作用、互相联系的整体；树状结构通常由一个统一的指标发散而成，指标间存在并列、递进等关系；集合结构中集合的任意两个数据元素间不存在任何逻辑关系，形式松散。根据前文对现有博物馆评价指标及其体系的梳理可以获知，多数情况下，评价指标体系的框架会选择树状结构，便于对博物馆纷繁的服务内容进行梳理，明确层次关系。

其次，需要明确评价指标的维度。维度是指评价指标所涉及的不同角度或方面。通过明确不同维度，可以展开全面而系统的绩效评价。通过前文可知，有关绩效评价的维度可以从内外部评价进行划分，也可以按照主观评价和客观评价划分，亦有从这些维度中选取某方面进行单一评价。正如前文所述，智慧博物馆公众服务绩效评价指标体系应尽量保证多元的评价主体和多样的评价指标。如果构建的智慧博物馆公众服务绩效评价指标体系不能全面地包括智慧博物馆公众服务的内容，就会导致智慧博物馆公众服务的绩效评价结果不够客观全面，从而产生一些偏差或片面的结果，很难为智慧博物馆公众服务提供合理、恰当的指导建议，最终使整个绩效的目标和评价难以发挥作用。因此，智慧博物馆公众服务绩效评价指标体系应将主观、客观相结合，同时将内外部评价融合进评价指标的选择中，通过定性、定量相结合的方法进行评价。

最后，需要注意的是确定评价指标的边界非常重要。边界是评价指标本身所包含的范围和限定条件。要考虑智慧博物馆自身的特点、使命和可行性，确保指标的选择和应用在实际操作中的普适性、可实施性和可衡量性。另外，要对指标的数量和层级予以考虑，虽然多样化的指标可以提供更为全面的评价，但是这并不代表更多的指标就能让评价的结果更精确。过多的指标数量和层次可能导致评价体系杂乱无章，使评价过程变得烦琐而难以操作。因此，需要权衡指标数量和层级，避免过度的复杂化。上述梳理的现有的指标体系中，指标层级一般不超过三个，即一级、二级、三级指标，指标分项的数量一般不超过 13 个，不过由于没有直接针对博物馆服务绩效评价的指标体系，数量上很难做定量要求，以体现指标完整性为最佳。

总之，构建一个统一且方便操作的评价指标体系结构，需要科学研究的支持和论证,也需要根据具体情况保持数量和层次上的动态和灵活,以提高评价的精度和实用性,确保评价指标体系同智慧博物馆的目标需求相一致,为智慧博物馆公众服务的建设提供有力反馈。

(3)拟定所要评价的绩效指标内容

为了具体与形象地体现智慧博物馆公众服务的特点,要参考博物馆协会、专业服务组织的标准、权威的研究报告或研究论文,搜集博物馆领域内常用的指标,为拟定智慧博物馆公众服务的绩效评价指标提供宝贵的参考与借鉴。需要进一步整理这些搜集得到的评价指标,通过衡量指标维度、确定指标类型来厘清具有参考价值的指标。其中衡量指标维度在于覆盖评价指标的各个方面,例如质量、效率、效果等;确定指标类型则应根据评价目标和所要衡量的维度进行确定,指标可以是定量的,例如数量、频率、百分比等,也可以是定性的,如满意度、参与度等。需要注意的是,要确保指标类型与绩效评价目标相匹配,以获得评价所需的信息。前文通过对博物馆服务绩效评价指标进行梳理,发现在衡量指标维度和确定指标类型两方面都值得参考,在指标维度方面,效果指标是最突出的使用对象;而在指标类型方面,则是采用定性定量、主客观评价相结合的方式,丰富指标类型。

进一步来说,智慧博物馆作为博物馆的新形态,其公众服务有新的特点。因此,在智慧博物馆公众服务绩效评价指标拟定中,要对智慧博物馆公众服务的内容进行充分考虑,智慧博物馆公众服务的内容包含智慧博物馆展示服务、教育服务、传播服务,而智慧博物馆公众服务与以往博物馆服务所不同的是其强调基于内容的场景化的服务,即现实性场景服务、虚拟性场景服务、现实增强性场景服务、虚拟增强性场景服务这四个方面的服务,所以相对应产生的绩效评价指标包括现实性场景服务绩效、虚拟性场景服务绩效、现实增强性场景服务绩效、虚拟增强性场景服务绩效。同时要按照主客观评价的维度,定性定量相结合的手段,从服务资源、服务人员、服务设施设备、服务环境与活动、服务对象的情景五个影响因素中,选取可以反映绩效目标的质量、效率、效果等结果指标,并对指标进行说明。至此,绩效评价指标体系的拟定才算结束。评价指标的选择、拟定是整个评价指标体系最为困难也是最为重要的步骤。

综上所述,我们在智慧博物馆公众服务绩效评价指标体系的构建中,遵循了评价指标体系的构建步骤,充分考虑了不同维度、不同角度的影响因素,并从指标维度和指标类型两方面,对博物馆服务绩效指标体系构建的研究和实践现状进行了归纳和总结。基于此,我们结合智慧博物馆公众服务的服务内容、服务面向和绩效影响因素,构建了智慧博物馆公众服务绩效评价指标体系,如图 6-1 所示。

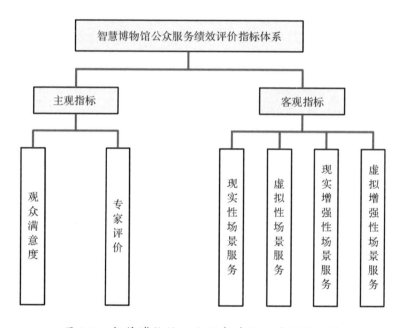

图 6-1　智慧博物馆公众服务绩效评价指标体系

6.3.3　智慧博物馆公众服务绩效评价指标体系构建

智慧博物馆公众服务绩效评价指标体系包括主观指标和客观指标,其中主观指标包括观众满意度、专家评价;客观指标包括现实性场景服务、虚拟性场景服务、现实增强性场景服务、虚拟增强性场景服务。具体说明如下。

（1）主观指标（图 6-2）

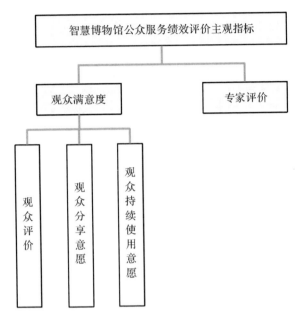

图 6-2　智慧博物馆公众服务绩效评价主观指标

①观众满意度

智慧博物馆公众服务的重点就是关注公众,公众服务是博物馆,更是智慧博物馆的核心使命,其目标是了解博物馆当前的公众,为不同类型的公众提供更加高品质、个性化的服务,关系到公众对博物馆期待、需求的满足,更能直接反映智慧博物馆对公众的关注程度。同时,通过对公众有关服务反馈信息的收集,帮助智慧博物馆优化和提升自身的公众服务过程和内容。因此观众满意度是衡量智慧博物馆公众服务绩效的重要主观指标。我们建立了三个二级指标,分别是观众评价、观众分享意愿、观众持续使用意愿,考察智慧博物馆观众满意度,从而衡量智慧博物馆公众服务的水平。观众评价是指观众对现实性场景服务、虚拟性场景服务、现实增强性场景服务、虚拟增强性场景服务中的服务内容、服务环境、服务人员等做出的整体性评价,能够体现观众对智慧博物馆公众服务的基本满意程度。观众分享意愿则是指服务结束后观众愿意将其推荐给他人的意愿,能够从较深层获知观众对服务的满意度。观众持续使用意愿是指观众愿意再次使用服务的意愿,可以从不同层面得出观众满意的缘由和满意的结果。

②专家评价

智慧博物馆公众服务需要专家评价,专家通过结合自身的经验、知识对服务的创建、处理、分析、实施过程做出判断和评价,协助智慧博物馆改进公众服务。专家评价下暂不设置具体的二级指标,为智慧博物馆公众服务绩效评价指标体系提供一定的灵活性。

(2)客观指标(图 6-3)

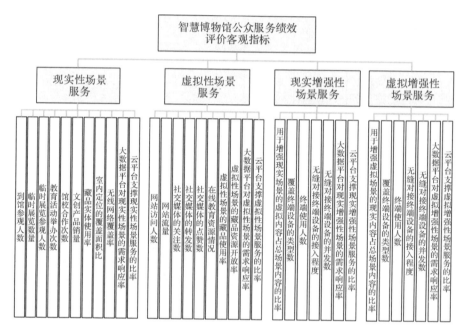

图 6-3　智慧博物馆公众服务绩效评价客观指标

①现实性场景服务

智慧博物馆公众服务并不意味着对实体博物馆的舍弃,在当今社会,实体博物馆仍是公众参观博物馆的主要对象,是实现展示、教育、传播的重要场所。现实性场景服务是智慧博物馆公众服务的服务面向之一,涉及博物馆建筑内的真实、可感知的场景服务。我们选取了 11 个二级指标,分别是到馆参观人数、临时展览数量、临时展览参观人数、教育活动举办次数、馆校合作次数、文创产品销量、藏品实体使用率、室内定位的覆盖面积比、无线网络覆盖率、大数据平台对现实性场景的需求响应率、云平台支撑现实性场景服务的比率。到馆参观人数、临时展览数量、临时展览参观人数、教育活动举办次数、馆校合作次数、文创产品销量是当前衡量博物馆公众服务成功程度的重要绩效指标,在智慧博物馆公众服务中,参观人数、展览举办次数仍是需要衡量的数量指标,能够从展示、教育和传播三方面直观体现现实性场景的服务效果。藏品实体使用率是指在一定时间内,在现实性场景服务中使用藏品实体的数量占藏品总量的比重,间接反映现实性场景服务的质量水平,体现服务的多样性、广泛性。室内定位的覆盖面积比、无线网络覆盖率、大数据平台对现实性场景服务的需求响应率、云平台支撑现实性场景服务的比率则反映的是智慧博物馆应用现代信息技术服务的能力,以体现智慧博物馆公众服务的效率。室内定位的覆盖面积比是指智慧博物馆利用室内定位技术能够跟踪定位观众的面积占观众在博物馆可活动区域总面积的比重,这一指标可以考察智慧导览和博物馆对观众分布、流量监测与调度的服务水平。无线网络覆盖率是指无线网络的覆盖面积占博物馆总面积的比重,是智慧博物馆公众服务的基础服务水平的体现。大数据平台对现实性场景服务的需求响应率是指大数据平台对现实性场景服务的响应数占现实性场景内观众的服务发起数的比重,能够反映现实性场景中智慧博物馆应对公众需求的能力。云平台支撑现实性场景服务的比率是指智慧博物馆现实性场景服务"上云数"占智慧博物馆公众服务总数的比重,直接体现智慧博物馆对过往现实性场景服务记录的存储和处理能力。

②虚拟性场景服务

虚拟性场景服务是面向在线用户提供所需服务,是智慧博物馆公众服务的又一重要服务面向,也是智慧博物馆公众服务绩效评价的关键要素。我们选取了 10 个评价指标,分别是网站访问人数、网站流量、社交媒体的关注数、社交媒体的转发数、社交媒体的点赞数、在线教育资源情况、虚拟性场景的藏品使用率、虚拟性场景的藏品资源开放率、大数据平台对虚拟性场景的需求响应率、云平台支撑虚拟性场景服务的比率。网站访问人数、网站流量、社交媒体的关注数、社交媒体的转发数、社交媒体的点赞数都能衡量博物馆在虚拟性场景中的活跃程度,直接体现智慧博物馆公众服务的虚拟性场景服务绩效。博物馆始终是教育和学习的平台,在线教育资源情况即是对虚拟性场景服务中教育资源丰富程度的绩效评价，是指智慧博物馆的在线教育课程、在线学习单等在线教育资源的数量。虚拟性场景的藏品使用率是指在一定时间内虚拟性场景服务中使用数字化藏品的数量占博物馆数字化藏品总量的比重，反映了虚拟性场景服务的资源利用能力，使用率越高说明虚拟性场景服务内容越丰富。虚拟性场景的藏品资源开放率是指虚拟性场景中可以查询获取信息的藏品占藏品资源总数的比重，体现智慧博物馆查询服务的水平。大数据平台对虚拟性场景服务的需求响应率是指大数据平台对虚拟性场景服务的响应数占虚拟性场景的观众的服务发起数的比重，能够反映智慧博物馆虚拟性场景服务应对公众需求的能力。云平台支撑虚拟性场景服务的比率是指智慧博物馆虚拟性场景服务"上云数"占智慧博物馆公众服务总数的比重，直接体现智慧博物馆对过往虚拟性场景服务记录的存储和处理能力。

③现实增强性场景服务

现实增强性场景主要考察智慧博物馆的突破性创新服务能力，随着现代信息技术水平的提高，现实世界和虚拟世界正朝着融合的方向发展，公众对现实增强性场景服务的需求也随之增多。很多智慧博物馆建设实践中通过引入 VR 技术、AR 技术、全息投影技术，来拓展展览内容的丰富性，提升公众参观和使用体验感。因此，现实增强性场景服务应是智慧博物馆公众服务亟待进行绩效评价的重要指标。绩效评价指标共包含七个，分别是用于增强现实场景的虚拟内容占总场景内容的比率、覆盖终端设备的类型数、终端使用人数、无缝对接终端设备的接入程度、无缝对接终端设备的并发数、大数据平台对现实增强性场景的需求响应率、云平台支撑现实增强性场景服务的比率。用于增强现实场景的虚拟内容占总场景内容的比率，是区别现实增强性场景服务和虚拟增强性场景服务的重要指标。现实内容相较于虚拟内容占比超过 50％时，则为现实增强性服务；虚拟内容相较于现实内容占比高于50％时，则为虚拟增强性服务。这一指标能直接反映出智慧博物馆现实增强性服务和虚拟增强性服务的建设水平。覆盖终端设备类型数是指覆盖现实增强性设备终端类型的数量，现实增强性设备有可穿戴式、植入式等，每种设备使用方式多样，覆盖的终端类型数量越多，证明智慧博物馆的现实增强性场景服务设备适应性越好。终端使用人数是一个直观衡量智慧博物馆现实增强性场景服务水平的绩效指标,使用人数越多,说明现实增强性场景服务水平越高。无缝对接终端设备的接入程度是指接入智慧博物馆现实增强性服务的终端数占终端使用人数的比重,接入程度越高,反映出公众同现实增强性服务的联系越密切。无缝对接终端设备的并发数是指接入智慧博物馆现实增强性服务后响应终端设备的同时请求数,响应数越多,即并发数越多,智慧博物馆的现实增强性服务处理请求的能力就越强。大数据平台对现实增强性场景服务的需求响应率是指大数据平台对现实增强性场景服务的响应数占现实增强性场景的观众的服务发起数的比重,能够反映现实增强性场景中智慧博物馆应对公众需求的能力。云平台支撑现实增强性场景服务的比率是指智慧博物馆现实增强性场景服务"上云数"占智慧博物馆公众服务总数的比重,直接体现智慧博物馆对过往现实增强性场景服务记录的存储和处理能力。

④虚拟增强性场景服务

虚拟增强性服务和现实增强性服务是两项内容相对的绩效评价指标,两者评价指标的内容有共性,也有差异。其中虚拟增强性场景服务的绩效评价指标不同于现实增强性服务的指标体现在用于增强虚拟场景的现实内容占总场景内容的比率、大数据平台对虚拟增强性场景的需求响应率、云平台支撑虚拟增强性场景服务的比率这三个二级指标。其余四个二级指标与现实增强性场景服务的二级指标相同,在此不做赘述。

7. 智慧博物馆公众服务机制保障

机制保障是智慧博物馆公众服务能够长久、可持续发展的保证。机制，按照《现代汉语词典》的解释，有作属性词，指"用机器制造的"。有作名词，指机器的构造和工作原理；机体的构造、功能和相互关系；指某些自然现象的物理、化学规律；泛指一个工作系统的组织或部分之间相互作用的过程和方式。在不同的领域使用"机制"一词，其本义会有所延伸。例如，在经济领域，产生了"经济机制"，表示一个特定的经济体内各个构成要素间的相互联系和作用的关系及其功能；在社会领域，产生了"社会机制"，表示在一定的社会内各个部分之间的相互关系及其运行方式。那么，在智慧博物馆公众服务领域，"机制"一词则强调智慧博物馆公众服务的过程、体系、原理及其作用方式等，具体表述为在智慧博物馆内各个场景化服务要素间的相互作用及其过程和方式。那么，机制保障强调的则是保障这些服务要素之间的运转、流通和相互作用能够有序进行。本章从制度、管理和数据安全三方面探讨如何保障智慧博物馆公众服务机制的正常、有序运转，以期为公众带来更好的服务。

7.1　智慧博物馆公众服务的制度保障

制度是智慧博物馆公众服务能够顺利进行的前提，为智慧博物馆公众服务提供方向和框架，同时对服务的边界进行约束。没有制度或者制度不完善，博物馆就无法正常有序地开展工作，实现既定目标。① 无论是博物馆的讲解服务、学术服务还是安全服务，都要有很好的制度安排。②

---

①　马建辉，王晓宁，刘焱.中国高校博物馆建设研究[M].北京:新华出版社,2015:99.
②　单霁翔.博物馆的科学管理[M].天津:天津大学出版社,2017:201.

何谓制度？制度是指"要求大家共同遵守的办事规程或行动准则"①。马克思·韦伯(Max Weber)指出,制度框架包括习俗、惯例、社会规范、宗教和文化信仰、家庭、亲属关系、种族界限、组织、共同体、阶级、阶层、市场、法律和国家。② 胡俊生等认为,制度是在特定的社会活动领域中所创设和形成的一整套持续而稳定的规范体系,它是制约社会行动的重要结构框架。社会中通常的规范形式包括习俗、规则、道德与宗教、法律等。③ 可以看出,制度贯穿在社会中的各个领域,大到共同体、国家,小到家庭、亲属关系,其突出作用在于规范和制约社会中的各种行动。因此智慧博物馆公众服务的制度保障就是通过完整的制度来规范和约束智慧博物馆公众服务过程中的各种规程或准则。具体而言,无论是宏观层面上为智慧博物馆公众服务做方向指引和保障的服务政策、法律法规等,还是微观层面上激励工作人员服务公众的制度、评价服务结果的制度,都应纳入制度保障中。鉴于此,智慧博物馆公众服务的制度保障应该从三个方面展开,即服务政策、激励制度和评价制度。这三种保障由大到小,即"政府—博物馆—公众",构成一个相对完善的智慧博物馆公众服务制度体系,为实现更好的服务效果提供保障。制度保障的目的在于维持智慧博物馆公众服务的规范有序进行。根据特定对象的属性、内容及其相互关系,博物馆会对制度进行具体的调整和规定。具体而言,博物馆应较为清楚地界定智慧博物馆公众服务发生及发展过程中产生的需求,明确自身的使命,即"以人为本",进而实现制度的实施与落地。社会也正是通过对智慧博物馆公众服务使命、角色和内容的确定,将其所倡导的"以人为本""为人民服务"的价值观贯彻在服务制度中,以真正达成全方位、全方面为公众服务。

7.1.1　加强政策支持

博物馆作为非营利性的常设机构,其发展需要社会的支持和帮助。2014年以来,智慧博物馆建设在全国大、中、小博物馆开展,与之伴随的公众服务

---

① 中国社会科学院语言研究所词典编辑室.现代汉语词典(第7版)[M].北京:商务印书馆,2016:1689.
② 刘圣中.历史制度主义[M].上海:上海人民出版社,2010:58.
③ 胡俊生.社会学教程新编[M].武汉:武汉大学出版社,2016:322.

受到关注。近年来，我国政府逐渐将智慧博物馆公众服务提升到国家战略层面，2015 年中共中央办公厅、国务院办公厅印发的《关于加快构建现代公共文化服务体系的意见》为我国公共文化服务建设体系提供了顶层设计，2017 年施行的《中华人民共和国公共文化服务保障法》中界定了"公共文化服务"，即包含提供服务主体、服务目标、服务内容等概念要素，成为智慧公共文化服务概念界定的来源依据与指导性参照。2020 年新版的《博物馆定级评估办法》①、2022 年的《博物馆运行评估标准》②强调"树立以人民为中心的工作导向"，加强智慧博物馆建设，"强化服务效果评价和公众评价"；2021 年由中央宣传部、国家发展改革委、教育部、科技部、民政部、财政部、人力资源社会保障部、文化和旅游部、国家文物局印发的《关于推进博物馆改革发展的指导意见》③提出从"优化征藏体系、提升保护能力、强化科技支撑、提高展陈质量、发挥教育功能、优化传播服务、增进国际合作"七个方面，"夯实发展基础，提升服务效能"，对智慧博物馆公众服务的体系建设与发展起到了关键性推动作用。

　　从自上而下的角度来看，政府可以从以下方面加强政策支持：①制定法律法规：政府部门可以根据数据时代的发展需求以及智慧博物馆自身的发展需求，完善相关的法律和法规框架，为智慧博物馆的发展提供更加长远的支持和保障，以促进其公众服务的持续改进和创新，例如前文所述的 2017 年的《中华人民共和国公共文化服务保障法》、2021 年的《中华人民共和国数据安全法》等；②资金支持：政府可以通过加强专项资金管理政策，给予人才培训、现代信息设备和技术、信息系统建设等方面的经费支持，帮助各级智慧博物馆因地制宜、因时制宜地建设和升级，以提高智慧博物馆公众服务的质量，扩大智慧博物馆公众服务的覆盖范围；③技术支持和合作：政府可以积极引导和推动高校、科研院所、高新企业、互联网企业等各方力量与博物馆展开合

---

① 国家文物局.推动博物馆高质量发展 更好满足人民美好生活需要［EB/OL］.（2020-01-20）［2022-01-21］.http://www.ncha.gov.cn/art/2020/1/20/art_722_158456.html.

② 国家文物局.推动博物馆高质量发展 服务文化强国建设——国家文物局博物馆与社会文物司有关负责人就修订《博物馆运行评估办法》等文件答记者问［EB/OL］.（2022-12-14）［2023-02-08］.http://www.ncha.gov.cn/art/2022/12/14/art_1961_178698.html.

③ 中华人民共和国国家发展和改革委员会.国家发展改革委联合中宣部、国家文物局等部门印发实施《关于推进博物馆改革发展的指导意见》［EB/OL］.（2021-05-25）［2021-06-08］.https://www.ndrc.gov.cn/fzggw/jgsj/shs/sjdt/202105/t20210525_1280807_ext.html.

作,鼓励联合建立科研工作站、实验室等,合作开展重点项目或课题研究,共同推动科技创新在博物馆各个场景服务中的深入应用,例如,2021年的《关于推进博物馆改革发展的指导意见》;④人员管理和人才建设:政府鼓励博物馆规范人员管理,加强专业化的培训和人才队伍建设,促进博物馆培养具备数据思维、服务思维以及其他相关专业知识和技能的人才队伍,例如2019年的《关于进一步加强文博事业单位人事管理工作的指导意见》;⑤创新扶持:政府要注重文化内容的原创价值,加快博物馆资源的数字化进程,推进博物馆资源的开放共享;建立博物馆资源、知识和原创内容的产权保护政策,鼓励二次创作、创造,创新互联网应用转化,提升博物馆知识产权服务的附加值;⑥合作推广:政府可以促进媒体机构与博物馆间的合作,共同开展宣传、推广活动,提高公众对智慧博物馆的认知和参与度。此外,政府也可以促进智慧博物馆与图书馆、档案馆等其他文化机构的合作,实现资源共享和互联互通,全面提升公众服务的综合效果。

从自下而上的角度来看,在政策的推动下,博物馆应响应号召,并依据政策制定符合自身条件的服务纲领和制度,实现服务过程的规范化,实现服务内容的安全化。

①制定和实施公众服务流程管控制度。智慧博物馆的公众服务流程应该是一个完整、规范的系统,能够有效保障参观者的利益,提高服务质量和满意度。为确保智慧博物馆的公众服务质量,可以从资源整合、展览展示、教育活动、宣传传播等方面进行制度建设,设置对应的服务流程和内容跟踪、评审制度,同时在关键节点设置审核员,层层把关,保证服务质量得到充分保障。

在资源整合方面,需要建立资源审核、挑选的规范化制度,通过对展品、展览内容和形式的审核、评估等操作,确保展览质量的稳定和提高。在展览展示方面,可以建立展品布局审核、展厅环境监测、参观者行为监测(线下和线上)、展馆保卫和安全检查等多重层面的审核制度,使其环境整洁、安全有序,能够提供精准化、个性化、舒适化的展览服务。在教育活动方面,可建立教育活动策划、活动保障、活动效果评估等多项流程制度,以达到教育活动的系统安排和效果掌控。在宣传传播方面,可以建立内容审核、宣传效果跟踪、媒体联系协调等流程控制,以清晰表述博物馆的实时动态信息,全面而准确地呈现博物馆形象。

　　此外,为了确保智慧博物馆公众服务流程的有效管理,还需要建立服务回访制度、服务质量管理制度等流程管控制度,以服务考核监督制度来促进各项制度的落实到位,有效实现规范化管理。其中,服务回访制度主要通过电话、短信、网络问卷、电子邮件等方式,对公众的评价进行回访,及时了解和解决公众的服务需求,发现并弥补存在的服务短板,提升服务质量。服务质量管理制度主要从数据收集、分析、总结、报告等方面出发,基于监测、评估数据生成可视化、直观化的图表,并针对性设置质量标准和服务手册,最终实现规范化管理,促进服务过程各环节的顺畅运行。

　　②制定和实施数据相关的制度或标准规范。智慧博物馆公众服务应当注重个人信息的保护、数据安全的保障和个人权益的保障等问题。为此,博物馆需要建立相关的数据处理规范和流程,包括数据采集、存储、使用、分享和删除等方面的规定,以确保数据安全并保护参观者的隐私和权益。同时,博物馆应加强管理监督和合规审查,对数据处理的各个环节进行监控和评估,防止数据泄漏和滥用。除了注重数据安全和隐私保护,智慧博物馆还应重视数据资源的价值挖掘和利用过程中数据资源的规范使用。数据资源的价值挖掘和利用是指通过现代数据技术和工具对博物馆内外的数据进行深度挖掘和分析,找出数据蕴含的信息和价值,并以此为基础推出更加精准的服务,满足公众的需求。在这个过程中,博物馆需要遵守相关法律法规和行业标准,确保数据使用和分享的合法性和透明性,正当地发挥数据的价值。

　　当前,博物馆领域中的相关学者也在积极探索和解决智慧博物馆公众服务中的政策保障问题,如蔡文东、莫小丹共同发表《智慧博物馆的建设经验及其对智慧科技馆建设的启示》一文,提出智慧博物馆建设离不开各种政策的大力支持。[①] 同年,王春法从格局重塑、流程再造、组织重构三方面,提出智慧博物馆建设要改造思想观念、体制机制、业务内容、工作方式等[②];2021年,段勇、梅海涛在《以智慧博物馆建设为抓手推动博物馆强国建设》一文中提到,2018年上海大学率先成立了智慧博物馆研究中心,2019年起开设"智慧博物馆专题研究"课程,并开始招收智慧博物馆方向硕士研究生,逐步探索智慧博

　　① 蔡文东,莫小丹.智慧博物馆的建设经验及其对智慧科技馆建设的启示[J].中国博物馆,2020
(1):115-119.
　　② 王春法.关于智慧博物馆建设的若干思考[J].博物馆管理,2020(3):4-15.

物馆人才培养之道。①

在面向公众的智慧博物馆服务过程和系统框架构建方面,健全的法律法规至关重要。这使得任何智慧博物馆的公众服务工作都可以依照相关法规,有条不紊地为公众提供针对性服务。通过对当前的相关法规、意见等政策性指导文件的细致解读,我们从面向公众需求的智慧博物馆服务所涉及的具体问题出发,解析相关指导文件中倡导的建设目标。这旨在避免智慧博物馆在公众服务过程中与现实脱钩、方向失灵进而导致资源配置失衡,智慧博物馆不够"智慧"等。总之,完善法律法规、加强政策引导,为博物馆解决具体问题提供支持。

7.1.2　完善激励制度

激励意为"激发鼓励"②。在不同的理论和学科中,激励是一个复杂、多维的概念,分类众多,学界对其有不同的关注点。经济学领域下,激励主要侧重于交易与机制设计,包括产业创新激励规则、企业激励机制、员工股权激励机制、最优激励契约等③;从管理学或管理心理学领域来看,激励是组织设计出适当的外部奖酬形式,借由一定的行为规范措施和信息沟通的方式来激发和规化员工行为的手段和方法。④ 概括来说,激励的实施对象是个体或团体,在组织行为过程中通过带有奖励性质的方式,有效激发个体的期望、动机和工作积极性,以实现预期的工作目标和成果绩效。智慧博物馆是数字博物馆发展的高级形态,需要协调和管理各种资源,工作人员之间、工作人员与公众之间,很难不产生矛盾与冲突,如果没有妥善解决这些问题,就无法实现智慧博物馆为公众服务的目标。激励的一个重要目的,就是激发人员的积极性,进而对组织的形成做出贡献。因此,为了让智慧博物馆更好地发挥出为公众服

---

①　段勇,梅海涛.以智慧博物馆建设为抓手推动博物馆强国建设[J].中国博物馆,2021(4):89-93.

②　中国社会科学院语言研究所词典编辑室.现代汉语词典(第7版)[M].北京:商务印书馆,2016:606.

③　马喜芳,芮正云.激励前沿评述与激励协同研究展望——多学科/学派、多层次、多维度视角[J].科学学与科学技术管理,2020(6):143-158.

④　马喜芳,芮正云.激励前沿评述与激励协同研究展望——多学科/学派、多层次、多维度视角[J].科学学与科学技术管理,2020(6):143-158.

务的能力,完善激励制度很有必要。相关的激励制度必是围绕博物馆工作人员展开,地方政府或博物馆行政主体作为激励主体,通过理性化、体系化的制度,激发工作人员的内在动力,提升为公众服务的热情和积极性。

按照激励内容划分激励制度,可分为物质激励和非物质激励,其中物质激励指的是组织在薪酬、福利、奖品、奖金等方面实施的奖惩措施[①];非物质激励指的是组织在荣誉、职位、认可等精神和情感上实施的奖惩措施[②]。从管理心理学角度来看,激励是持续激发动机的心理过程。根据马斯洛的需求层次理论,可针对人的不同需求,通过不同的奖惩措施完善相应的激励制度。

①生理需求,是指人们的基础生存需求。无论博物馆发展到何种形态,都应该通过基本工资、基本的工作时间保障等物质激励,来保障工作人员的这一需求。

②安全需求,是指与自身安全感有关的需求,例如人身安全、工作稳定、身体健康等。同生理需求一样,这一需求也是较低层次的需求,博物馆应按照相应的法律法规,完善员工的公积金、医疗保险、失业保险、养老保险等物质激励,提升员工的安全感。

③爱和归属需求,是一种社交需求,是指能够与他人建立正向的情感关系。通过组织单位活动、游戏比赛等集体活动,利用奖金、荣誉称号等非物质奖励,提升工作人员参与的积极性,增加工作人员间的熟悉度,以促进员工日后工作和合作的顺利开展。智慧博物馆公众服务建立在广泛、海量的数据资源分析与处理之上,更应注重工作人员间的沟通与交流,要减少因人际的不良反应或关系而加剧数据壁垒,进而导致公众服务效果下降的现象。

④尊重需求,是一种精神需求,对其的满足源于得到他人的肯定和尊重,或是自我对成就和价值的判断。因此,给予工作人员荣誉、认可、晋升机会等是有效的奖励措施。例如,纳入考核系统,即将与公众服务的数据采集、分析和应用相关的业务内容协调进绩效考核体系中,如展览的智慧化创新、教育课程的多元化设计等,对其进行客观和科学的评价,作为年度考核、职称晋升

---

① Bushardt S C,Glascoff D W,Doty D H. Organizational culture,formal reward structure,and effective strategy implementation:A conceptual model[J]. Journal of Organizational Culture,Communications and Conflict,2011(2):57-70.

② 马喜芳,钟根元,颜世富.组织激励与领导风格协同对组织创造力影响机制研究[J].管理评论,2018(8):153-167.

和评优评誉等方面的重要参考,并颁发获奖证书、荣誉称号等,通过物质或非物质奖励激励提高工作人员对数据的关注度和工作的积极性,进一步鼓励工作人员更积极地对数据资源进行开拓创新,提升公众服务质量和水平。另外,除了业务方面的奖励,还应鼓励研究方面的创新。针对以数据为基础进行采集、分析和应用的技术、专利、优秀案例和论文,给予相应荣誉奖项或奖金。这可以激发数据分析和应用的团队发挥创造力和想象力,改进服务流程、重组业务结构和满足公众需求,为数据驱动的博物馆服务发展做贡献。

　　⑤自我实现需求,是最高需求,是人们对真善美的追求。智慧博物馆要注重发挥工作人员的潜能,提升工作人员的价值感。例如,为那些在智慧展示、智慧教育和智慧传播等业务方面有特长的工作人员提供参与重点研发课题、重大项目的机会,给予他们开展服务研究和实施工作的条件。

7.1.3　构建评价制度

　　评价,是"人把握客体对人的意义、价值的一种观念性活动"[①]。美国实用主义哲学家克拉伦斯·I. 刘易斯(Clarence I. Lewis)认为,评价是一种经验认识。智慧博物馆开展公众服务评价工作,有助于加强自身对公众服务的认识,引导自身进行自我改进,提升公众服务能力和效果。感性认识必须通过理性归纳和总结,形成制度和体系,才能发挥其真正的作用。为了保障智慧博物馆公众服务评价工作能够科学、客观、有序进行,需要构建和制定相应的评价制度。智慧博物馆公众服务是一个连续且动态的过程,不仅需要对博物馆内部工作环节进行评价,设计评价指标体系,监督评价过程,构建长效制度保障;还需要通过对智慧博物馆公众服务效果的评估,接受观众的反馈,以提升整体的服务水平。因此,构建智慧博物馆公众服务的评价制度应从制定评价标准、加强流程监督、注重公众反馈等方面进行,以保证服务的有效开展。

　　(1)制定评价标准

　　为了对智慧博物馆公众服务评价的对象、流程、内容进行明确的界定,博物馆需要制定规范文本,即评价标准,以保证评价过程的科学、客观、公正,确

---

　　① 冯平.评价论[M].北京:东方出版社,1995:1.

保评价结果的准确性和可信性,同时也需要明确规定评价主体所应具备的专门知识和素养,防止评价实施过程中出现主体不明确、随意评价等现象,更好地维护智慧博物馆的形象和声誉。另外,在制定规范文本的过程中,需要充分考虑评价的实际情况和特点,例如根据国家、地方或区域博物馆的大小、资金等的不同,制定不同的智慧博物馆公众服务评价指标,也需要借鉴相关的国内外标准和规定,以确保评价标准的科学性和前瞻性。

(2)加强流程监督

为了保证智慧博物馆公众服务的评估工作能够顺利进行并达到预期目标,首先需要建立完善的监督机制。这一机制应当对评估流程的每一个环节都有监控和管理,以保证评估过程中所有行为都符合相关规范和法律法规。这样可以确保评估结果的客观真实,最大限度地保证评估工作的公正性和合法性。其次,需要指定专人负责监督公众服务的流程和质量,确保每个细节都得到严格跟踪和监督。同时要对监督员的工作进行审查,确保监督员能够按照既定流程执行监督,为监督员的工作调整和改进提供参考依据。最后,要定期抽查服务内容和效果并公开结果,以及时发现问题,调整或纠正行为不当的情况。

流程监督应该根据智慧博物馆的实际情况和不断推进的技术需求加以实践。同时,多元化的监督方式和相关标准的不断完善也是非常有必要的,要确保智慧博物馆公众服务在满足公众需求的同时与时俱进。

(3)注重公众反馈信息

为了促进公众服务的良性循环,需要增强工作人员对公众的认识,加强与线上、线下公众间的沟通交流,及时根据公众反馈的服务体验、服务感受等信息调整相应的服务内容和方式。需要建立广泛而有效的与公众沟通的反馈机制,以便在服务过程中随时了解公众的需求变化,并实时调整服务方向。例如:①设置专职回访工作人员,负责收集公众的反馈信息,如问卷调查、访谈等,了解观众满意度。这些工作人员应该具备相应的访谈技巧和调查能力,能够负责与公众进行线上或线下的沟通,及时收集反馈信息。②进行周期性回访,定期了解公众对不同场景下服务的体验、内容、方式等的评价或意见,再根据反馈信息及时调整服务方向和内容等,促进公众需求和服务质量的不断协同优化。③拓宽沟通反馈渠道,利用多种方式收集信息,如利用博物馆官网、微信、微博、旅游平台等各类渠道，收集公众的博物馆参观、展览浏览、教育活动参与等的相关评价，全方位健全反馈渠道，拉近工作人员和公众的距离，提升智慧博物馆公众服务能力。

7.2　智慧博物馆公众服务的管理保障

管理通常有"使某项工作顺利进行"的意思，在博物馆学中管理所包含的内容可分为宏观和微观两个方面。其中宏观方面包括：博物馆的组织机构及其管理职能、人才结构、领导班子的配备，各种专业人员的定位定向培养等；博物馆的布局及各种类型、不同层次博物馆的规划、建设；资金、物资的安排、使用。微观方面包括：不同类型博物馆的组织管理特点，收藏、教育、科研三重人物的关系与协调，藏品交流，管理及展览效益评估，博物馆内部的人、财、物的最佳组合原则等。[①] 传统博物馆在数字化技术之上打通了人和藏品间的通道，改善了博物馆信息割裂的状况，拉近了工作人员、藏品与公众间的关系，但在管理方面，很多部门处于约束和分离状态，无法处理海量的藏品记录数据和数量庞大的观众数据。智慧博物馆运用新一代信息技术实现感知、互通和互联，促进博物馆管理的升级和智慧化，以应对藏品与藏品间、藏品与展品间、展览与保护间、公众与藏品间的交流、交互需求。因此，加强智慧博物馆公众服务的管理保障，可以博物馆管理的宏观内容为核心，以智慧化为目标，充分协调和调动各方，实现优化管理，建立起一套符合博物馆自身特点的一体化、流程化的管理机制，具体可从组织管理保障、人员管理保障、规划建设保障、业务管理保障和资产管理保障入手建立。

7.2.1　组织管理保障

组织通常是为了实现某些特定的目标，通过分工合作构成的集体或团体。从管理学的角度看，组织可看作反映机构和个人关系的网格式关系。作

---

① 张光忠.社会科学学科辞典［M］.北京:中国青年出版社,1990:616.

为管理活动的一部分,组织管理就是通过建立组织结构、规定职务或职位,明确责权关系[①],以确保组织成员能够协作、配合,以有效实现组织目标。伴随着信息技术的进步和不断应用,组织的工作和管理的性质发生了变化,也对组织的变革产生了影响,形成了一些新的组织形式。例如:①网络型组织:是一种中心机构以契约关系的建立和维持为基础,依靠外部机构进行业务活动的组织结构形式。其包括两层组织,其一是管理控制中心,集中了人员管理、资金、资产管理、设备设施管理等功能;其二是立体网络,在合同管理的基础上,根据需要组成业务班子。[②] 这一组织的一大特点是技术与非技术部门的分离。②蜂窝型组织:由多个六边形组成,相互之间既独立又协作,共同组成一个大型蜂窝组织,更适合互联网的发展趋势。每一单位的蜂窝组织都有清晰的目标主体、需求或专项工作,通过投票机制,迅速推选决定,便于决策。这一组织与网络组织的特点一致,即组织成员更多地参与决策制定以及执行,被认为是具有更高的自我组织管理程度的活动。[③] ③平台型组织:是在互联网的基础上发展起来的,核心特征包括"(去中心、去中层、扁平化、倒金字塔)+(自组织、社群、众包)+(平台、团队和生态)"。[④] 另外,平台型组织还包括小组制、阿米巴组织、项目制、内部创业管理制、自主经营体、无边界组织六大模式,每个模式特点不同、功能不同,但都具有管理层级少、决策分散的特点。这些在信息化建设下发展起来的组织形式,为智慧博物馆公众服务的组织管理提供参考。

智慧博物馆是博物馆形态的转变,并非改变原有的组织形态,而是按照自身特点,根据信息化趋势,进行业务部门和单位的组织形式自我革新,以适应博物馆"智慧化",提升精准服务公众的能力和效率。通常,博物馆的组织架构按照业务类型进行划分,包括综合管理部、藏品部、展览部、教育部和安全保障部门。在博物馆智能化、智慧化的过程中,各部门的工作内容和业务流程都随之有了新的变化,有加强,有调整,过去亦有博物馆增加信息部以适应这种新的形势,但随着数据的增多、信息技术的创新,当下的组织形式仍不

---

① 段磊,刘金笛.事业单位组织人事改革实务[M].北京:中国发展出版社,2014:46.
② 现代管理词典编委会.现代管理词典(第3版)[M].武汉:武汉大学出版社,2012:833.
③ 薛捷,李岱素.知识管理:理论与实践[M].广州:广东经济出版社,2009:242-243.
④ 熊友君.智能商务[M].北京:科学技术文献出版社,2020:199.

能完全与新的形势相匹配,必须根据当下公众服务的目标,重新组织各部门、各单位的职责,甚至增建新的业务部门单位。比如,智慧博物馆的核心业务围绕着海量数据展开,产生的新业务包括数据采集、数据存储、数据提取、数据挖掘、数据分析和数据展现等。这推动了博物馆组织架构的转变和发展。以建立网络型组织为例,首先,博物馆必须建立好应对海量数据的大数据管理部门,对数据进行统筹管理。其次,由于情境感知数据的重要性不断提升,必须有专门的公众服务管理部门或小组承担起情境感知数据采集、传输的职责。同时传统的展览、教育、传播的相关部门,需要转型为能够对数据进行分析、处理,进而实施服务的部门。再次,面临新技术的不断涌现,博物馆在新技术的应用方面面临严峻的挑战。需要设立专门的战略规划部门对技术的研究趋势、技术伦理、应用方向进行把握,避免过度使用或滥用技术。最后,需要站在博物馆发展全局的高度,建立专业的培训部门,对员工进行专门的设计和管理,为各种类型、不同层次的员工提供高水平专业化业务培训,培养高素质专业化队伍。[①]

7.2.2　人员管理保障

一般来说,人员管理是指对组织中的人进行管理,包括人才的结构、领导班子的配备、各种专业人员的定位定向培养、优秀人才发现与成长、人才的合理流动等。按照人力资源和社会保障部、国家文物局 2019 年发布的《关于进一步加强文博事业单位人事管理工作的指导意见》,加强人事管理需要创新用人机制、规范人事管理、强化能力建设支持。2021 年,《关于推进博物馆改革发展的指导意见》中继续贯彻该人事指导意见精神,强调"博物馆要设立流动岗,吸引更多相关专业的技术人员兼职;加大博物馆专业人才引进力度,提高队伍专业化水平;推进文博行业相关职业资格制度建设;强化人才培训,根据不同岗位要求,开展分级分类培训,提高队伍整体素质能力"[②]。在智慧博物馆时代,博物馆的人员管理必须围绕"智慧"展开,以"数据"作为核心,调整

①　王春法.关于智慧博物馆建设的若干思考[J].博物馆管理,2020(3):4-15.
②　国家文物局.关于推进博物馆改革发展的指导意见[EB/OL].(2021-05-24)[2023-01-21].
http://www.ncha.gov.cn/art/2021/5/24/art_722_168090.html.

人员培训内容,重新确立人员培养的目标、人员所需的知识技能、人员创新意识等,培养管理人才、专业人才、研究人才、技术人才、创新型人才,以提升公众服务流程的顺畅度和效率。结合两项指导意见,加强智慧博物馆公众服务的人员管理保障,可以从以下三个方面展开:

(1)创新用人机制,是保障人才质量和推动博物馆发展的关键。坚持"以用为本、人才优先、创新机制、服务发展"的人才保障机制,通过特定的考核机制、激励机制和人才培养方案,驱动博物馆内部人员向智慧化所需的人才转型,重点发展文物与化学、计算机等相关学科领域交叉、融合发展的新型复合型人才,引进和培养具有战略规划眼光,文化创意设计、信息科技创新、工程项目管理、资本运作等技能的专业型人才,加强创业创新指导培训。博物馆还可借助外部力量,同互联网公司及相关研究机构、高新科技企业、高等院校、文博单位等各领域的高水平业务人才开展合作;利用社会招募,吸收和引进智慧博物馆公众服务所关注和需要领域的专家、学者等优良人才加入,推动人才结构调整,提高人才质量,形成一批高素质、专业化,有国际视野、创新思维的优秀人才团队。同时,与相关的数据服务公司、机构开展合作交流,吸纳项目、人才和资金等,优化团队结构,提高智慧博物馆自身数据服务能力,通过优势互补、取长补短以达到合作、共赢的目标。

(2)培养智慧馆员,是为公众提供个性、精准服务的前提。虽然智慧博物馆是为公众提供服务的主体,但博物馆工作人员为公众提供智慧服务的意识还是比较薄弱。因此,智慧博物馆首先需要提高工作人员的主观能动性,树立为公众提供智慧数据服务的意识,以便在智慧时代背景下优化面向公众需求的博物馆服务。另外,面对不同场景的多元化需求,智慧博物馆针对不同场景应提供相对应的智慧服务,优化服务效果。因此,智慧馆员应在掌握专业业务能力的基础上,学习新知识,如现代信息技术、管理学、心理学、物联网、大数据、云计算技术、数据挖掘、人工智能等,主动学习新思维、新方式,有目的、有意识、有针对性地培养自己的创新能力,例如综合服务能力、数据管理能力、科研创新能力、协同合作能力和领导能力,不断提升自身的服务水平,为公众提供更好的服务。在具体实践中,可以通过以下途径提升面对各种场景的能力:一是再明确为公众服务的使命,在服务建设过程中培养相关人员的数据分析处理能力;二是给予管理、展示、教育和传播等业务人员的自我提升和发展空间,例如在进行虚拟性场景服务时,为他们提供学习智能可穿戴设备使用、掌握社交平台内容推送技巧的机会,促进他们快速成长;三是建设馆校、馆馆等机构间科研协作的良性环境,为馆员搭建交流学习平台,促使馆员可以主持或参与科研项目和科研课题;四是提升馆员的协调、合作能力,积极推进与相关领域专家、团体和机构组织的合作与交流,创造馆员与公众之间的业务协作机会,融入或参与公众所需的复杂化场景,确保工作人员可以更加熟悉和掌握多场景的服务形式和内容。

(3)规范人事管理,使博物馆能够形成新的、良性的智慧服务和工作方式。制定科学、规范的人事管理制度和流程,将数据服务相关的专业技能和服务能力贯穿在岗位职责、工作流程、晋升机制、奖惩制度之中,重组业务流程,定期对人员的专业技能进行培训,以筛选、培养和储备更多服务人才。建立绩效考核制度,包括个人考核和团队考核,以认真评价员工的工作业绩和工作态度,如对具有创新成果的智慧服务人员给予奖励,还要对缺乏主动性和积极性的服务人员的行为和意识进行评价。同时,根据考核结果,采取激励措施、奖励表彰、培训提高等方式,推动员工的工作能力和积极性不断提高,不断促进博物馆公众服务的发展。加强智慧博物馆公众服务的考核工作,建立完善的服务考评体系,均衡各学科专业人员的比例,优化岗位设置,实现智慧服务的集约化管理,提升服务人员的服务针对性和高效性。

7.2.3　规划建设保障

对智慧博物馆而言,如何让数据变得灵活,如何能够结合不同服务场景中的服务需求对相关内容进行整体规划,已成为发展过程中所面临的重大问题。规划建设的重点在于形成运行公众服务的管理计划,以确保组织有能力提供相应的服务。智慧博物馆面临着海量的藏品数据、人员数据、公众数据等,需要高效整理这些杂乱无序的数据,充分发挥自身职能,最大化使用藏品信息,发挥公众数据的最大价值。能够融合各种信息的信息化平台的建设是实现智慧博物馆公众服务的基础。根据业务需求的不同,结合新技术、新模式、新场景的要求,规划相应平台,确定其服务方针、目标和内容,支持服务的实现。以下列举一些具体操作步骤,用以支持场景化服务的相关网络设施平台的规划建设。

①明确博物馆需要哪些系统,例如办公网络建设、物联网建设、无线网络建设、数据中心网络建设等;

②选择合适的操作系统进行搭建,例如 Windows、Mac OS、Linux、UNIX 系统;

③选择专业的数据库管理软件,常见的管理软件包括 Oracle、Sybase、Mysql、PostgreSQ、MongoDB 等,进行数据的操作、组织、存储与管理、维护等;

④采集所需的数据信息,包括藏品、人员和公众相关的所有信息,例如针对藏品信息采集,需进一步完善电子信息记录、整合高清图像数据,同时加强视频采集、3D 数据采集和处理;

⑤制定及规范数据信息录入标准,提供一套规范和统一的数据录入流程以及数据管理准则,使得数据更加规范一致,以提高数据的可读性和可搜索性,以方便进行数据分析和挖掘,同时方便严格审核信息内容;

⑥为确保信息系统及数据安全,需建立适当的"防火墙"来避免互联网风险,同时设置身份认证、信息授权来保护重要信息,对管理制度进行细致规划;

⑦提取并匹配电子信息、图像资料,采用先试点再推进的方式,进行出入库管理、安全监测、温湿度监控、观众流量监测等,再进行系统调试和优化,最后进行后续导入。

7.2.4　业务管理保障

业务管理的重要目的是保证智慧博物馆整个业务流程能够面向公众、服务公众。从保障藏品资源安全、集中展陈资源、提升展览质量和参观体验到扩展宣传手段,都为提升管理效率提供了保障。以下从业务管理的具体内容出发,分析如何保障业务科学、高效和智慧地运行。

(1)藏品管理

藏品管理是智慧博物馆的核心工作,利用计算机网络技术、RFID、GPS等技术对藏品本体及其信息资源相关的流程、库房和数据库进行全面的综合管理,以实现博物馆可以迅速确定藏品的相关信息,如属性、位置、保护情况、知识等,以及进行及时监测与反馈。其中流程管理是指对收藏藏品、利用藏品的全过程进行动态记录和监管,对收藏藏品过程的记录包括对征集、鉴选、分类、定级、登账、编目、建档、入库、保管、提用、注销、统计等的记录;对利用藏品过程的记录则是指展示、教育、传播等实际业务开展过程中对藏品本体、数字信息等的使用、二次创作和损耗的记录,避免收藏和使用过程中产生安全问题后各部门之间责任不清等问题。库房管理是藏品管理工作的重要环节,其重点在于对库房环境的温湿度、微生物、病虫害、化学危害等进行感知、监测和分析。针对不同的藏品,制定不同的库房环境指标,减少环境对藏品的伤害。数据库管理重点在于对藏品信息进行集约化管理,其管理内容包括藏品相关的文本型信息、图像型信息、音频型信息、视频型信息、三维模型信息和动画型信息。通过构建《智慧博物馆数据交换规范》《馆藏文物数据管理规范》等标准,统一数据资源的采集、存储、处理、分析、交换、共享过程,解决数据间的多元异构问题,打通数据资源间的互联互通,保障信息录入、信息加工、资源利用、发布与展示、资源检索等管理功能的实现。同时建立知识图谱,利用数据库技术和可视化手段建设检索平台,为馆员和公众提供深入的查询和知识服务。

（2）展览管理

展览管理是智慧博物馆公众服务的基础性工作,利用计算机网络技术、虚拟展示技术等对展示设计、展品信息、展览资源等内容进行可视化管理,以实现博物馆展览工作的高效、展览的可重复使用等目标。其中对展示设计的管理主要是指对展览从策划到落地实施这一过程中产生的内容进行管理,主要包括项目管理进程、展览大纲、展览脚本、布展施工进程、虚拟策展平台等,从宏观层面实现对展览的流程管理,提升展览实施的工作效率。对展品信息的管理则是对展品在展览中的位置和状态等信息的管理,为藏品保护、智慧导览等工作提供内容支持。对展览资源的管理则是指对线下的常设展、临时展览、特展等和线上的虚拟展览、全景展览、虚拟博物馆等内容进行统一管理,建立相应的数字档案,记录其名称、时间、主要内容等,便于对展览过往资源的可重复利用。

（3）观众管理

观众管理可借助 Wi-Fi 定位技术、视频分析技术、移动互联技术实现观众档案管理、观众流量监控、观众行为监控三方面。观众档案管理是对入馆观众或利用移动设备参观博物馆的观众的个人信息管理,包括基本的人口统计学信息、行为数据等,进而形成精准的观众画像,以为公众提供个性化服务。观众流量监控是指出入馆的人数统计、展厅内的人数统计,甚至包括展品前的人数统计,便于形成热力图,分析馆内的客流量,为突发情况时紧急疏散人流提供支持。观众行为监控包括观众在馆内的行为情况和移动用户的使用情况。前者是指观众的聚集情况,如停留时间、停留人数等,还有观众的行动轨迹、姿势、动作等,方便博物馆进行观众偏好分析,也便于突发事件的感知、预判和警告;后者则重点在于对移动设备终端用户的信息采集,挖掘、分析用户习惯、偏好,精准推送其感兴趣的内容。

(4)教育管理

教育管理主要包括教育资源管理、教育系统管理、教育服务管理。借助物联网、云计算、人工智能等技术,保证教育活动的有效开展。其中教育资源管理包括对博物馆内部教育资源和与外部合作资源的管理。前者包括教育活动、图书出版、课程资源、学术研究、教学资源等相关信息,后者则包括与大学、中学、小学、教育行政部门等合作过程和结果的记录,对这些信息按照统一的数据规范进行采集和录入,不断丰富教育资源的内容。教育系统管理则是通过可视化手段,呈现教学内容、收获教学反馈,具有社教活动信息发布、社教活动报名、教师学生资料认证、学生考勤考核等功能。教育服务的管理目标是强调个性化课程推送和教育资源共享,前者可根据公众的不同喜好或年龄等,提供不同的课程内容;后者则强调教育资源在网络上的共享情况,包含现场教学、在线学习课程、定制化课程、云端游学等。

(5)传播管理

传播管理主要包括宣传管理和文创管理,具体是指对信息的编辑、制作、审核、发布、舆情监控和分析的管理。宣传管理指对即将发布的展览信息、教育活动信息、博物馆信息等咨询信息进行编辑、预览,这些信息将通过报纸、杂志、电视、广播、网络媒体、户外广告等推送传递给公众。利用大数据、人工智能、云计算等技术,构建融媒体中心、网络媒体中心等,对模板进行丰富设计与选定,对内容进行统一编辑、发布等,同时采集公众在各媒体的活动数据,如点击、收藏、转发、点赞等,方便博物馆及时为公众提供所需的资讯,也可及时对舆情进行反馈,降低负面消息带来的影响。文创管理是针对文创设计、制作和销售的统一管理,通过大数据、移动互联等技术,构建具有文创方案管理、方案征集管理、文创信息管理、文创销售管理、客户数据管理等功能的文创管理平台,实现对文化元素的深度挖掘和广泛的营销推广,满足公众的精神文化需求,扩大博物馆的社会影响。

7.2.5　资产管理保障

加强资产管理,是智慧博物馆有效服务公众的基础性措施。在传统博物馆里,资产管理内容通常包括固定资产即馆藏文物、馆藏图书、馆舍及用地、大型设施设备,低值易耗品等。伴随着博物馆信息化、数字化、智慧化的发展,资产管理的内容得以丰富,数据成为资产管理的新内容。因此,在智慧博物馆时代,应在传统资产管理内容的基础上,重视对数字资产管理的保障。为了保证各项资产管理活动的有效开展,统筹推动资产管理工作的顺利进行,战略管理、组织架构、制度体系、平台工具、长效机制①等保障措施尤为重要。

一是要加强对资产的战略管理。从规划、执行、评估的角度认清当前的资产管理能力,制定符合本馆特点的资产管理规划和业务流程,并对其采集流程、标准等进行详细的计划与规定,明确资产管理的目标,确定资产管理原则、组织资产管理活动、清楚资产管理的内容。加强对固定资产等博物馆资产的原始票证保存和入库单的审核,明晰各项数据来源,保证资产出处明确、可靠真实。同时注重登记馆内国有资产信息,与资产形成一一对应,形成唯一的资产编号。

二是要完善资产管理的组织架构。长期以来,博物馆一直存在"重购置,轻管理"的问题,资产管理意识淡薄。在智慧博物馆时代,资产管理内容更加复杂、庞大,如果不能对资产进行全面管理,很容易导致资产利用率过低、资产管理情况不明、针对不同资产的人员责任不清等问题。因此,从全方位、跨

---

① 大数据技术标准推进委员会.数据资产管理实践白皮书(6.0)[EB/OL].(2023-01-04)[2023-02-21].http://221.179.172.81/images/20230104/12651672818383015.pdf.

部门、跨层级的角度完善资产管理组织架构十分必要。构建决策、协调、管理和执行架构,明确各架构层的责任与工作内容,使资产管理组织架构既能从横向摸排资产数量、安全等情况,又能从纵向保障资产管理人员责任属性明确,强化对资产的统筹协调与管理。同时,完善组织架构需要优质的复合型人才支撑,需要人才具有良好的数据架构、数据安全、数据标准、数据资产运营等知识储备和较强的管理能力。

三是要优化资产管理的制度体系。从总体规定、管理办法、实施细则和操作规范四方面对资产管理的制度体系进行调整和改善。其中总体规定中,应明确资产管理的战略、资产管理的内容(包括固定资产、数字资产等在内)、资产管理的认责体系等;管理办法中则是规定管理目标、管理流程、内容分类、管理监督、考核评估等,例如固定资产登记管理、数据标准管理、数据质量管理、数据共享管理、数据开放管理等;实施细则方面则是进一步明确管理办法中的具体内容,细化管理规范和实施细则;操作规范将落实在实际工作执行之中,对不同资产管理内容设置不同的操作手册、工作规范等。

四是要合理运用平台工具管理资产。借助大数据技术、区块链技术,建设统一的资产管理平台。平台应具备查询检索、登记管理、基本信息管理、领用管理、报废管理、统计数据等功能。通过平台,监管数据资产现状,实现对资产从登记、借用、维护、清理到核销等全流程的管理,清楚资产规模、资产位置分布、资产出入等相关信息。另外,要改进各博物馆管理系统的后台,允许管理系统间的互联互通,保证管理数据的实时、动态更新。同时,有效整合各种数字资源,使业务和资产间相互融合,能够通过一个强大而集中的管理平台,访问不同管理系统,做到对博物馆各类数据的全面了解、跟踪、检查和改进,实现闭环管理。

五是要强化资产管理的长效运行机制。资产管理是一个持续发展的工作环节,是维持博物馆高效有序运转、提升博物馆公众服务效率的重要手段。因此,通过培训、考核、激励、发展数据文化等方式,保障资产管理活动的持续有效运行十分必要。在智慧博物馆时代,要培训员工熟悉数据资产管理的内容,加强人才间的交流;设置资产管理相关的绩效考核,开展资产管理巡检,确保发现问题、责任到人;完善激励机制,将资产管理能力纳入薪酬、晋升、职位资格等体系中,提升资产管理人员的工作积极性;发展数据相关的文化,培养在博物馆中充分利用数据的氛围，提升员工用数据为公众提供精确服务的意识和兴趣，进而优化数据服务流程和管理方式。

7.3　智慧博物馆公众服务的数据安全保障

数据安全问题是数据驱动社会发展时代下不可回避的问题。2021 年 9 月 1 日，《中华人民共和国数据安全法》正式施行，此项立法进一步明确了数据安全保护的义务和责任，确保了数据安全制度建设的合法性，保证了各部门、机构协作应对数据安全风险的合理性，为个人和组织的合法权益提供了法律保护。2022 年 12 月，中共中央、国务院印发了《关于构建数据基础制度更好发挥数据要素作用的意见》，为数据安全和数据产权制度提供了更为细化和有针对性的政策性指导。

在智慧博物馆中，博物馆的各类场景化服务都被技术应用下的数据所驱动，通过获取、汇集、整合、分析大量的数据，使管理者能够获知服务的发展态势，为公众提供更优质的服务体验。但与此同时，智慧博物馆的建设也面临着前所未有的安全威胁。智慧博物馆存储着大量珍贵文物、展览、活动的相关数据，如文本、图像、音频、视频等，还存储着博物馆观众、工作人员、志愿者、博物馆之友等的隐私信息，另外还有大量的日常工作信息、设施设备信息、组织规划信息等。而如今的互联网环境不仅开放多元，而且复杂多样、危机四伏，这些重要的数据在存储安全性和传输可靠性方面，可能会受到计算机病毒和网络病毒等威胁。例如通过植入木马、恶意代码等方式，对博物馆海量的数据资源进行拷贝、盗取、篡改、破坏、泄露或者非法获取、非法利用，给博物馆造成严重的经济损失和恶劣的社会影响。另外，在智慧博物馆时代，利用现代信息技术进行数据伪造、篡改为数据安全带来新的挑战。以人脸识别系统的信息伪造为例，现代信息技术的发展使得人脸数据可以被虚假生成，例如 AI 合成人脸，这可能导致人类和机器感知系统无法辨别，从而产生错误的判断，进而引发侵犯个人隐私和博物馆信任危机等问题，甚至造成社会的动荡不安。随着对人工智能技术的全面深入应用，智慧博物馆面临着对抗性样本攻击、数据投毒、数据污染、算法歧视等一系列的新型数据安全问题。[①] 在对抗性样本攻击中,攻击者可以通过向样本数据的输入添加细微、无法识别的干扰信息,恶意扰乱样本数据,导致智慧系统的输出结果出错,为智慧系统的安全性带来严重威胁。例如,在虚拟性场景服务中,通过对导览服务标识的更改,使得算法模型误将其识别为其他标识,从而出现导览错误的情况。在数据投毒中,恶意攻击者在训练数据集中故意添加异常数据或篡改数据,通过扰乱原有训练数据的概率分布,导致模型在分类或聚类任务中出现错误。这种攻击方式会导致人工智能模型产生决策偏差或错误,从而满足恶意攻击者所期望的结果。例如,在现实性场景服务中,数据投毒将会对观众行为动态监测进行定向干扰,从而影响智能预警系统,导致展柜乃至文物遭到破坏,甚至失窃。在数据污染中,攻击者可以将恶意样本掺杂到正常样本数据集中进行训练,导致测试结果不稳定等问题,从而引起人工智能运行成本的增加,严重的数据污染将导致不可使用的情况出现。在算法歧视中,主要问题源于所使用的训练数据不够全面,带有明显的刻板印象和社会价值倾向,从而导致决策结果带有偏见和歧视性。例如,博物馆基于大数据进行统计分析决策时,其获取的数据可能会更多体现高学历公众的特征,无法有效覆盖文化程度不高、学历较低的公众特征,从而在提供个性化服务中产生偏差或不公正的影响。因此,由现实性场景服务、虚拟性场景服务、现实增强性场景服务和虚拟增强性场景服务产生的海量数据的传统安全问题和新型安全问题,都应该受到重视和保障。

7.3.1　数据安全的内涵

数据安全是指数字信息在处理、存储、传输、显示等过程中受到保护,保障数据在整个生命周期中依据授权使用,防止数据受到未经准许的访问,引发窃取、篡改、冒充、损坏等风险。深入而言,数据安全有两方面的含义:一是数据本身的安全,主要是指采用现代密码算法对数据进行主动保护,如数据保密、数据完整性、双向强身份认证等。二是数据防护的安全,主要是采用现代信息存储手段对数据进行主动防护,如通过磁盘阵列、数据备份、异

---

① 夏玉明,石英村.人工智能发展与数据安全挑战[J].信息安全与通信保密,2020(12):70-78.

地容灾等手段保证数据的安全，数据本身的安全必须基于可靠的加密算法与安全体系。① 数据安全主要涉及信息的机密性、完整性、真实性、不可抵赖性等特征。②

在实际操作中，数据安全经常同信息安全、网络安全、系统安全、内容安全联系在一起。为了更好地理解数据安全的内涵，须对这些安全领域的概念进行阐述，以明确数据安全的边界。

所谓信息安全就是通过保护信息，防止信息丢失、破坏或被盗的实践。国际标准化组织（Internetional Organization for Standardization，ISO）对信息安全的定义包括，信息安全是指为数据处理系统建立和采用技术以及管理方面的安全保护，保护计算机硬件、软件、数据不因偶然和恶意的原因而遭到破坏、更改和泄漏；信息安全涉及保护信息系统以及这些系统处理、存储和传输的信息免遭未经授权的访问、使用、披露、破坏、修改或删除。可以看出，信息安全是广泛而抽象的概念，信息可以是物理的，也可以是数字的。常见的信息安全含义可以划分为信息（数据）本身的安全和信息系统的安全。③ 其中信息本身的安全即数据安全，而信息系统的安全则包括信息基础设施（如计算机机房）的安全、信息资源（如计算机硬件系统）的安全和信息管理（如数据库系统）的安全，重在维持系统的正常运行，避免因系统出现故障而导致信息加工过程失误或失败。信息安全通常包括需要保证信息的完整性、真实性、可用性、保密性、可靠性和可控性等。

网络安全本质上是建立在计算机网络基础上的信息安全。计算机网络是将两台及以上独立的计算机通过网络设备及传输设施连接起来，在网络软件的支持下，实现各个计算机间的信息传送和交换的系统。因此，网络安全主要指保护网络及网络系统相关的硬件、软件应用程序和数据，避免受到偶然或恶意的针对网络的攻击和来自网络的攻击，如破坏、更改、泄漏等，保证网络系统能够正常、可靠、持续地运行，确保网络服务不中断。网络安全内容通常包括物理安全、数据安全、联网安全。其中物理安全是指计算机机房的

---

① 郑晓东.工程设计领域的知识管理：从信息化到知识化的实践智慧[M].南京：东南大学出版社，2017：258.

② 方滨兴，殷丽华.关于信息安全定义的研究[J].信息网络安全，2008(1)：8-10.

③ 戴晶晶，胡成松.大学计算机基础[M].成都：电子科技大学出版社，2020：174.

物理环境及设施设备的安全，计算机硬件、网络传输设备等的安全，计算机软件的防火墙、病毒监测和查杀等；数据安全是指网络信息共享过程中的数据安全、数据库操作系统的安全；联网安全是指通过访问控制，保护计算机和网络数据免于非法授权使用，同时利用通信安全服务认证数据的完整性等。网络安全的基本属性大致可包括保密性、完整性、可用性和可控性等。

系统安全并非一个孤立的概念，其是信息安全的基础，有学者认为系统安全是指确保信息系统结构安全、与信息系统相关的元素安全以及与此相关的各项安全技术、安全服务和安全管理的总和。[①] 系统安全需要使用技术或非技术手段，保护信息系统建设中的安全和运行中的安全，即保护组成信息系统的硬件、软件和数据资源，避免系统受到恶意代码和其他的恶意攻击，防止系统、数据等遭受非法访问、损坏、篡改或泄漏，确保系统的持续、正常运行和合法使用。系统安全通常包括操作系统安全、终端系统安全、云系统安全和应用软件系统安全。其中操作系统安全需要确保操作系统在安装、配置和维护过程中符合安全要求，包括及时安装安全补丁、防火墙设置、限制用户的访问权限等。终端系统安全需要关注与用户直接交互的接口，即终端系统对安全配置、安全访问控制和安全传输协议的使用。云系统安全则需要确保云系统的安全性，包括数据的加密和隔离、身份认证和访问控制、云服务提供商的安全保障等。应用软件系统安全要求应用软件系统在设计、开发和部署过程中全面考虑安全风险，采取适当的安全措施，如安全编码实践、输入验证、访问控制等。

内容安全，就"内容"相较于"信息"而言，与信息安全有相似之处，都是指在信息科技中与具体表达形式、编码无关的知识、事物、数据。[②] 而在一些特定场合，内容较之信息，更具"主观性"和"轮廓性"，而信息多为"客观性"和"细节性"。那么，内容通常能反映信息的含义，包含多个信息。内容安全是指计算机从包含海量信息和迅速变化的互联网中，对与特定安全相关的主题进行自动获取或分析[③]，重在防止未经授权的信息内容进出网络，以确保内容的真实性、有效性和安全性。随着信息技术的发展和信息交流的普及，内容

① 马费成，宋恩梅，赵一鸣.信息管理学基础(第3版)[M].武汉：武汉大学出版社，2018：255.
② 初雪.计算机信息安全技术与工程实施[M].北京：中国原子能出版社，2019：177.
③ 朱建明，王秀利，李洋.电子商务安全(第2版)[M].北京：机械工业出版社，2021：147.

安全不仅关注单一来源的信息可信度,还需要考虑到用户多源数据的关联、内容分级、信息爬取等复杂的安全问题。用户多源数据的关联是指当用户在不同的网络平台上切换、使用各种应用和服务时,会产生大量的个人信息和数据。这些数据通常在各个平台和服务商之间共享,一经窃取或破坏,将会引发个人隐私侵害、身份欺诈等问题。内容分级是指针对不同受众对内容进行分类,尤其是避免未成年人接触到不合适的信息。信息爬取是指互联网爬虫在短时间内发出大量请求,耗费目标网站资源,影响用户访问,还将爬取到一些网页、社交媒体、在线购物等平台上的个人隐私信息,进而造成严重的经济损失或身份盗窃。

综上,数据安全与信息安全、网络安全、系统安全、内容安全,在基本属性上几乎一致,都关注保密性、真实性、可靠性、可控性、可用性等。它们的内涵虽有交叉重合,但是各自的重点不一。信息安全、网络安全、系统安全、内容安全都需要依赖数据安全来实现其目标。数据作为信息的基本元素,它的安全性直接影响到整个信息系统、网络系统和内容的安全。因此,本章重点在于讨论如何保障智慧博物馆公众服务所涉及的数据安全。

7.3.2　数据安全的保障措施

保障数据安全不仅涉及公众的个人隐私,也涉及博物馆的长远发展和安全。《中华人民共和国数据安全法》总则第六条规定:工业、电信、交通、金融、自然资源、卫生健康、教育、科技等主管部门承担本行业、本领域数据安全监管职责。[1] 此外,第二章第十七条中规定:国家推进数据开发利用技术和数据安全标准体系建设。国务院标准化行政主管部门和国务院有关部门根据各自的职责,组织制定并适时修订有关数据开发利用技术、产品和数据安全相关标准。国家支持企业、社会团体和教育、科研机构等参与标准制定。[2] 因此,面对数据安全所面临的威胁与挑战,需要结合跨学科、多学科的方法,保

---

[1]　中国人大网.中华人民共和国数据安全法[EB/OL].(2021-06-10)[2023-03-11].http://www.npc.gov.cn/npc/c30834/202106/7c9af12f51334a73b56d7938f99a788a.shtml.

[2]　中国人大网.中华人民共和国数据安全法[EB/OL].(2021-06-10)[2023-03-11].http://www.npc.gov.cn/npc/c30834/202106/7c9af12f51334a73b56d7938f99a788a.shtml.

障数据采集、传输、使用、共享等安全，通过规划建设、技术跟踪、监管核查，为智慧博物馆公众服务的数据安全提供全链条、全生命周期、全场景保护。

在规划建设方面，要从宏观角度为博物馆制定数据安全发展规划，规划内容包括安全政策、风险评估和安全管理机制，以及建立有效的安全基础设施和技术体系。在构建智慧博物馆的数据安全体系时，必须考虑到数据的采集、传输、使用等方面可能会出现的安全问题，有针对性地提供数据安全保护措施。例如，在数据采集环节，使用合适的加密算法和密钥管理服务对敏感数据进行加密，实现密钥全生命周期安全管理，敏感数据应包括重点文物保护的信息、管理人员信息、公众个人信息等，避免数据被窃取或破解；在数据传输环节，可在安全传输协议的基础上，采用区块链技术对服务数据信息加盖"水印"，用于验证身份凭证，防止恶意篡改；在数据使用环节，有可能遭受恶意访问，可采用严格的访问控制策略，如身份认证、角色权限管理和访问审计等，只允许授权的人员访问和处理敏感数据，防止数据泄漏，同时可采用数据脱敏、数据匿名化等技术，保护个人隐私。

在技术跟踪方面，主要面对的是场景化服务过程中可能出现的数据安全问题，例如虚拟性场景中用户间的交流信息遭窃取、现实性场景中展厅的环境控制性数据遭破坏等，都将给博物馆带来巨大的经济损失。由于威胁和攻击方式的不断变化，博物馆不仅要注意解决黑客、攻防或漏洞问题，更需要时刻关注服务过程中的数据共享、使用等环节，定期进行安全评估，包括渗透测试和漏洞扫描等，及时对服务系统进行升级和修复。这涉及对网络设备的更新、对防火墙和入侵检测系统的使用，以及数据加密和身份验证等技术的应用，以增强数据的保密性和完整性。

在监管核查方面，要加强数据安全相关法律法规政策的制定与执行，落实相关细则、规范和标准。要建立适应智慧博物馆自身特点的数据安全制度、标准或规范。这包括制定场景化服务相关的数据安全分级分类标准，根据不同的应用场景对数据进行分类，给予不同级别的安全保护。同时，还需要制定博物馆数据安全评估指标标准，用于评估博物馆数据管理系统的安全性，发现潜在的风险，并采取相应的措施加以防范。要建立博物馆数据安全服务人员资质划分，制定相应的培训计划和认证机制，定期安排数据安全讲座、数据安全培训课程，内容涉及数据安全技术、数据加密、安全化运维等，确保从事数据安全工作的专业人员具备必要的知识和技能,能够有效地应对数据安全威胁和挑战。同时也要加强对数据安全相关的法律和伦理方面的培训,以确保数据被合法、合规地处理和使用。另外,要建立一个定期的数据安全审计和检查机制。通过定期的安全审计和检查,可以对数据安全措施的有效性进行及时评估,检测和预警数据安全事件,并及时分析处置发现的问题和漏洞,确保数据安全工作的及时性、针对性和有效性。

参考文献

外文书籍

［1］Alpander G G，Carter K D. Motivation［M］//. Jackson T（Ed.）Cross-cultural Management. London：Butterworth-Heinemann Ltd，1995.

［2］Ambrose T，Paine C. Museum basics：The international handbook［M］. London：Routledge，2006.

［3］Antonopoulos N，Gillam L. Cloud computing［M］. London：Springer，2010.

［4］Bartol K M，Tein M，Matthews G，et al. Management：A pacific rim focus［M］. Australia：McGraw-Hill，2007.

［5］Batson C D，Stocks E L. Religion：Its core psychological functions［M］//. Greenberg J，Koole S，Pyszczynski T（Eds.）Handbook of Experimental Existential Psychology. New York：Guilford Press，2004：141-145.

［6］Beamish P W，Morrison A J，Rosenzweig P M. International management：Text and cases［M］. New York：McGraw-Hill/Irwin，1997.

［7］Bigley J D. An empirical assessment of member motivations in the museum setting［M］. College Station：Texas A&M University，1989.

［8］Bitgood S. Attention and value：Keys to understanding museum visitors［M］. Walnut Creek：Left Coast Press，2013.

［9］Boden M A. AI：Its nature and future［M］. Oxford：Oxford University Press，2016.

［10］Cbe G T. Museum environment［M］. London：Routledge，2018.

［11］Dutrénit G. Learning and knowledge management in the firm：From knowledge accumulation to strategic capabilities [M]. Cheltenbam: Edward Elgar Publishing,2000.

[12]Falk J H. The value of museums: Enhancing societal well-being[M]. Lanham: Rowman & Littlefield,2021.

[13]Fallatah R H M,Syed J. A critical review of Maslow's hierarchy of needs[M]//. Employee Motivation in Saudi Arabia. Cham: Palgrave Macmilliam,2018:19-59.

[14]Gaberli Ü. Cultural tourism,internet of things,and smart technologies in museums[M]//Handbook of Research on Digital Communications, Internet of Things,and the Future of Cultural Tourism. Hershey: IGI Global,2022:260-270.

[15]Gay G. Context-aware mobile computing: Affordances of space,social awareness,and social influence[M]. Berlin: Springer Nature,2022.

[16]Hassan A,Ramkissoon H. Augmented Reality Application to Museum Visitor Experiences[M]//. Albrecht J N(Ed.)Visitor Management in Tourism Destinations. Oxfordshire: CAB International,2017:117.

[17]Hauenschild A. Claims and reality of new museology: Case studies in Canada,the United States and Mexico[M]. Seattle: Independently published,2022.

[18]Hornecker E,Ciolfi L. Human-computer interactions in museums[M]. New York: Springer Nature,2022.

[19]Hunt E B. Artificial intelligence[M]. New York: Academic Press,2014.

[20]Jerald J. The VR book: Human-centered design for virtual reality[M]. California: Morgan & Claypool,2015.

[21]Kennedy T,Hargreaves J,Al Khater A. A study of visitor behaviour at the Museum of Islamic Art,Doha[M]//. Exell K,Wakefield S(Eds.) Museums in Arabia: Transnational Practices and Regional Processes. London: Routledge,2016:70-91.

[22]Loh D,Schapper J,Wrathall J. The Maslow revival: Maslow's hierarchy of needs as a motivational theory[M]. Melbourne: Monash University,

Faculty of Business and Economics, Department of Management, 2000.

[23]Maslow A H. Motivation and personality[M]. New York: Harper & Row Publishers, 1970.

[24]Maslow A H. Toward a psychology of being[M]. New York: Simon and Schuster, 2013.

[25]McLean F. Museums and the representation of identity[M]//. Graham B, Howard P(Eds.)The Ashgate Research Companion to Heritage and Identity. Burlington: Ashgate Publishing Company, 2016: 283-296.

[26]Miles R S. Evaluation in its communications context[M]. Jacksonvile: Center for Social Design, 1989.

[27]Miller S J. Metadata for digital collections[M]. Chicago: American Library Association, 2022.

[28]Roppola T. Designing for the museum visitor experience[M]. London: Routledge, 2013.

[29]Solinger J W. Museums and universities: New paths for continuing education[M]. New York: Macmillan Publishing Company, 1990.

[30]Teece D J. Dynamic capabilities and strategic management: Organizing for innovation and growth[M]. Oxford: Oxford University Press, 2009.

[31]Winston P H. Artificial intelligence[M]. Boston: Addison-Wesley, 1992.

[32]Witcomb A. Re-imagining the museum: Beyond the mausoleum[M]. London: Psychology Press, 2003.

[33]Whittaker M, Crawford K, Dobbe R, et al. AI now report 2018[M]. New York: AI Now Institute at New York University, 2018.

[34]Yalovitsyna S E, Volokhova V V, Korzun D G. Smart Museum: Semantic Approach to Generation and Presenting Information of Museum Collections [M]//Tools and Technologies for the Development of Cyber-Physical Systems. IGI Global, 2020: 236-255.

[35]佐佐木朝登. 博物馆工作手册[M]. 东京: 雄山阁, 1990.

外文论文

[1] Abbate T, Codini A, Aquilani B, et al. From knowledge ecosystems to capabilities ecosystems: When open innovation digital platforms lead to value co-creation[J]. Journal of the Knowledge Economy, 2022(13): 1-15.

[2] Agustini K, Wahyuni D S, Mertayasa I N E, et al. The effect of augmented reality mobile application on visitor impact mediated by rational hedonism: Evidence from Subak Museum [J]. International Journal of Advanced Computer Science and Applications, 2023, 14(1): 77-88.

[3] Alderfer C P. A critique of Salancik and Pfeffer's examination of need-satisfaction theories[J]. Administrative Science Quarterly, 1977(22): 658-669.

[4] Alletto S, Cucchiara R, Del Fiore G, et al. An indoor location-aware system for an IoT-based smart museum[J]. IEEE Internet of Things Journal, 2015, 3(2): 244-253.

[5] Almeshari M, Dowell J, Nyhan J. Using personas to model museum visitors[C]. Adjunct Publication of the 27th Conference on User Modeling, Adaptation and Personalization, 2019.

[6] Amato F, Moscato V, Picariello A, et al. Big data meets digital cultural heritage: Design and implementation of scrabs, a smart context-aware browsing assistant for cultural environments[J]. Journal on Computing and Cultural Heritage (JOCCH), 2017, 10(1): 1-23.

[7] Anyim C F, Chidi O C, Badejo A E. Motivation and employees' performance in the public and private sectors in Nigeria[J]. International Journal of Business Administration, 2012, 3(1): 31.

[8] Ardiny H, Khanmirza E. The role of AR and VR technologies in education developments: Opportunities and challenges[C]. 2018 6th RSI International Conference on Robotics and Mechatronics (ICROM), 2018.

[9]Bagozzi R P,Bergami M,Leone L. Hierarchical representation of motives in goal setting[J]. Journal of Applied Psychology,2003,88(5):915.

[10]Ballantyne R,Uzzell D. Looking back and looking forward:The rise of the visitor-centered museum[J]. Curator:The Museum Journal,2011,54 (1):85-92.

[11]Baradaran Rahimi F,Boyd J E,Eiserman J R,et al. Museum beyond physical walls:An exploration of virtual reality-enhanced experience in an exhibition-like space[J]. Virtual Reality,2022,26(4):1471-1488.

[12]Benouaret I,Lenne D. Personalizing the museum experience through context-aware recommendations [C]. 2015 IEEE International Conference on Systems,Man,and Cybernetics,2015.

[13]Caneva S. SigNet:A network of Hellenistic sealings & archives digital tools and methodologies for big data mining,cross-media quantitative and qualitative analysis,museum engagement and citizen science[C]. AIUCD Annual Meeting,2017.

[14]Castiglione A,Colace F,Moscato V,et al. CHIS:A big data infrastructure to manage digital cultural items [J]. Future Generation Computer Systems,2018(86):1134-1145.

[15]Carducci B J. Maslow's Hierarchy of Needs[J]. The Wiley Encyclopedia of Personality and Individual Differences:Models and Theories,2020: 269-273.

[16]Caviglione L,Coccoli M,Grosso A. A framework for the delivery of contents in RFID-driven smart environments[C]. 2011 IEEE International Conference on RFID-Technologies and Applications,2011.

[17]Chianese A,Piccialli F. Designing a smart museum:When cultural heritage joins IoT[C]. 2014 Eighth International Conference on Next Generation Mobile Apps,Services and Technologies,2014.

[18]Choi H,Kim S. A content service deployment plan for metaverse museum exhibitions—Centering on the combination of beacons and HMDs[J]. International Journal of Information Management,2017,37

(1):1519-1527.

[19]Clerkin C C, Taylor B L. Online encounters with museum antiquities [J]. American Journal of Archaeology,2021,125(1):165-175.

[20]Colladon A F, Grippa F, Innarella R. Studying the association of online brand importance with museum visitors: An application of the semantic brand score[J]. Tourism Management Perspectives,2020(33):100588.

[21]Daskalaki V V, Voutsa M C, Boutsouki C, et al. Service quality, visitor satisfaction and future behavior in the museum sector[J]. Journal of Tourism, Heritage & Services Marketing (JTHSM),2020,6(1):3-8.

[22]Dias R. A review paper on context: Awareness system of mobile computing [C]. AIP Conference Proceedings. AIP Publishing,2023.

[23]Dillon T, Wu C, Chang E. Cloud computing: Issues and challenges[C]. 2010 24th IEEE International Conference on Advanced Information Networking and Applications,2010.

[24]Errichiello L, Micera R, Atzeni M, et al. Exploring the implications of wearable virtual reality technology for museum visitors' experience: A cluster analysis[J]. International Journal of Tourism Research,2019,21 (5):590-605.

[25]Fernandez-Lores S, Crespo-Tejero N, Fernández-Hernández R. Driving traffic to the museum: The role of the digital communication tools[J]. Technological Forecasting and Social Change,2022(174):121273.

[26]Fuentes-Moraleda L, Lafuente-Ibanez C, Fernandez Alvarez N, et al. Willingness to accept social robots in museums: An exploratory factor analysis according to visitor profile[J]. Library Hi Tech,2022,40(4): 894-913.

[27]Gao H. Big data development of tourism resources based on 5G network and internet of things system[J]. Microprocessors and Microsystems, 2022(80):103567.

[28]Geng W. Whether and how free virtual tours can bring back visitors[J]. Current Issues in Tourism,2023,26(5):823-834.

［29］Giannini T,Bowen J P. Museums and Digital Culture:From reality to digitality in the age of COVID-19［J］. Heritage,2022,5(1):192-214.

［30］Hamid R A,Albahri A S,Alwan J K,et al. How smart is e-tourism? A systematic review of smart tourism recommendation system applying data management［J］. Computer Science Review,2021(39):100337.

［31］Hammady R,Ma M,Al-Kalha Z,et al. A framework for constructing and evaluating the role of MR as a holographic virtual guide in museums ［J］. Virtual Reality,2021,25(4):895-918.

［32］Handojo A,Lim R,Octavia T,et al. Museum interactive information broadcasting using indoor positioning system and Bluetooth low energy: A pilot project on Trowulan museum Indonesia［C］. 2018 3rd Technology Innovation Management and Engineering Science International Conference (TIMES-iCON),2018.

［33］Harell G,Daim T U. HDM modeling as a tool to assist management with employee motivation:The case of silicon forest［J］. Engineering Management Journal,2010,22(1):23-33.

［34］Harisha R P,Padmavathy S,Nagaraja B C. Traditional ecological knowledge (TEK) and its importance in south India:perspecive from local communities［J］. Applied Ecology and Environmental Research, 2016,14(1):311-326.

［35］Hashemi S H,Kamps J. Exploiting behavioral user models for point of interest recommendation in smart museums［J］. New Review of Hypermedia and Multimedia,2018,24(3):228-261.

［36］Hincapié M,Díaz C,Zapata-Cárdenas M I,et al. Augmented reality mobile apps for cultural heritage reactivation［J］. Computers & Electrical Engineering,2021(93):107281.

［37］Holly M,Pirker J,Resch S,et al. Designing VR experiences-expectations for teaching and learning in VR［J］. Educational Technology & Society, 2021,24(2):107-119.

［38］Itani O S,Hollebeek L D. Light at the end of the tunnel:Visitors' virtual reality（versus in-person）attraction site tour-related behavioral intentions during and post-COVID-19[J]. Tourism Management，2021（84）：104290.

[39]Jia M，Komeily A，Wang Y，et al. Adopting Internet of Things for the development of smart buildings：A review of enabling technologies and applications[J]. Automation in Construction，2019（101）：111-126.

[40]Jiang Y，Zheng X，Feng C. Toward multi-area contactless museum visitor counting with commodity WiFi[J]. ACM Journal on Computing and Cultural Heritage，2023，16（1）：1-26.

[41]Jiménez A R，Seco F. Finding objects using UWB or BLE localization technology：A museum-like use case[C]. 2017 International Conference on Indoor Positioning and Indoor Navigation（IPIN），2017.

[42]Kamariotou V，Kamariotou M，Kitsios F. Strategic planning for virtual exhibitions and visitors' experience：A multidisciplinary approach for museums in the digital age[J]. Digital Applications in Archaeology and Cultural Heritage，2021（21）：e00183.

[43]Karimi R，Nanopoulos A，Schmidt-Thieme L. RFID-enhanced museum for interactive experience[C]. Multimedia for Cultural Heritage：First International Workshop，MM4CH 2011，Modena，Italy，May 3，2011，Revised Selected Papers. Springer Berlin Heidelberg，2012：192-205.

[44]Kaur A. Maslow's need hierarchy theory：Applications and criticisms [J]. Global Journal of Management and Business Studies，2013，3（10）：1061-1064.

[45]Ke G，Jiang Q. Application of Internet of Things technology in the construction of wisdom museum[J]. Concurrency and Computation：Practice and Experience，2019，31（10）：e4680.

[46]Khan M A，Israr S，S Almogren A，et al. Using augmented reality and deep learning to enhance Taxila Museum experience[J]. Journal of Real-Time Image Processing，2021（18））：321-332.

[47]Khanwalkar P，Venkataram P. A method of designing museum ubiquitous visitor model[J]. International Journal of Multimedia and Ubiquitous

Engineering,2020,15(2):15-30.

[48]King E,Smith M P,Wilson P F,et al. Digital responses of UK Museum exhibitions to the COVID-19 Crisis,March-June 2020[J]. Curator:The Museum Journal,2021,64(3):487-504.

[49]Kirova V. Value co-creation and value co-destruction through interactive technology in tourism:The case of "La Cité du Vin" wine museum, Bordeaux,France[J]. Current Issues in Tourism,2021,24(5):637-650.

[50]Knez E I,Wright A G. The museum as a communications system:An assessment of Cameron's viewpoint[J]. Curator:The Museum Journal, 1970,13(3):204-212.

[51]Komarac T,OzretićDošen Đ. Discovering the determinants of museum visitors' immersion into experience:The impact of interactivity,expectations, and skepticism[J]. Current Issues in Tourism,2022,25(22):3675-3693.

[52]Komianos V. Immersive applications in museums:An analysis of the use of XR technologies and the provided functionality based on systematic literature review[J]. JOIV:International Journal on Informatics Visualization, 2022,6(1):60-73.

[53]Korzun D,Varfolomeyev A,Yalovitsyna S,et al. Semantic infrastructure of a smart museum:Toward making cultural heritage knowledge usable and creatable by visitors and professionals[J]. Personal and Ubiquitous Computing,2017(21):345-354.

[54]Kuusik A,Roche S,Weis F. Smartmuseum:Cultural content recommendation system for mobile users[C]. 2009 Fourth International Conference on Computer Sciences and Convergence Information Technology,2009.

[55]Lakehal A,Lepreux S,Letalle L,et al. From wayfinding model to future context-based adaptation of HCI in Urban Mobility for pedestrians with active navigation needs[J]. International Journal of Human-Computer Interaction,2021,37(4):378-389.

[56]Lee H K,Park S,Lee Y. A proposal of virtual museum metaverse content for the MZ generation[J]. Digital Creativity,2022,33(2):79-95.

[57]Lee J H, Lee H K, Jeong D, et al. Developing museum education content: AR blended learning[J]. International Journal of Art & Design Education,2021,40(3):473-491.

[58] Lee S M. A systematic review of context-aware technology use in foreign language learning[J]. Computer Assisted Language Learning, 2022,35(3):294-318.

[59]Levi A S. Humanities "big data": Myths, challenges, and lessons[C]. 2013 IEEE International Conference on Big Data,2013.

[60]Liu C,Peng L. Application of internet of things technology in the field of museum audience service[J]. Sciences of Conservation and Archaeology, 2011,23(3):84-88.

[61] Liu X, Wang D, Gretzel U. On-site decision-making in smartphone-mediated contexts[J]. Tourism Management,2022(88):104424.

[62] Mas J M, Monfort A. From the social museum to the digital social museum[J]. ADResearch: Revista Internacional de Investigación En Comunicación,2021 (24):8-25.

[63]Mason M C,Riviezzo A,Zamparo G,et al. It is worth a visit! Website quality and visitors' intentions in the context of corporate museums: a multimethod approach[J]. Current Issues in Tourism, 2022, 25 (18): 3027-3041.

[64]Mighali V,Del Fiore G,Patrono L,et al. Innovative IoT-aware services for a smart museum[C]. Proceedings of the 24th International Conference on World Wide Web,2015.

[65]Mitchell S L, Clark M. Reconceptualising product life-cycle theory as stakeholder engagement with non-profit organisations[J]. Journal of Marketing Management,2019,35(1-2):13-39.

[66] Mody A, Akram M, Rony K, et al. Enhancing user experience at museums using smart phones with RFID[C]. 2009 IEEE Long Island Systems, Applications and Technology Conference,2009.

[67]Nowacki M,Kruczek Z. Experience marketing at Polish museums and

visitor attractions:The co-creation of visitor experiences,emotions and satisfaction[J]. Museum Management and Curatorship,2021,36(1): 62-81.

[68]Patil S,Limbekar M S,Mane M A,et al. Smart Guide-an approach to the Smart Museum using Android[J]. International Research Journal of Engineering and Technology,2018,5(2):652-655.

[69]Pauget B,Tobelem J M,Bootz J P. The future of French museums in 2030[J]. Technological Forecasting and Social Change,2021(162): 120384.

[70]Phelps R,Adams R,Bessant J. Life cycles of growing organizations:A review with implications for knowledge and learning[J]. International Journal of Management Reviews,2007,9(1):1-30.

[71]Pistofidis P, Ioannakis G, Arnaoutoglou F, et al. Composing smart museum exhibit specifications for the visually impaired[J]. Journal of Cultural Heritage,2021(52):1-10.

[72]Pourmoradian S,Farrokhi O S,Hosseini S Y. Museum visitors' interest on virtual tours in COVID-19 situation[J]. Journal of Environmental Management & Tourism,2021,12(4):877-885.

[73]Pór G. Designing knowledge ecosystems for communities of practice [C]. Präsentation an der ICM conference on Knowledge Management, 1997.

[74]Puspasari S,Ermatita E. A survey of data mining techniques for smart museum applications[J]. JUITA:Jurnal Informatika,2021,9(1):33-42.

[75]Rehman Khan H U,Lim C K,Ahmed M F,et al. Systematic review of contextual suggestion and recommendation systems for sustainable e-tourism[J]. Sustainability,2021,13(15):8141.

[76]Resta G,Dicuonzo F,Karacan E,et al. The impact of virtual tours on museum exhibitions after the onset of covid-19 restrictions:Visitor engagement and long-term perspectives [J]. SCIRES-IT-SCIentific RESearch and Information Technology,2021,11(1):151-166.

[77]Romanelli M. Museums creating value and developing intellectual capital by technology: From virtual environments to Big Data[J]. Meditari Accountancy Research,2018,26(3):483-498.

[78]Rostamian M,Parsa M,Groza V. Design and fabrication of a smart electronic guide for museums[C]. 2012 7th IEEE International Symposium on Applied Computational Intelligence and Informatics (SACI),2012.

[79]Sánchez-Amboage E,Enrique Membiela-Pollán M,Martínez-Fernández V A,et al. Tourism marketing in a metaverse context: The new reality of European museums on meta[J]. Museum Management and Curatorship, 2023(38):1-22.

[80]Sandhya K,Kumar D P. Employee retention by motivation[J]. Indian Journal of Science and Technology,2011(12):1778-1782.

[81]Schito E,Testi D. A visitors' presence model for a museum environment: Description and validation[J]. Building Simulation,2017(10):977-987.

[82]Setiawan K D,Anthony A. The essential factor of metaverse for business based on 7 layers of metaverse-systematic literature review [C]. 2022 International Conference on Information Management and Technology (ICIMTech),2022.

[83]Simone C,Cerquetti M,La Sala A. Museums in the Infosphere: Reshaping value creation[J]. Museum Management and Curatorship, 2021,36(4):322-341.

[84]Siountri K,Skondras E,Vergados D D. Towards a smart museum using BIM,IoT,blockchain and advanced digital technologies[C]. Proceedings of the 3rd International Conference on Vision,Image and Signal Processing, 2019.

[85]Siountri K,Skondras E,Mavroeidakos T,et al. The convergence of blockchain,internet of things (IoT) and building information modeling (BIM): the smart museum case[C]. Wireless Telecommunications Symposium, 2019.

[86]Stoll E E,Ha-Brookshire J E. Motivations for success: Case of US

textile and apparel small-and medium-sized enterprises[J]. Clothing and Textiles Research Journal,2012,30(2):149-163.

[87]Spachos P,Plataniotis K N. BLE beacons for indoor positioning at an interactive IoT-based smart museum[J]. IEEE Systems Journal,2020, 14(3):3483-3493.

[88]Sparacino F. The Museum Wearable:Real-time sensor-driven understanding of visitors' interests for personalized visually-augmented museum experiences [R]. Education Resources Information Center,2002.

[89]Sutrave P,Rekha S. Authenticated and automated museum using RFID and IOT[J]. International Journal of Computer Engineering & Technology (IJCET),2018,9(3):69-75.

[90]Taormina R J,Lao S K M. Measuring Chinese entrepreneurial motivation: Personality and environmental influences[J]. International Journal of Entrepreneurial Behavior & Research,2007,13(4):200-221.

[91]Trunfio M,Lucia M D,Campana S, et al. Innovating the cultural heritage museum service model through virtual reality and augmented reality:The effects on the overall visitor experience and satisfaction[J]. Journal of Heritage Tourism,2022,17(1):1-19.

[92]Vahdat-Nejad H,Navabi M S,Khosravi-Mahmouei H. A context-aware museum-guide system based on cloud computing[J]. International Journal of Cloud Applications and Computing (IJCAC),2018,8(4): 1-19.

[93]Valkokari K. Business, innovation, and knowledge ecosystems:How they differ and how to survive and thrive within them[J]. Technology Innovation Management Review,2015,5(8):17-24.

[94]Van der Borgh M,Cloodt M,Romme A G L. Value creation by knowledge-based ecosystems:Evidence from a field study[J]. R&D Management,2012,42(2):150-169.

[95]Vareiro L,Sousa B B,Silva S S. The importance of museums in the tourist development and the motivations of their visitors:An analysis of

the Costume Museum in Viana do Castelo[J]. Journal of Cultural Heritage Management and Sustainable Development, 2021, 11 (1): 39-57.

[96]Vassilakis C, Antoniou A, Lepouras G, et al. Stimulation of reflection and discussion in museum visits through the use of social media[J]. Social Network Analysis and Mining, 2017(7):1-12.

[97]Vassilakis C, Poulopoulos V, Antoniou A, et al. exhISTORY: Smart Exhibits that tell their own stories[J]. Future Generation Computer Systems, 2018(81):542-556.

[98]Wahba M A, Bridwell L G. Maslow reconsidered: A review of research on the need hierarchy theory[J]. Organizational Behavior and Human Performance, 1976, 15(2):212-240.

[99]Waltl C. Museums for visitors: Audience development-A crucial role for successful museum management strategies [C]. INTERCOM 2006 Conference, 2006.

[100]Wu H C, Li T. An empirical study of the effects of service quality, visitor satisfaction, and emotions on behavioral intentions of visitors to the museums of Macau[J]. Journal of Quality Assurance in Hospitality & Tourism, 2015, 16(1):80-102.

[101]Yoshimura Y, Krebs A, Ratti C. Noninvasive bluetooth monitoring of visitors' length of stay at the louvre[J]. IEEE Pervasive Computing, 2017, 16(2):26-34.

[102]Zhang R, Abd Rahman A. Dive in the flow experience: Millennials' tech-savvy, satisfaction and loyalty in the smart museum[J]. Current Issues in Tourism, 2022, 25(22):3694-3708.

[103]Zhou Y, Chen J, Wang M. A meta-analytic review on incorporating virtual and augmented reality in museum learning [J]. Educational Research Review, 2022(36):100454.

[104]Zhu Y, Zhang R, Zou Y, et al. Investigating customers' responses to artificial intelligence chatbots in online travel agencies: The moderating

role of product familiarity[J]. Journal of Hospitality and Tourism Technology,2023,14(2):208-224.

[105]Zollo L,Rialti R,Marrucci A,et al. How do museums foster loyalty in tech-savvy visitors? The role of social media and digital experience[J]. Current Issues in Tourism,2022,25(18):2991-3008.

中文书籍

[1]薄纯林,沈克慧.动态能力对企业绩效影响研究——基于知识整合的视角[M].上海:上海大学出版社,2013.

[2]鲍德里亚.消费社会[M].刘成富,全志钢,译.南京:南京大学出版社,2014.

[3]蔡恒进,耿嘉伟,蔡天琪.元宇宙——数字时代的未来治理[M].北京:人民出版社,2022.

[4]卡尔,白金汉,伯恩,等.电脑游戏:文本、叙事与游戏[M].丛治辰,译.北京:北京大学出版社,2015.

[5]杜均.区块链+[M].北京:机械工业出版社,2020.

[6]杜晓梦,唐晓密,张银虎.大数据用户行为画像分析实操指南[M].北京:电子工业出版社,2021.

[7]福克.博物馆观众:身份与博物馆体验[M].郑霞,林如诗,译.杭州:浙江大学出版社,2022.

[8]戈夫曼.日常生活中的自我呈现(第2版)[M].冯钢,译.北京:北京大学出版社,2022.

[9]黄金.边界融合:数字时代的媒体创新[M].北京:知识产权出版社,2022.

[10]贾加.移动传感器与情境感知计算[M].陈彦如,张媛媛,陈良银,译.北京:机械工业出版社,2019.

[11]卡斯特.网络社会的崛起[M].夏铸九,王志弘,等译.北京:社会科学文献出版社,2001.

[12]李浩君.情境感知视域下移动设备知识传播服务研究[M].北京:经济科学出版社,2021.

［13］李陶深.人工智能［M］.重庆:重庆大学出版社,2002.

［14］李实,纪明宇,于鸣.数据科学与大数据技术导论［M］.哈尔滨:哈尔滨工业大学出版社,2023.

［15］李颖悟,方鹏,刘杰.元宇宙未来:通往真实的虚拟现实［M］.北京:中国商业出版社,2022.

［16］刘宏志.推荐系统［M］.北京:机械工业出版社,2020.

［17］吕云翔,姚泽良,谢吉力.大数据可视化技术与应用［M］.北京:机械工业出版社,2023.

［18］麦克卢汉.理解媒介［M］.何道宽,译.南京:译林出版社,2011.

［19］梅罗维茨.消失的地域:电子媒介对社会行为的影响［M］.肖志军,译.北京:清华大学出版社,2002.

［20］牛温佳,刘吉强,石川,等.用户网络行为画像:大数据中的用户网络行为画像分析与内容推荐应用［M］.北京:电子工业出版社,2016.

［21］彭兰.新媒体用户研究:节点化、媒介化、赛博格化的人［M］.北京:中国人民大学出版社,2020.

［22］斯考伯,伊斯雷尔.即将到来的场景时代［M］.赵乾坤,周宝曜,译.北京:北京联合出版公司,2014.

［23］单霁翔.博物馆的观众服务［M］.天津:天津大学出版社,2017.

［24］陶皖.云计算与大数据［M］.西安:西安电子科技大学出版社,2017.

［25］王辉.晋陕豫冀博物馆理论与实践研讨会论文集(2013)［M］.太原:山西人民出版社,2016.

［26］王如梅.智慧博物馆:物联网在博物馆领域的应用［M］.北京:北京燕山出版社,2014.

［27］王佑镁.像素的悖论:中国未成年人数字化阅读实证研究［M］.北京:中国社会科学出版社,2018.

［28］魏义方.公共服务绩效评价［M］.北京:经济科学出版社,2018.

［29］文物保护领域物联网建设技术创新联盟.智慧博物馆案例(第一辑)［M］.北京:文物出版社,2017.

［30］吴声.场景革命:重构人与商业的连接［M］.北京:机械工业出版社,2015.

［31］涂艳.企业动态能力一致性与绩效研究［M］.北京:经济科学出版社,

2010.

[32]严建强.博物馆的理论与实践[M].杭州:浙江教育出版社,1998.

[33]袁君霞,王胜桥.创新能力与可持续发展研究系列:需求链匹配能力理论与实践[M].上海:复旦大学出版社,2022.

[34]郑霞.数字博物馆研究[M].杭州:浙江大学出版社,2016.

[35]中国博物馆协会登记著录专业委员会.中国智慧博物馆蓝皮书 2020 [M].北京:中国书籍出版社,2021.

[36]钟良骥,徐斌,胡文杰.物联网技术与应用[M].武汉:华中科技大学出版社,2020.

中文论文

[1]毕然.浅谈文旅融合下的国有公益性博物馆公众服务与观众拓展——以湖南省博物馆为例[C]//.中国博物馆协会博物馆学专业委员会.中国博物馆协会博物馆学专业委员会 2019 年"新时代博物馆专业能力建设"学术研讨会论文集.北京:中国书店,2019:6.

[2]波尔金,钟义信.信息生态方法学与现代科学研究[J].哲学分析,2019(1):119-136,199.

[3]蔡自兴.中国人工智能 40 年[J].科技导报,2016(15):12-32.

[4]曹钰华,李晶.数字化情境下创业动态能力有效前因组态研究[J].科技进步与对策,2022(23):12-21.

[5]储节旺,陈梦蕾.人工智能驱动图书馆变革[J].大学图书馆学报,2019(4):5-13.

[6]储节旺,夏莉.国内知识生态系统研究述评[J].情报科学,2021(8):184-193.

[7]储节旺,李佳轩,刘雅娇.知识生态系统知识预见的提出逻辑及实现路径[J].现代情报,2022(6):27-37.

[8]邓赐平.皮亚杰发生认识论视角下的儿童思维与智慧发展[J].心理研究,2020(4):291-311.

[9]董保宝,葛宝山,王侃.资源整合过程、动态能力与竞争优势:机理与路径

[J].管理世界,2011(3):92-101.

[10]都江.基于交互关系的馆藏文物信息传播研究[D].武汉:武汉理工大学,2016.

[11]段美琳,郑霞.基于认知负荷理论的博物馆陈列语言设计研究[J].自然科学博物馆研究,2020(5):40-46,94-95.

[12]冯甲策.博物馆信息化架构探索与实践[J].中国信息化,2018(2):87-89.

[13]高洁.大数据环境下数字图书馆数据资源建设探究——基于国家科技数字图书馆的调查分析[J].科技通报,2018(8):272-276.

[14]鄎书锴.场景理论的内容框架与困境对策[J].当代传播,2015(4):38-40.

[15]郭艳艳,李华飙,车大为,等.科技让我们遇见更美好的未来——智慧博物馆论坛综述[J].中国国家博物馆馆刊,2022(8):29-36.

[16]郭文心,郑霞.博物馆观众多媒体技术使用意愿及影响因素研究[J].科学教育与博物馆,2023(2):28-37.

[17]郝苑,孟建伟.逻各斯与努斯:西方科学文化的两个原点[J].中国人民大学学报,2012(2):124-131.

[18]郝伟斌,袁慧慧,王君仪.文化遗产档案智慧数据资源建设研究[J].档案管理,2021(6):80-81.

[19]胡榕,黄智宇,刘萍,等.基于用户场景的交互设计策略研究[J].设计,2022(4):106-109.

[20]韩庆兰,水会莉.产品生命周期成本理论应用研究综述[J].财务与金融,2012(3):33-38.

[21]郝媛玲,沈婷婷.数据素养及其培养机制的构建与策略思考[J].情报理论与实践,2016(1):58-63.

[22]贺琳,杨晓飞.浅析我国智慧博物馆建设现状[J].中国博物馆,2018(3):116-126.

[23]何宏,李湛.博物馆藏品与公众服务[J].文博,2015(6):83-85,108.

[24]黄维尹.博物馆公众服务中新媒体技术的应用研究——基于微信小程序的分析[J].博物馆管理,2020(3):90-96.

[25]姜海洋,梅云,顾宪松.场景化交互设计理论的分析与研究[J].包装工程,2019(18):269-275.

[26]姜婧妍.面向边缘智能的资源分配和任务调度的研究[D].长春:吉林大学,2020.

[27]江翼成,郑霞.无线信号非接触感知观众行为的可行性分析[C]//.北京数字科普协会.数字技术拓展博物馆服务——2021年北京数字博物馆研讨会论文集.北京:中国戏剧出版社,2021:10.

[28]焦豪.双元型组织竞争优势的构建路径:基于动态能力理论的实证研究[J].管理世界,2011(11):76-91,188.

[29]靖国平.从狭义智慧教育到广义智慧教育[J].河北师范大学学报(教育科学版),2003(3):48-53.

[30]李丹芳,郑霞.对博物馆网站分众的再思考[C]//北京数字科普协会,北京博物馆学会,中国博物馆协会博物馆数字化专业委员会,等.2019北京数字博物馆研讨会论文集.北京:华夏出版社,2019:8.

[31]李乔,郑啸.云计算研究现状综述[J].计算机科学,2011(4):32-37.

[32]李涛,李敏.知识、技术与人的互动:知识生态学的新视角[J].科学学与科学技术管理,2001(9):27-29.

[33]林焱,周志峰.基于数据生命周期模型的数据资源管理剖析[J].图书馆学研究,2016(14):52-57,88.

[34]刘凡,谢清青,严金林.高校博物馆智慧化建设路径探索[J].中国高等教育,2022(11):56-58.

[35]刘洋,董久钰,魏江.数字创新管理:理论框架与未来研究[J].管理世界,2020(7):198-217,219.

[36]林如诗,郑霞.多媒体触摸屏如何更好地服务于观众学习?——以浙江省博物馆青瓷馆为例[J].科学教育与博物馆,2017(6):407-413.

[37]李姝婧.博物馆观众服务质量评价及提升研究[D].北京:中国传媒大学,2022.

[38]黎巍巍.从公众服务视角谈智慧博物馆建设[J].数字技术与应用,2019(7):219-220,222.

[39]李志春.中国高技术产业技术创新动态能力演化及对策研究[D].哈尔滨:哈尔滨工程大学,2017.

[40]吕章申.当代博物馆的文化传播与公众服务[J].中国国家博物馆馆刊,

2012(8):22-23.

[41]黎建辉,沈志宏,孟小峰.科学大数据管理:概念、技术与系统[J].计算机研究与发展,2017(2):235-247.

[42]林崇德.智力结构与多元智力[J].北京师范大学学报(人文社会科学版),2002(1):5-13.

[43]罗诗赟,郑霞.疫情期间社交隔离下博物馆虚拟社交的发展[C].北京数字科普协会.数字技术拓展博物馆服务——2021年北京数字博物馆研讨会论文集.北京:中国戏剧出版社,2021:11.

[44]罗作为.略论智慧博物馆与"智慧服务"——以桂林博物馆为例[J].中共桂林市委党校学报,2017(2):38-41.

[45]刘健.智慧博物馆发展中的数字人文建设——以上海博物馆的实践为例[J].数字人文研究,2022(3):39-49.

[46]刘绍南.智慧博物馆支撑技术应用探讨[J].首都博物馆论丛,2017:366-372.

[47]刘丝筠.基于马斯洛需求层次理论的适老性移动终端社交平台研究[D].南京:南京理工大学,2017.

[48]刘怡珂.基于服务设计理念的博物馆智慧导览APP设计研究[D].南京:南京信息工程大学,2022.

[49]骆晓红.智慧博物馆的发展路径探析[J].东南文化,2016(6):107-112.

[50]马费成,望俊成,张于涛.国内生命周期理论研究知识图谱绘制[J].情报科学,2010(3):334.

[51]马慧慧,别婧雯.数字化转型、动态能力与创新绩效[J].统计理论与实践,2023(6):3-10.

[52]马玉静.基于数字孪生的博物馆智能运行中心构建探析[J].博物院,2022(6):6-12.

[53]马玉静.数字信息技术释放博物馆的力量[J].科学教育与博物馆,2023(2):8-13.

[54]梅亮,陈劲,刘洋.创新生态系统:源起、知识演进和理论框架[J].科学学研究,2014(12):1771-1780.

[55]茅艳.大数据时代的博物馆[N].中国文物报,2015-03-03(6).

[56]孟祥保,钱鹏.数据生命周期视角下人文社会科学数据特征研究[J].图书情报知识,2017(1):76-88.

[57]缪宇雯.数字时代敦煌研究院的文化传播研究——基于场景理论[J].新媒体研究,2021(18):101-103.

[58]聂海林,李翠玲,苏辉玲.如何打造智慧化博物馆[J].智能建筑电气技术,2023(2):26-30.

[59]彭兰.场景:移动时代媒体的新要素[J].新闻记者,2015(3):20-27.

[60]乔雪华.博物馆服务质量评价研究[D].青岛:中国海洋大学,2014.

[61]乔驿然,胡桉澍,刘遒菡,等.我国民族地区智慧博物馆研究综述[J].中国民族博览,2022(19):196-200.

[62]任磊,杜一,马帅,等.大数据可视分析综述[J].软件学报,2014(9):1909-1936.

[63]施巍松,孙辉,曹杰,等.边缘计算:万物互联时代新型计算模型[J].计算机研究与发展,2017(5):907-924.

[64]施巍松,张星洲,王一帆,等.边缘计算:现状与展望[J].计算机研究与发展,2019(1):69-89.

[65]史吉祥,郭富纯.博物馆公众——一个饶有趣味和意义的研究领域[J].中国博物馆,2004(2):28-36.

[66]宋佳倩.数字化转型对企业技术创新的影响机制研究[D].上海:上海师范大学,2023.

[67]孙鑫.面向云环境数据中心的高效资源调度机制研究[D].北京:北京邮电大学,2012.

[68]孙振领,李后卿.关于知识生态系统的理论研究[J].图书与情报,2008(5):22-27,58.

[69]孙振领.国内外知识生态学研究综述[J].情报科学,2011(3):469-474.

[70]孙森.情境与观看——博物馆展示中的生活场景构建探析[J].故宫学刊,2018(1):345-353.

[71]沈贵华.探索新方法　服务新公众[N].中国文物报,2018-01-16(4).

[72]石侃,苏超,卢昱波.人工智慧(AI):博物馆未来发展的必要工具[J].科技博物,2019(1):29-41.

[73]唐东哲,强以华.从努斯到伦理学——论《尼各马可伦理学》中努斯的意义与作用[J].价值论与伦理学研究,2016(2):190-200.

[74]肖劲.基于老年心理学的博物馆服务策略研究[J].中国博物馆,2022(1):35-38.

[75]徐延章.新技术条件下的博物馆智慧服务设计策略[J].东南文化,2021(2):159-164.

[76]薛求知,徐忠伟.企业生命周期理论:一个系统的解析[J].浙江社会科学,2005(5):192-197.

[77]王成林.简谈 MEC 在博物馆行业的应用[J].电信快报,2020(4):43-46.

[78]王福,闫雅苹,刘宇霞,等.短视频平台场景化感官服务效用形成机理及其模型构建[J].现代情报,2022(10):27-35.

[79]王军峰.场景化思维:重建场景、用户与服务连接[J].新闻与写作,2017(2):97-99.

[80]王垒,李林,梁觉.综合智力:对智力概念的整合[J].心理科学,1999(2):97-100,189.

[81]王萌.新基建背景下智慧博物馆的建设研究[J].智能建筑电气技术,2023(1):86-89.

[82]王旸,蔡淑琴.社会化媒体平台大数据资源模型研究[J].管理学报,2018(10):1064-1071.

[83]王琦.浅谈博物馆如何做好公众服务[C]//吉林省博物馆协会.格物集(二)——吉林省博物馆协会第四届学术研讨会论文选编 2016—2017.长春:吉林人民出版社,2018:3.

[84]王玉梅,胡伟峰,汤进,等.产品交互设计中场景理论研究[J].包装工程,2017(6):76-80.

[85]王玉霞.智慧城市公共服务绩效评价[D].湘潭:湘潭大学,2018.

[86]王治乔,胡清芬.什么是智力? 成年人的朴素智力理论[J].心理发展与教育,2022(1):144-152.

[87]汪社教,沈固朝.知识生态学研究进展[J].情报理论与实践,2007(4):572-576.

[88]王竹君,郑霞.博物馆的"参与"理念及"众包"实践模式[C].北京数字科

普协会,北京博物馆学会,中国博物馆协会博物馆数字化专业委员会,等.2019北京数字博物馆研讨会论文集.北京:华夏出版社,2019:9.

[89]卫巍.基于场景化交互的数字展陈设计研究[J].设计,2018(17):46-48.

[90]韦影,宗小云.企业适应数字化转型研究框架:一个文献综述[J].科技进步与对策,2021(11):152-160.

[91]武法提,黄石华,殷宝媛.场景化:学习服务设计的新思路[J].电化教育研究,2018(12):63-69.

[92]谢雨婷.试论公共文化服务视域下的博物馆学研究[J].中国博物馆,2021(2):8-13,125.

[93]徐海玲.虚拟知识社区知识生态及场景化服务研究[D].长春:吉林大学,2020.

[94]徐延章.文旅融合背景下博物馆短视频智慧服务策略[J].中国博物馆,2021(4):94-97.

[95]杨超,李兰.博物馆数字资产管理系统中数据的管理——以中国国家博物馆为例[J].博物馆管理,2020(4):18-25.

[96]游庆桥.数字化时代博物馆藏品登记著录的实践与思考[J].中国博物馆,2013(4):82-86.

[97]岳小莉.数据赋能博物馆的力量[J].中国博物馆,2022(2):25-29.

[98]岳楠.中国国有博物馆绩效评价研究[D].武汉:武汉大学,2017.

[99]袁凡,陈卫东,徐铷忆,等.场景赋能:场景化设计及其教育应用展望——兼论元宇宙时代全场景学习的实现机制[J].远程教育杂志,2022(1):15-25.

[100]张会恒.论产业生命周期理论[J].财贸研究,2004(6):7-11.

[101]张慧国.博物馆的边界[N].中国文物报,2022-12-20(6).

[102]张健.博物馆智慧安防初探[J].博物院,2023(2):71-77.

[103]张微.博物馆公众服务标准化的思考[N].中国文物报,2013-09-04(7).

[104]张小朋.智慧博物馆核心系统初探[J].东南文化,2017(1):109-114.

[105]张维,郑霞,叶洋滨.移动互联网时代博物馆服务方式的新探索[J].科技通报,2016(7):242-246.

[106]张琰,郑霞.浅析Diorama在博物馆语境下的发展与演变[J].中国博物

馆,2021(4):25-32.

[107]张琰,郑霞.浅析观众沉浸感和博物馆沉浸式展示要素[J].东南文化,
2022(5):153-160.

[108]张玉清,王晓菲,刘雪峰,等.云计算环境安全综述[J].软件学报,2016
(6):1328-1348.

[109]曾春,邢春晓,周立柱.个性化服务技术综述[J].软件学报,2002(10):
1952-1961.

[110]赵卫兵.基于DICE模式的知识生态体系构建[J].情报科学,2015(7):
30-34.

[111]赵跃,孙晶琼,段先娥.档案化:档案科学介入数据资源管理的理性思考
[J].档案学研究,2020(5):83-91.

[112]赵卓,田侃,张殊,等.面向智慧文博的知识图谱构建综述[J].软件导刊,
2022(5):1-8.

[113]郑秀君,胡彬.我国生命周期评价(LCA)文献综述及国外最新研究进展
[J].科技进步与对策,2013(6):155.

[114]钟义信."信息-知识-智能"生态意义下的知识内涵与度量[J].计算机科
学与探索,2007(2):129-137.

[115]钟义信.信息转换原理:信息、知识、智能的一体化理论[J].科学通报,
2013(14):1300-1306.

[116]钟义信,张瑞.信息生态学与语义信息论[J].图书情报知识,2017(6):
4-11.

[117]钟义信.人工智能:概念·方法·机遇[J].科学通报,2017(22):2473-
2479.

[118]钟义信.机制主义人工智能理论——一种通用的人工智能理论[J].智能
系统学报,2018(1):2-18.

[119]钟义信.人工智能范式的革命与通用智能理论的创生[J].智能系统学
报,2021(4):792-800.

[120]周傲英,杨彬,金澈清等.基于位置的服务:架构与进展[J].计算机学报,
2011(7):1155-1171.

[121]周丽昀,王天恩,王国豫,等.人工智能与人类未来的跨学科对话——从

"交叉"到"融合"[J].哲学分析,2021(5):181-195.

[122]周耀林,赵跃,Zhou J.大数据资源规划研究框架的构建[J].图书情报知识,2017(4):59-70.

[123]周玉平.国家级博物馆运行评估指标体系研究[D].北京:北京化工大学,2013.

[124]朱丽雅,张珺,洪亮,等.数字人文领域的知识图谱:研究进展与未来趋势[J].知识管理论坛,2022(1):87-100.

[125]庄雷,赵翼飞.区块链技术的应用模式与发展路径研究[J].金融与经济,2019(9):33-38.

[126]卓彩琴.生态系统理论在社会工作领域的发展脉络及展望[J].江海学刊,2013(3):113-119.

[127]祝孔强.数字文化建设的有关问题分析[J].中国博物馆,2018(2):3-8.

[128]邹增明.技术创新能力生命周期不同阶段研发投入的绩效效应[D].长沙:湖南大学,2015.

[129]周继洋.5G时代的智慧博物馆建设[J].中国建设信息化,2019(9):54-57.